日本語における漢語の変容の研究

ひつじ研究叢書〈言語編〉

第100巻	日本語の「主題」	堀川智也 著
第101巻	日本語の品詞体系とその周辺	村木新次郎 著
第102巻	感動詞の言語学	友定賢治 編
第103巻	場所の言語学	岡智之 著
第104巻	文法化と構文化	秋元実治・前田満 編
第105巻	新方言の動態30年の研究	佐藤髙司 著
第106巻	品詞論再考	山橋幸子 著
第107巻	認識的モダリティと推論	木下りか 著
第108巻	言語の創発と身体性	児玉一宏・小山哲春 編
第109巻	複雑述語研究の現在	岸本秀樹・由本陽子 編
第110巻	言語行為と調整理論	久保進 著
第111巻	現代日本語ムード・テンス・アスペクト論	工藤真由美 著
第112巻	名詞句の世界	西山佑司 編
第113巻	「国語学」の形成と水脈	釘貫亨 著
第115巻	日本語の名詞指向性の研究	新屋映子 著
第116巻	英語副詞配列論	鈴木博雄 著
第117巻	バントゥ諸語の一般言語学的研究	湯川恭敏 著
第118巻	名詞句とともに用いられる「こと」の談話機能	金英周 著
第119巻	平安期日本語の主体表現と客体表現	高山道代 著
第120巻	長崎方言からみた語音調の構造	松浦年男 著
第121巻	テキストマイニングによる言語研究	岸江信介・田畑智司 編
第122巻	話し言葉と書き言葉の接点	石黒圭・橋本行洋 編
第123巻	パースペクティブ・シフトと混合話法	山森良枝 著
第124巻	日本語の共感覚的比喩	武藤彩加 著
第125巻	日本語における漢語の変容の研究	鳴海伸一 著
第126巻	ドイツ語の様相助動詞	髙橋輝和 著

ひつじ研究叢書〈言語編〉第125巻

日本語における漢語の変容の研究

—副詞化を中心として—

鳴海伸一　著

ひつじ書房

目次

第十三章　時間的意味発生の過程の類型

第十四章　副詞における程度的意味発生の過程の類型　289

第一部　序論

第一章　漢語の日本的変容の仕組み—問題の所在—

日本語において、中国語は、古来、大きな影響を与える存在であった。日本語は長年月に渡って、中国語からさまざまなものを取り入れてきた。文化的に優位であった中国大陸の言語による日本語への影響というものは、日本語の体系、あるいは日本語の歴史的展開に極めて大きな意味を持つものであったといえる。それは日本語全般に関わるものであり、文字としての漢字を体系的に受容したことをはじめとして、音韻・文法・文体等の各側面で、日本語は中国語からの多大な影響を受けながら歴史的に変化・展開してきたことになる。このように、日本語が、別の言語体系である中国語から影響を被ることというのは、大きく捉えれば、日本語と中国語との言語接触の問題として考えることができる。

そしてその影響は、特に語彙的な側面において顕著である。中国語から日本語への語彙的な側面での影響とは、中国語の語としての漢語を日本語の語彙に取り入れるということであり、それは、古代から近現代に至るまで絶えず行われてきたことである。古代においては特に、日本語の中にもともと無かった、あるいは乏しかった、抽象的な概念を表す語彙や仏教的な概念に関わる語彙を取り入れることによって、日本語は語彙の不足を体系的・組織的に補うことができた。それは、当時の時代的・社会的な需要に基づくものであったともいえる。その後も、官職用語や、「奏す」「啓す」等の敬語動詞、仏典以外の漢籍系の漢語の他、貨幣経済の発達に伴う商業・金融関係の漢語など、文化的・あるいは精神生活のうえでの変化による、時代の必要に応じて、日本語は漢語を取り入れてきた。つまり、在来の日本語語彙を補完する要素として、漢語は体系的かつ継続的に日本語に取り入れられてきたということがいえる。そのようにして日本語の中に漢語が体系的に浸透することで、日本語の語彙は豊かなものになったといえる。その結果として、現代日本語の語彙に占める漢語の比重は非常に大きいものとなっている(1)。

ただし、中国語の語彙を常にそのまま取り入れ、そのままの形式や意味で使用し続けてきたというわけではない。受け入れ側である日本語の事情によって、取捨選択を行って受容することもある。また、日本語の持つ体系上の性質に相応しいものに変容させて受容するということもある。あるいは、受容した後で、日本語の体系の中でそれぞれの漢語が変容するということもある。すなわち、日本語の語彙体系を補完し、豊かにしていくに当たっては、受け入れ側である日本語の体系としての事情が大きく関わっているのである。つまり、単に語彙の不足を補い、必要に応じて取り入れるだけでなく、何らかの変容の過程を経たうえで受容したり、受容したものを変容させる、ということが行われてきたのである。

このように考えてくると、日本語における漢語受容とは、日本語と中国語が言語的に接触することによって、中国語由来の語が、さまざまな段階でさまざまな種類の変容を被りながら日本語の中に浸透していく過程であると考えることができる。そして、そうした受容の各段階における変容のあり方は、全く区々なものではなく、ある程度の方向性や類型があるのではないかと思われる。つまりそこには、漢語を体系的に受容するための何らかの仕組みがあると考えられるのである。そうなると、漢語を受容する、あるいは受容したうえで変容させるための仕組みとは、どのようなものであるのかということが、問題になる。結局この問題は、大きく言って、古代から長期間に渡る日本語と中国語との言語接触において、日本語は中国語からどのように語彙を受容してきたのか、そして、受容した語彙をどのように変容させてきたのかという、言語接触とその後の展開の問題ということになるであろう。

従来、このような問題について、「漢語の国語化（日本語化）」と呼ばれることがあった。日本語の中で漢語が音韻・意味・用法等の各側面においてさまざまに変化し、漢語の使用が日本語の中で拡大していく様子を、漢語が日本語の中に馴染み、溶け込んでいった過程と捉えたものと考えられる。それは主に、日本漢字音の問題や、漢語サ変動詞、形容動詞タリ活用などの、いわば規則的に変化する側面についての指摘が多かったといえる(2)。

しかし同時に、日本語内での漢語の変容の問題は、そういった規則的な側面には限らない。たとえば「相当」「真実」などが副詞としての用法を発生させたり、「次第」「以上」などが接続助詞としての用法を獲得したり、あるいは「一所」「随分」などが、中国語としてのものとは異なる意味・用法で使用されるようになる、といった問題などが挙げられる。このようなものについては、従来は個別の事例の指摘にとどまることが多かったといえる。

しかし、そのようなものも、全く不規則にあるいは個々別々に変容を被っているとは考えにくい。漢語を日本語の中に体系的に受容し、変容させるためには、それなりのプロセスがあるのではないだろうか。そして、それらを一定のパターンとしてまとめることはできないだろうか。勿論、音韻的な問題や動詞・形容動詞を作り出すような、形式のうえでの規則的な変化とは異なり、個々の語がそれぞれ個別の事情によって変容するということは確かであろうが、それでもある程度の類型や、変容過程の緩やかなパターンがあるのではないかと考えるのである。

従来は、個別の漢語の、語史としての指摘は多くあり、研究の蓄積がある。しかしそれらは、必ずしも漢語受容史全体の中での位置づけをめざしたものではなく、漢語の受容・変容の過程・段階を類型化しようとするものは少ない。また、漢語の個別の語史を踏まえて、それぞれの漢語がどのように「国語化」していくのかといった観点から論じたものも、必ずしも多くはない。そこで、本書では、「漢語の国語化」がいかに行われるのか、その過程を精細に見ていきたい。そして、変容過程のパターンや、それらについての一定の類型が見られるとすれば、それはどのようなものか、といったことを考えていくことにしたい。つまり、本書は、言語接触の一つとしての漢語受容と、漢語の日本的変容の問題を、「国語化」という観点から改めて捉え直し、その過程の一端を明らかにしつつ、その過程がどのような類型を持つのかということを明らかにすることを目指すものである[3]。

さて、このような漢語の受容と変容の問題をさらに細かく分けて考えると、以下のような点が課題として浮かび上がるだろう。以下に示すように、本書は特に漢語の副詞化という点を中心に考えていくことになる。

(1)漢語の副詞化の過程

基本的に、漢語を受容するということは、それまで日本及び日本語に無かった概念や思想を取り入れるということである。概念や思想を言葉とともに受け入れるわけであるから、最も取り入れやすいものは体言的なものであるといえる。何らかの概念・思想を表す体言を、いわば生の外来語として受け入れたのが始めであろう。つまり、漢語を受容する方法としては、名詞として取り入れるのが最も基本的な方法であり、当初はそのようなものが多かったと考えられる。しかしその後次第に、他の品詞つまり動詞・形容詞・形容動詞等として受容されたり、それらの品詞としての用法を獲得したりするようになる。あるいは、和語との複合語が作り出されたり、和語には無い漢語特有の性質を利用した語彙の再生産が行われたりすることもある。また、漢語本来の意味とは異なる意味で受容されたり、受容した後で漢語本来の意味とは異なるものへ変化していく、といったこともある。こういったことが「漢語の国語化」ということである。そのようにして漢語の意味・用法が、日本語の中で変化・拡大していったわけであるが、中でも、漢語が副詞用法を獲得する場合があり、注目される。たとえば、「次第に」「相当」「随分」のようなものであるが、これは、中国文献では副詞用法を持たなかった漢語が、日本で独自に意味変化することで、副詞として使用されるようになるという現象である。このようなものは、「す」「たり」を付加することでサ変動詞やタリ活用形容動詞としての用法を獲得するといった、規則的なものに比べて、一段と「国語化」の進んだものと考えることができるだろう。そうであれば、副詞用法の獲得を中心に「漢語の国語化」の実態を明らかにすることは、漢語の受容と変容の歴史の中で、一つの重要な課題となると考えられる。

(2)漢語の表記と国語化の過程

また、漢語は基本的に文献においては漢字表記されるものである。その漢字表記が、意味変化を引き起こしたり、意味変化が漢字表記の仕方に影響を与えたりする事例も見られる。たとえば、「一所懸命・一生懸命」や「無下」のようなものである。ただし、その場合に扱う漢語(字音語)は、必ずしも中国文献に典拠のあるものではないので、狭い意味での漢語の受容や変容の問題ではないかもしれない。しかし、中国文献に典拠の無いものであっても、漢語としての字義があるものとして使用者に意識されることがあれば、そのことは、語の意味・用法やその変容と無関係ではなく、それは中国文献に典拠のある漢語の場合と変わらない。このことは、いわば国語化の過程における漢字表記の問題であると同時に、漢語を中心とした漢字表記語全体における、表記と意味あるいは意味変化の関係の問題として一つの課題とすることができる。

（3）漢語の時間副詞化の過程と類型

さてまた、そのように漢語が日本語の中で独自に意味変化し、副詞用法を発生させる際には、その副詞としての意味変化にいくつかの方向性が認められる。その一つの例として、時間副詞化を挙げることができる。時間副詞化したものについて、それらの副詞の意味的なまとまりに関して述べたものや、個別の語の意味変化としての指摘が従来無かったわけではないが[4]、それぞれの意味への変化の過程を理論化して具体的に論じたものは少ない。そこでまずは、もともとそうした副詞的意味を持たなかった漢語が、意味変化することで副詞用法を獲得する過程を詳しく見、そのうえで、時間的意味の獲得の過程や類型を明らかにすることが、課題となる。

このような、時間的意味の発生については、意味変化一般にとっても、一つの重要な現象であると考えられる。それについては、従来、空間的意味からのメタファーによるものという考え方が、有力なパターンとして指摘されてきた[5]。こうしたものは古くから文献資料に用例が見られ、また、言語普遍的に起こり得る現象として注目できるものである。しかしそうした空間的意味からのメタファーといったものは、時間的意味を時間軸上の位置として把握し、それを空間内での位置関係に対応させて理解しようとするものであるから、空間的意味と時間的意味が明確に対応する場合には有効であるが、時間的意味に対応する空間的意味を必ずしも想定できないものもあり、そのような場合には、別の説明が必要となるであろう。実際、副詞の意味変化という観点から考えると、「次第」「一緒」など、時間的意味に対応する空間的意味を明確には想定できないものがある。これらの例は、時間的意味とは直接関わらない漢語が、時間的意味を表す副詞へと変化したものである。こうしたものについて考えることは、時間副詞化における時間的意味の発生の仕方の一端を明らかにするという問題と捉えることができる。それぞれの漢語がどのようなメカニズムで時間的意味を発生させたのかということを改めて考えることで、時間的意味の発生を、副詞化の観点から捉え直す契機となろう。

(4)漢語の程度副詞化の過程と類型

副詞用法を発生させる際に見られる方向性には、程度副詞化というものも挙げられる。この、程度副詞化というのも、副詞化全体の中で一つの重要な現象であると考えられる。この場合も、そうした副詞的意味を持たなかった漢語が、意味変化することで副詞用法を獲得する過程を詳しく見ることが必要であるが、その検討を経たうえで、副詞化において、程度的意味はどのように発生するのか、あるいは、程度的意味の発生の過程にはどのような類型があるのかということを考えていく必要があるだろう。これまでも、程度副詞化する現象の個別的な指摘は多くある[6]。しかし、程度的意味が発生するメカニズムを論じ、程度的意味が発生する過程を類型化して示そうとするものは、ほとんどない。また、程度的意味の発生は、程度性と意味的に近接する、程度的意味の周辺的なものをもとにして起こると考えられそうであるが、そのようなものの中から程度的意味がどのようにして発生するのか、また、どのような意味がどのような意味へと変化し得るのか、ということを、通時的な視点から検討する余地があると考える。具体的には、程度的意味に近接するものの一つとして、まず、量的意味を考えることが重要である。漢語の原義と、量・程度的意味との関係を考えることで、程度副詞化の仕組みを考える糸口になろう。また、程度的意味に近接するものとして、評価的意味というものも挙げられる。程度副詞が評価的意味を帯びるようになる事例や、評価的意味をもとにして程度的意味が発生する事例がある。このように、程度的意味と、その周辺的な意味との間の変化や交渉関係を見ることで、程度的意味の発生や程度副詞化といったことを、通時的に捉え直すことができると考えられる。

以上述べてきたように、漢語が副詞化する事例を検討することは、多くの課題を含むものといえる。漢語受容の方法・仕組みとしての副詞化という問題及びその周辺の問題を考えることは、従来必ずしも規則的な現象としては指摘されてこなかった、副詞用法の発生や意味変化ということについて、変化の過程とその類型を示すことにつながる。そしてそれは、言語接触の一つとしての漢語受容と日本的変容について「漢語の国語化」の観点から検討し直すことであるといえる。また、そこに、副詞の意味変化という観点を加えることにより、言語変化一般の理論にも貢献し得るような意味変化の方向性に関わる視点から、漢語受容や日本的変容を理解し直すことが可能となろう。

以上のような問題意識をもとに、本書は次のように構成される。

第一部は序論として、先行研究を踏まえて問題の所在を示す。

第二部はそれを受けて、「国語化と時間的意味・空間的意味」として、漢語の国語化と副詞化、さらには時間的意味の発生について述べる。具体的には、第三章では、副詞「次第に」の時間副詞化について述べる。第四章では、接続助詞「～次第」における時間的意味の発生について述べる。第五章では、「一所」が空間的意味を喪失して意味変化することについて述べる。第六章では、「一所」の意味変化に対応して「一緒」という新しい表記が採用されることについて述べる。第七章では、「一所懸命」が意味変化して「一生懸命」へと変わり、副詞用法を獲得することについて述べる。

第三部は、「国語化と程度的意味」として、国語化と程度副詞化の相関について述べる。具体的には、第八章では、「相当」の国語化と程度副詞化について述べる。第九章では、「随分」の程度副詞化と評価的意味の発生について述べる。第十章では、「真実」とその類義語を例に、真実性の意味をもとにした程度的意味の発生について述べる。第十一章では、「むげ」が「無下」という漢字表記を獲得することで意味変化することについて述べる。

以上の第二部・第三部での個別的な検討をもとに、第四部は、「漢語変容の過程と類型」として、漢語の国語化の全体像を示したうえで、第二部・第三部で扱った副詞化の過程を詳しく検討する。また、副詞の意味変化の方向性として、時間的意味の発生と程度的意味の発生を取り上げ、それぞれの意味変化が起こる過程を具体的に論じる。第十二章では漢語の国語化とその中での副詞化の位置づけについて論じ、それを踏まえて第十三章では時間的意味の発生、第十四章では程度的意味の発生について、それぞれその過程と類型を明らかにする。ここでの議論から、これまで十分には考えられて来なかった、漢語の副詞化や副詞の意味変化に関する具体的な過程と類型の一端を示す。それによって、漢語受容史研究や、副詞の意味変化研究に貢献することができると考える。

最後の第五部は、本書全体を簡潔にまとめたうえで、本書の検討や帰結から導き出される課題を述べることとする。

このように、本書は、漢語の受容・変容と国語化・副詞化の関係を具体的事例に基づいて検討し、副詞化における意味変化の方向性について考察するものである。

注

（1）たとえば、現代雑誌の用語について、語種の観点から調査した国立国語研究所編（一九六四）によると、現代において、異なり語数では漢語が和語を上回っている。

（2）詳細は第四部第十二章で述べるが、「漢語の国語化」についての言及としては、たとえば、『漢字百科大事典』中の項目「漢語の国語化」（佐藤武義一九九六）などを、代表的なものとして挙げることができる。

（3）従来、「国語化」に似た用語として「日本語化」という用語が使用されることもある。先行研究においては、管見の限り、漢字音の日本的変容の場合のように、特定の現象について述べる場合に、「日本語化」という用語が選択される傾向が見られる。それは、ある特定の現象について、日本語の(音韻)体系の干渉を受けるといった意味合いで述べているものと考えられる。それに対して、後述する『漢字百科大事典』の記述などに代表されるように、漢語が用法を広げていくさまや、日本語の中に漢語が組織的に浸透していくさまについて述べる場合には、「国語化」という用語が選択される傾向にあるようであり、「日本語化」という言い方で漢語の変容全体に言及したものはあまり無さそうである。もっとも、「国語化」「日本語化」いずれも使用例は決して多くない。

また、その他に、漢語などの日本的変容を表す用語に「和化」というものもある。たとえば遠藤好英(一九九九)や中山緑朗(二〇〇六)などでは、中国文献に見られるものとは異なる、日本的に変容した意味・用法の漢語を「和化漢語」としている。「和化漢語」の他に、「和化漢文」などとも使用されるように、「和化」という用語は、広狭さまざまな意味で使用されるものであるといえるが、「日本語化」と同様に、漢語の変容全体に言及したものは見られない。

このように、「国語化」に類似した従来の用語として「日本語化」「和化」といったものが挙げられる。本書は、漢語語彙の、日本語体系内への組織的・体系的な受容を問題にするものであり、漢語の変容全体を扱うという点で従来の主流と認められる「国語化」という用語を仮に採用することにする。本書内では、場合によって「国語化(日本語化)」といったように「日本語化」も併記した形で述べるが、「国語化」「日本語化」について、特に内容の区別はしない。詳細は第十二章で述べるが、外来語である漢語を日本語(国語)の中に体系的に受け入れるための工夫を指して「国語化」(あるいは「日本語化」)というものである。

(4) 第十三章第三節参照
(5) 第一三章第二節参照
(6) 第十四章第三節参照

第二章　漢語の研究史概観

それでは、これまでの漢語研究はどのようなものであったのだろうか。ここでは、本書の課題との関わりに触れながら、漢語研究の展開を略述する。まず、漢語研究の出発点とその後の漢語研究の展開について述べ、さらにその後で、本書での議論に直接関わる、漢語の国語化に言及したものと、漢語副詞を扱ったものの流れや動向について述べることにする。

第一節　漢語研究の出発点

漢語研究は、山田孝雄によって日本語の中の漢語のあり方が、共時的・通時的に概括されたのが、はじめとされる。山田(一九四〇)において、漢語の源流や形態・音韻上の特色、国語への受容の仕方や国語に与えた影響などが概括的に整理されている。そのうち、本書の課題に関わる、漢語の受容とその後の変容といった問題は、第七章「漢語の国語の内に入れる状態」、第八章「漢語の影響によりて起りたる国語の種々の状態」において論じられている。この二つの章は、漢語の受容と日本語の中での状態に関して述べたものであり、次のような構成になっている。

第七章　漢語の国語の内に入れる状態
一　その形のまま取り入れたるもの
二　形態の変化を与へて取り入れたるもの
三　漢語が如何なる性質のものとして取扱はるるか
四　漢語の国語の内に侵入せる区域と侵入を許さざる区域

第八章　漢語の影響によりて起りたる国語の種々の状態
一　音韻組織に及ぼせる影響
二　造語法に及ぼせる影響
イ　漢語より生じたる日本語
ロ　日本製の漢語
ハ　和漢雑糅の語
三　語法に及ぼせる影響

第七章は、漢語が日本語に取り入れられる際に起こっている音韻・形態上の変容や、文法的にどのような要素として漢語が日本語に取り入れられているか、といったことを論じたものである。一、二は、主に音韻の変化・無変化について論じたものである。三は、漢語が日本語の中で動詞、形容詞、形容動詞、副詞として使用されることを論じたものである。四は、漢語が日本語に助詞として取り入れられることは無いということを述べたものである。

続く第八章は、漢語を受容することによって、日本語の音韻・語彙体系に生じた変化について論じたものである。一は、日本語に音便や語頭ラ行音が生じたことを述べたものである。二イと三は、漢文訓読によって生じた語彙・語法について述べたものである。二ロは和製漢語の発生、二ハは、混種語の発生について述べたものである。

このように、漢語が日本語にどのように受容され、どのような振る舞いをしており、そのことによって日本語にどのような変化が起こったか、といったことが、この二章で論じられている。これは、日本語の中における漢語のあり方の大枠を示したものということができ、後述する「漢語の国語化」として論じられるものは、この段階でその大筋が示されているといってよい。

その後、たとえば佐藤喜代治は、佐藤(一九七一)で、「学生・学匠・書生」など、漢語の語史や源流について、個別に論じ、また、近世以降の頼山陽、橋本左内、吉田松陰などの書簡や、『万法精理』などの個別の文献を対象に、どのような漢語が見られるかを論じている。また、佐藤(一九九八)では、「平安遺文」「鎌倉遺文」といった古文書の用字用語や、謡曲の仏教語、中国の仏教書に見られる漢語について、中国文献の典拠や日本の古い文献での用例などを考察している。いずれも、日本語の語彙史を明らかにすることの一環として、個別の語がどのような歴史を持っているか、また、特定の資料にどのような語が見られるか、といった視点から研究されたものといえる。また、佐藤(一九七九)においては、日本語における漢語の歴史の概略を述べ、古代・中世・近世・近代の各時代における漢語の推移・変遷を略述している。それぞれの漢語が、いつの時代にどのような文献から取り入れられたものかといったことを、時代を追って説明したものといえる。

そのほかに、同時期の研究には、方言も視野に入れた「鮫鱇」の語史研究である山田俊雄(一九五三)や、源氏物語を中心とした平安和文における漢語の様相の研究である原田芳起(一九六二)、明治期の翻訳漢語の研究である森岡健二(一九六九)、といったものがある。

このように、山田以後の漢語研究は、山田の通時的・共時的略述を踏まえて、語別・作品別・時代別に詳細な記述が進められていったと考えることができる。これらは、形態や意味についての体系化を目指したものではない。山田の示した総論的な全体像に対して、個別の漢語や特定の資料・時代に見られる漢語を検討することで、各論的に細部の詳細を明らかにしようとするものと考えることができる。

第二節　その後の展開と問題点

それ以降には、以下のような、漢語に関する研究書がある。これらは、個別の問題というよりも、漢語語彙や漢語研究についての理論的な体系化に関わる側面もあるものである。池上禎造(一九八四)は、主に近世・近現代の漢語について、品詞性や造語力について論じるとともに、漢語研究の方向性や課題について述べたものである。松下貞三(一九八七)は、「恩」「縁」「聖」「法」という語の受容と変遷や、記録体における漢字・漢語の使用法について論じたものである。柏谷嘉弘(一九八七、一九九七)は、文学作品を中心とした各種文献に見られる漢語を網羅的に収集し、各文献について読みと表記、語数と語彙表を示したものである。浅野敏彦(一九九八)は、個別の語を取り上げながら、類義関係にある語同士の関係、語義や表記の変容、和製漢語の問題などを扱っている。さらに浅野(二〇一一)は、平安時代の識字層が、どのように漢字・漢語を受容したのかという観点から、各種文献に見られる漢語を文法的・意味的に分類したうえでいくつかの「層別化」を試みたものである。漢字使用については統計的手法なども取り入れているが、漢語についても、漢語語彙を平板的に捉えるのではなく、識字層における漢語の使用や浸透の様子を段階的・立体的に捉えようとしたものといえる。

これらのものは、単に個別の語史や特定の資料に見られる漢語の実態を明らかにしようとするものとは異なるように思われる。語彙史的・文法史的な側面で漢語に特有と思われる観点から、ある程度理論的な体系化に関わるものが一書にまとめられてきているといってよいだろう。たとえば、右に挙げた研究書からは、字音形態素を利用した造語

（池上一九八四）や和製漢語（浅野一九九八）の問題、同一形態素を持つ漢語の史的変遷（松下一九八七）や、意味変化とそれに関わる表記（浅野一九九八）の問題、漢語がどのような品詞として使用されているか（池上一九八四）といった問題や、漢語の層別化の試み（浅野二〇一二）、といった観点が見られる。漢語の研究は、このように、共時的・通時的な全体像の提示を踏まえた個別の作品・語の詳細な研究を経て、理論的な側面から体系化を目指すものがまとめられるようになってきたといえる。

こうした体系的な観点から漢語に関わる問題を扱うような研究は今後も大いに続けられる必要があるだろうし、本書の問題意識も、このような漢語研究の流れに沿うものである。ただし、本書で扱うのは、そういった体系性が比較的明示的なものでなく、一見不規則的な変化をしているように見える個別の事例であり、それらについて変容過程をパターン化して示そうとするものである。そのような問題意識を持って見ると、ここまで述べてきた漢語の先行研究には、以下のような問題点があるとまとめられる。

1　個別の語史研究の蓄積はあるが、それらは、必ずしも体系化を目指したものではない

個別の漢語がどのように日本に取り入れられ、各種文献にどのように現れるかということに関しての詳細な研究は決して少なくない。しかしそれらは、個別の語史を総合して理論的に体系化することを必ずしもめざしたものではない。そうした語史研究を積み重ねていけば、漢語語彙の全体像も当然ながら見えてくると思われるが、体系化を視野に入れた語史研究というものは多くないのではなかろうか。

2　作品別・時代別の詳細な記述も、漢語受容史の体系化を目指したものではない

これらも、山田の示した全体像を受けて、細部の詳細を明らかにしようとするものといった意味合いが強い。

あくまでも漢語使用の実態を明らかにすることに主眼があり、その点、個別の語史研究と同様である。

3　漢語語彙の理論的な体系化を目指すものもあるが、体系性の明瞭な分野に限られる

漢語の品詞性や造語力、類義語、和製漢語、などの観点から、理論的な体系化を目指すものも見られるようになっており、そうした研究は今後も続けられるべきであろう。しかし、それらにおける、個別の語史研究との関連の仕方には、さまざまな場合があるようである。扱う事象の体系性が比較的捉えやすいものだけでなく、個別の語史研究を総合し、抽象化することによって、漢語の受容と変容を類型化するという方向性も必要であると考える。

本書はこういった問題意識に基づき、個別の語史研究を踏まえて、漢語の受容と変容の類型化を試みるものである。本書のような観点からの研究、つまり、個別の事例の研究を積み重ねることで、それをもとに漢語語彙全体を視野に入れた理論化・体系化を論じようとするものは少ないように思われる。特に、漢語がどのように受容され、そして日本的変容を被ったのか、といったことについて、受容・変容の過程や類型に注目して論じようとするものはあまりない。このことから、個別の事例の研究を踏まえて、それぞれの漢語がどのように受容され、日本的変容を遂げるのかといったことについて、変容過程のパターンやそれらの類型を通時的な観点からまとめることが必要だと考えられる。

「漢語の国語化」という問題は、まさにこのような、日本的変容の過程や類型に関わる問題である。本書は以下に述べるように、漢語の歴史的変化について、言語接触としての漢語受容とその後の日本的変容といった観点から捉え直し、漢語の変容過程を類型化して示そうとするものである。

第三節　漢語の国語化という視点

さて、漢語の受容と変容について、『漢語の国語化（日本語化）』という用語が使われることは従来から少なからずあった。「漢語の国語化」という視点は、大きくいえば、漢語が日本語の中に取り入れられ、それらが日本語の語彙・音韻体系の中に馴染み、同化すること、あるいはその過程を指しているもののようである。しかし、その「国語化（日本語化）」の内実が十分に規定されてきているとは言い難い。それは、本書で問題にするような、言語接触としての漢語受容と、その後の日本的変容といった観点から、そういった漢語の様相とその変化を捉えてこなかったことと大きく関わっていると考えられる。それでは、「国語化」として従来指摘されてきた現象は、どのようなものであろうか。

これまで、「漢語の国語化」という用語自体が使用されることがあっても、はっきりした定義が示されることは無く、その内実が明確でない場合が多いようである。たとえば、『漢字百科大事典』には、「漢語の国語化」（佐藤武義執筆）という項目がたてられている。そこでは、日本語において漢語を受容し使用する歴史のうえで、重箱読み・湯桶読みの混交語の発生、漢語に「す」を付した複合動詞としての漢語サ変動詞の発生、「女房だつ」「気色ばむ」のように接尾語「だつ」「ばむ」を付した動詞の発生、「乞食く」「装束く」のように語尾を活用させた他動詞の発生、「執念し」「鬱陶し」のように「し」を付した形容詞の発生、「漢語＋なり」の形容動詞の発生、「火事」「返事」などの和製漢語の発生、といった現象があるということが説明されている。これは、先の山田（一九四〇）にもあるような、漢語が日本語の中でどのような用法で使用されているか、また、漢語を受容することで日本語の中にどのような影響が与えられたか、といった観点から、いくつかの現象を指摘するという形になっているといえる。ここでは、「国語化」

という用語そのものについての説明はなく、どのような現象を「国語化」と捉えるかということは必ずしも明確ではない。しかし、指摘されている現象は、漢語と和語の混種語が作られたり、名詞だけでなく動詞や形容詞・形容動詞として使用されるようになっていったこととまとめることができる。つまり、漢語が日本語の中でさまざまな用法で使用されるようになること、日本語の中で漢語が使用される用法が拡大していくことを、「国語化」といっているようである。

この他に「国語化」の現象を扱ったものとしては、個別の語や、時代・資料を限定して述べたものがいくつか見られる。たとえば以下のようなものである。一つは、佐々木峻による一連の研究(佐々木一九七六a、b、一九七七a、b、一九七八a、b)である。これらは、「大蔵流虎明本狂言」を資料として、漢語を抜き出し、動詞的用法・形容詞的用法・形容動詞的用法・副詞的用法などの品詞・用法別に具体例を列挙したものである。詳細に各種用法の実例を挙げており、それぞれ網羅的に用例・語例を列挙することに主眼が置かれたものといえる。漢語が中世後期資料である狂言台本においてさまざまな用法で使用されていることを述べたうえで、そのように漢語が用法を拡大している様子を指して「字音語の国語化現象」と述べている。しかしここでも、「国語化」という用語やその内実についての説明はない。

その他に、音韻史・漢字音史の分野で、日本語音韻体系の干渉による漢字音の受容・変容を指して「国語化(日本語化)」という表現がされる例は見られる。たとえば沖森卓也(二〇一〇)では、「漢語の日本語化」という小見出しのもとに、漢語の字音が、日本語の音韻体系に合わせて変容したうえで受容される例が示される箇所が数か所ある。さらに「日本語化」の他に「漢語の意味変化」という小見出しもあり、意味の変化は別に扱っていることから、ここでの「日本語化」という用語は音韻面に限定して使用されているようである。ただしこの場合も「日本語化」という用語そのものへの言及はない。

また、「国語化」についてこれらとはやや異なった使用をしているものとして、趙英姫(二〇〇〇)が挙げられる。趙(二〇〇〇)は、近代の、副詞用法で使用される漢語を取り上げ、形態と修飾機能との関連について、地の文・会話文での漢語の出現状況を捉えることに主眼を置きつつ、調査・考察したものである。そして、前述した山田孝雄の説などを踏まえながら、副詞用法で使用される漢語が見られるようになること、及びそのようなものが特に近代以降大幅に増えていくことについて、「漢語の国語化」と位置付けている。具体的には、会話文に現れるものほど、より一般化した、あるいは溶け込んだものといえる、という説明がなされている。つまり、一部の特殊な資料にしか現れないようなものに比べて、一般の会話文に使用が多ければそれだけ人口に膾炙した言葉ということができ、使用頻度の高い好まれた表現であれば、その会話文に使用される副詞用法も国語に馴染んだものというように考えるということであろう。ここでも「国語化」そのものの明確な説明はなく、また、副詞用法を持つ漢語に限定した論ではあるが、ここでの「国語化」とは、日本語の中でより一般的・日常的に使用されるようになっていくことを指しているものと見てよいだろう。

このように見てくると、「国語化」という用語はこれまでも使用されることはあったものの、その内実についてあまり明確な言及は無かったといってよい。しかし、それらはおおむね次のようなものに関して「国語化」という用語を使ったものと、まとめることができるだろう。

1　漢語が名詞だけでなく動詞、形容動詞など、他の品詞としても使用されるようになること
2　漢字音が、日本語の音韻体系にあった形に変容を受けたうえで受容されること
3　日本語の中でより一般的・日常的に使用されるようになること

2は、音韻的に日本語の体系に合うように受容されたということであり、規則的な現象であるといえる。1も、「す」を付してサ変動詞化したり「ナリ・タリ」を付して形容動詞化したりといったように、多くの場合規則的な現

象である。3は、そうした規則的な変容を経たうえでの漢語受容とは異なり、漢語の使用そのものが広がっていく様子を指していうものである。

しかし、ここまでも述べてきたように、漢語の中には、中国文献でのものや、日本に受容した当初のものとは異質な意味・用法に変化するものがある。日本語の中で、日本語の体系に合うように変容したうえで受容されたり、受容した後で日本語の体系の中で変容を被るのである。すると、1～3以外に、

4　日本語に受容される際、あるいは受容された後で、意味・用法が変化すること

という項目が立てられるだろう。

このように広義「国語化」には、1～4のような内容が含まれよう。本書では、このうち4を中心にして、他の内容も含めて「国語化」の枠組みを再検討し、その諸相を検討していくことにする。詳細は第十二章で述べるが、それぞれの漢語が日本語に取り入れられ、日本語の体系の中で使用される際に何らかの変容をしているものを狭義「国語化」とするものである。それは形態・音韻・意味などの各側面に渡る。つまり、1や3に見られる、用法の種類の拡大や、日常的・一般的な使用といった点については狭義「国語化」に含めない(以下、この狭義「国語化」を、単に「国語化」と呼ぶことにする)。また、1や2のような、規則的現象だけでなく、規則的とは必ずしもいえない4のような現象も含めて、「国語化」という観点から考えていく。それらを、漢語を日本語の中に体系的に取り入れるための工夫と考えていくものである。

第四節　漢語副詞研究の流れ

さて、前節で述べたように、漢語の意味・用法が日本語の中で変化・拡大していくことがあったわけであるが、そ

の中でも、本来副詞としては用いられなかった漢語が副詞用法で使用されるようになるものがある。これらは、サ変動詞や形容動詞として使用されるようになるといった規則的なものに比べて、一段と「国語化」の度合いの高いものと考えることができるだろう。こういったものは「漢語副詞」とも呼ばれてきた。それらはどのように研究されてきたのであろうか。

まず、漢語副詞の大まかな歴史的変遷と体系性について示した、前田富祺(一九八三a、b)が挙げられる。前田(一九八三b)は、「漢語副詞は漢語の国語化の現象の一つとして考えられる」としたうえで、中古・中世・近世・近代と四つの時代ごとに、出現した漢語副詞を具体的に挙げ、それぞれの時代の特徴などを考察したものである。またその際、漢語が単独で副詞として用いられているか、「に(にして)」「と(として)」等を伴って使用されているかという点に着目し、それぞれ「Φ型」「ニ型」「ト型」として処理している。その結果、時代とともにニ型のものが減り、Φ型が増えること、ト型が近代にはニ型に対抗する位置を占めること、また、各時代に渡って二字漢語が最も多く、三字以上のものは漢語副詞にはなりにくかったと考えられること、などが述べられている。前田(一九八三b)における漢語副詞の認定については、竹内美智子が渡辺瑳久江、星野園子の協力を得てまとめた、「現行辞書における副詞一覧」(『品詞別日本文法講座5連体詞・副詞』所載)をもとにしているという。そのうえで、中古の仮名文については、宮田裕行(一九七六)「平安時代における漢語を語構成要素にもつ語彙について」(『東洋大学短期大学紀要』第七号)、中世については『日葡辞書』、近代については『和英語林集成』(初版)を資料として、それぞれに副詞とされているものを中心として抜き出し、さらに、国立国語研究所『分類語彙表』を見て副詞の用法のありそうなものを加え、このようにして集めた語彙を『日本国語大辞典』などを利用しながら検討した結果得たものを認定しているという。そのようにして得られた漢語副詞について、前田(一九八三a)では、主に形態面での体系性や、記録体・記録語との関連など、今後の研究の方向性に関する考察がなされている。以上のように、前田(一九八三a、b)は、漢語副詞にはどのような語例があるかを通時的に網羅し、「Φ型」「ニ型」「ト型」といった出現する形態の種類を示したうえで、問題点を洗い出したものである。それぞれ個別の漢語の受容や変容を扱ったものではないが、大局的に見た漢語副詞の大まかな変遷が示されている。

漢語の中で、副詞用法を持つものを漢語副詞としてまとめたうえで、その全体像を捉えようとした研究は、前田のものが唯一のものといえるだろう。その後の漢語副詞研究は、時代・資料を絞った研究や、個別の語史を詳細に考察するものが多く見られる。

たとえば、近代の漢語副詞を扱ったものとして、趙英姫の一連の研究がある。趙(二〇〇〇、二〇〇二)は、言文一致以降明治末期までを「近代語形成期」、一九六〇年代を「近代語完成期」として漢語副詞を収集し、助詞の付かない単独の形で使用されるか、「に」「と」などの付いた形で使用されるかといった「出現形態」と、地の文に現れるか会話文に現れるかといった「使用場面」との関連性について、調査・考察したものである。そして趙(二〇〇三)は、漢語副詞の形態と、修飾機能との関連について述べたものであり、趙(二〇〇八)は、漢語副用語について語基別にジャンル間の共出現率等を考察したものである。趙の研究では「漢語副用語」という用語に統一されているが、「分析の対象には狭い意味の副詞より広い範囲の、述部を修飾する諸成分が含まれるので、漢語副用語」(趙二〇〇二)としたとあるように、かなり広い基準で網羅的に収集しており、異なり語数も膨大になっている。前田の研究では必ずしも用例の採集が十分ではなかった近代について、「漢語副用語」の具体的な様相を捉えようとするものであり、前述のとおり、地の文・会話文での出現状況に主眼を置いている点が特徴的である。

次に、資料を限定した漢語副詞研究として、中山緑朗(一九八六)が挙げられる。中山(一九八六)は、鎌倉時代の古記録四種、「殿暦」「玉葉」「園太暦」「康富記」の中から、この時代に発生したと思われる漢語副詞を九語挙げ、その用例を挙げたものである。

この他には、個別の漢語副詞を扱ったものが見られる。たとえば、玉村禎郎の一連の研究が挙げられる。玉村(一九九一、二〇〇五)は「是非」という語を、玉村(二〇〇二、二〇〇九)は「善悪」という語を、玉村(二〇〇八)は「有無」という語をそれぞれ取り上げ、副詞用法を獲得する様子を述べている。また、原卓志の一連の研究(原一九九二、一九九三、一九九五、一九九六、一九九七、一九九九、二〇〇〇、二〇〇二)もある。原は、「都合」「悉皆」「全分」「堅固」「至極」「仮令」「如法」などについて、副詞用法の発生を述べている。さらに、漢語に限ったものではないが、田和真紀子の一連の研究(田和二〇〇五、二〇〇七、二〇〇八、二〇〇九a、b)もある。田和は、「おほかた」「おほよそ」「だんだん」などを取り上げ、副詞用法の発生や、副詞の意味変化を論じている。

このように、前田が漢語副詞の大まかな歴史的変遷と課題を示した後は、それを受けて、個別の漢語副詞の歴史や用法についての研究が多く行われてきているという流れが見てとれる。そのような個別の語史の詳細な研究は今後も続けられるべきであろう。しかし、それらは現時点ではどちらかと言えば個別の事例の指摘にとどまるものであり、複数の事例をまとめあげて変化の過程やその類型を示そうとするものはあまり見られないといってよいだろう。

また、この他、漢語副詞に近い問題として、漢語形容動詞に関する鈴木泰の研究(鈴木一九八二、一九八三)がある。これらは、副詞の認定を正面から扱ったものではなく、あくまでも漢語が形容動詞として使われることに着目して、形容動詞の観点からその範囲や用法の変化を追ったものである。鈴木(一九八二)は、「堂々」「混沌」「恍惚」のように畳字・畳韻・双声構造を持つか、「然」「如」などを添えて状態的意味を表す漢語は、漢語におけるオノマトペであり、それは中世以降の文語においてタリ活用形容動詞として出現する、としたうえで、和語オノマトペとの関連、漢文や漢文訓読語との関係などについても触れながら、その通時的な変化をまとめたものである。鈴木(一九八三)は、それとの比較の意味で、ナリ活用のものを扱い、形容動詞の認定基準を論じたものである。

以上のような流れを見てくると、漢語研究としては、研究分野全体の大まかな見取り図が示された後、個別の事例研究が多く積み重ねられ、理論的・体系的な方向を目指す研究も行われるようになってきている段階と捉えることができるだろう。しかし、それぞれの漢語がどのように受容され、日本的変容を遂げるのかといったことについて、個別の事例の研究を踏まえて、変容過程のパターンやそれらの類型を通時的な観点からまとめようとするものは見られない。また、漢語の受容と変容については、「漢語の国語化」という用語が使われることもあったが、その内実は明確でなく、言語接触としての漢語受容と、その後の日本的変容といった観点から、そういった漢語の様相とその変化を捉えていく必要があると考えられる。漢語副詞についても、個別の事例研究を踏まえて、漢語の受容と変容のパターンや類型を示すことで、「国語化」としての位置づけを考えるべき段階にあるといえるのではないだろうか。またその際には、副詞用法の発生や、副詞としての意味変化といった観点も取り入れることが可能だろう。

本書は、このような問題意識に基づき、個別の語の事例研究を踏まえて、漢語が副詞用法を発生させる現象を中心に、漢語の受容・変容の方法としての「国語化」という観点から捉え直すことを目指す。それは、言語変化の具体的な仕方というものを、広い視点から体系的に捉え、変化の方向・傾向の一端を一般化した形で示そうとするものである。

第二部　国語化と時間的意味・空間的意味

第三章　「次第」の意味変化と時間副詞化

第一節　はじめに

この第二部では、国語化した漢語の中でも、時間的意味と空間的意味が問題になるものを取り上げ、漢語の国語化・副詞化と時間的意味・空間的意味の関係を考える。後述するように、時間的意味と空間的意味とは意味変化の観点からは重要な関連があることが指摘されている。しかし、これも後述するように、時間的意味と空間的意味との単純な対応関係だけでは捉えきれない問題もあると考えられる。そこで本章からは、漢語が副詞化するに際して、どのように時間的意味が発生するのか、また、どのように空間的意味が喪失するのかということを、漢語が国語化することとの関わりから考えていく。このことによって、第四部において試みる、時間的意味発生のパターンを示すことの前提としたいと考える。

そこでまず本章と次章では、「次第」という語を取り上げる。本章では中でも「次第に」という副詞を取り上げる。

副詞「次第に」は、現代日本語においては、「次第に天候が悪化する」「風は次第におさまってきた」などのように使われ、「状態が少しずつ変化する様子を表す」（飛田良文・浅田秀子一九九四）ものである。そしてその変化が時間の経過とともに起こるものであるために、いわゆる時間副詞とも捉えられている[1]。

しかし、そもそも漢語「次第」の原義は〈順番、序列〉ということであり、それに「に」の付いた「次第に」の意味は、古くは〈順番に、次々に〉といったものであった。そのことに関しては、中山緑朗（一九八六）に言及があるほか、各種辞書においても、そうした副詞「次第に」の古い用法の記述がある。

それでは、いつ、どのように、意味が変化して、現代のような時間副詞となったのであろうか。管見の限り、副詞「次第に」の意味変化の過程を論じた研究は無いようである。

副詞「次第に」は、意味変化の観点からいえば、歴史上のある時期に時間的意味を獲得したといえる。このような例は他に「遠い」「長い」「前」「後」などがある。このような時間的意味の獲得について検討したものとしては、横山辰次（一九五一）、籾山洋介（一九九二）、砂川有里子（二〇〇〇）等がある。横山（一九五一）は、歴史的変遷を記述したものではないが、空間的意味から時間的意味に転用したとするものを列挙している。その中で、空間的意味から時間的意味に転移したものの例として「次第（に）」も挙げている。籾山（一九九二）は、「ところ」「うえ」「うち」などを例に、空間的意味から時間的意味へ転用されるものがありその逆は無いことを述べている。砂川（二〇〇〇）は、空間的意味を表す名詞や動詞が文法化して「〜に渡って」「〜ところで」などの時間的意味を持つ表現が発生することを述べ、空間から時間への意味転用について論じている。このように、日本語の歴史において、非時間的意味を表す言語形式が、時間的意味を獲得するということは、一つの重要な現象と考えられるが、どのようにしてそれらの変化が起こっているかを具体的に記述したものは少ない。

また、「次第」は漢語であり、「次第に」はいわゆる漢語副詞である。それゆえ、中国文献における「次第」の用法を、日本においてどのように受け入れ、日本語の中に定着させていったか、という「漢語の国語化」の観点からも問題になる。つまり、時間的意味を持たない漢語が国語化することで、時間副詞として日本語の中で定着していったと考えられるのである。したがって、副詞「次第(に)」が時間的意味を獲得する具体的な様子を描くことは、「時間的意味獲得という副詞の意味変化」を、「漢語の国語化」との関係から明らかにする一つの試みになるといえる。

ところで、日本における「次第」の歴史的様相を見ていくと、「次第に」という副詞用法だけでなく、名詞としての「次第」にもある時期に意味変化が起こっているようである。そこで本章では、副詞「次第に」の意味変化とともに名詞「次第」の意味変化を観察し、副詞「次第に」における時間的意味の獲得について、名詞と副詞相互の影響関係から説明を試みる。

なお、「次第」の用法には、この他に、「次第す」という形の動詞用法や、「次第乞食」「次第下がり」といった接頭語用法、「年臈次第」といった接尾語用法もある。この内、接尾語用法は、中世後期以降急激に増加し、時間的意味も獲得するが、これについては、次章で論じる。その他の用法は、それぞれ少数例のため、本章での考察対象から除いた。「次第次第に」という畳語形式のものも対象外とした。

第二節　中国文献における「次第」

さて、前述の通り「次第」は本来漢語であり、中国文献において用例が認められるものである。それらの用法と日本における用法にはどのような関わりがあるだろうか。特に、日本と同様の副詞用法があるかどうかが問題になる。この点に注目して以下で中国文献における「次第」の用例を見てみることにする。

まず唐代までの漢籍における「次第」の用例数を表1に示す(2)。

表1　漢籍における「次第」

	名詞	副詞
戦国策	1	0
漢書	1	1
三国詩	1	0
後漢書	5	0
文選	1	0
白氏文集	1	15
全唐詩	22	8
合計	32	24

漢籍には、次のような用例が見られる。

1　子嘗教寡人循功労、視次第。今有所求、此我将奚聴乎。　（戦国策、巻二六韓一）

2　長歎不能言　起坐失次第　一日三四遷　（三国詩、巻三、劉楨、贈徐幹）

3　及衛太子敗、齊懐王又薨、旦自以次第當立、上書求入宿衛　（漢書、巻六三）[3]

1の例は、功労に従った登用の順序を表している。2の例は、起坐の順番を表している。3の例は、太子になるべき順序を表している。いずれも名詞用法である。

一方、副詞用法は、「白氏文集」「全唐詩」といった詩作品に多い。

4　禅僧與詩客　次第来相看　要語連夜語　（白氏文集、巻第六）

5　秋鴻次第過　哀猿朝夕聞　是日孤舟客　（白氏文集、巻第九）

6　郊野遊行熟　村園次第過　（白氏文集、巻第六六）

7　城中東西市　聞客次第迎　迎客兼説客　（全唐詩、元稹、相和歌辞）

8　客雁秋来次第逢　家書頻寄両三封　（全唐詩、楊凌、秋原野望）

4の例は、禅僧と詩客が次々にやってくるさま、5の例は、秋の鴻が次々と飛んで行くさま、6の例は、村里を次々に通りすぎて行くさまを表したものであり、7の例は、客を次々に迎えるさま、8の例は、秋が来て雁が次々に逢うさまを表したものである。

このように、漢籍においては、〈順番、序列〉という意味の名詞用法とともに、〈順番に、次々に〉という意味の副詞用法が見られることがわかる。

次に漢訳仏典における「次第」の出現状況を見てみる。ここでは、漢語の日本語への受容という点で重要と考えられる、訓点資料の残されているものの中から、表2に示した資料を調査対象とする。すると、漢訳仏典においても、名詞用法、副詞用法ともに見られることがわかる。次に挙げるようなものである。なお、訓点資料の対応箇所も同時に示した(4)。

9　音声清好。章句次第了了可解。（四分律、巻第三九）

音声清好(に)して章句次第あり。了了にして解(る)可(し)。（小川本願経四分律平安初期点、甲巻）

10　如是次第得解脱。故名十六行念出入息。（成実論、巻第一四）

是(くの)如(く)次第(にし)て解脱を得(る)か故に十六行をもちて出入の息を念すと名(つく)。（成実論天長五年点）

11　仁可至心聴　我今次第説　（金光明最勝王経、巻第一）

仁、至レル心をモチテ聴ク可し。我レ今次第に説かむ。（西大寺本金光明最勝王経平安初期点）

12　十四日旦、方乃引發、幢幡等次第陳列。（大慈恩寺三蔵法師伝、巻第九）

十四日ノ旦ニ方ニ乃(シ)引發ス、幢幡等次第ニ陳列ス、（大慈恩寺三蔵法師伝承徳三年点）

表2　仏典における「次第」

	名詞	副詞
四分律	27	27
成実論	74	51
金光明最勝王経	0	5
大智度論	238	108
地蔵十輪経	1	8
成唯識論	5	3
南海寄帰内法伝	3	1
蘇悉地羯羅経	0	0
冥報記	1	0
大慈恩寺三蔵法師伝	0	2
大唐西域記	0	4
合計	349	209

9は、章句の順序を表した名詞用法、10は、順番に解脱を得るさまを表した副詞用法、11は、順を追って教えを説くさまを表した副詞

用法、12は、順番に陳列するさまを表した副詞用法である。

以上から、中国文献において、「次第」は、大きく分けて名詞用法と副詞用法が使用されているといえる。基本的に名詞は〈順番、序列〉という意味、副詞は〈順番に、次々に〉という意味である。日本で見られるような時間副詞的な用例は見当たらない(5)。

第三節　漢語「次第」の日本への受容　――奈良時代――

それでは、日本における「次第」の意味・用法はどのように展開していったのだろうか。以下では時代ごとに記述していく。

奈良時代においては、「古事記」「日本書紀」から、以下の5例が得られた。

13　宜當此時、更校人民、令知長幼之次第、及課役之先後焉。（日本書紀、巻第五、崇神天皇）

14　奉誄皇祖等之騰極次第。（日本書紀、巻第三〇、持統天皇）

15　第二、諸皇子等、以次第各誄之。（日本書紀、巻第二二、推古天皇）

16　於是盛楽、酒酣以次第皆儛。（古事記、下巻、清寧天皇）

17　夜深酒酣、次第儛訖。（日本書紀、巻第一五、顕宗天皇）

13の例は長幼の順、14の例は皇位継承の順番、という意味の名詞用法である。15は、「皇子達が順番にそれぞれ弔辞を述べた」ということであるが、「岩崎本平安中期点」「図書寮本永治二年点」ともにこの箇所を「次第《ツイテ》を以て」と読んでいるように、これも名詞用法と見てよいであろう。16は、「酒宴がたけなわになり、皆が順番に舞った」ということであるが、15と同様に「以次第」という形になっており、名詞用法と思われる(6)。

問題は17の例である。16と同様の文脈であるが、「以」の字が無く、名詞用法としての解釈はしにくい。ここは副詞用法の例と見るべきだろう。「図書寮本永治二年点」でも「夜深け酒酣にして、次第《ツイテ〳〵》偁ひ訖る。」と副詞的に読んでいる。このように、日本への受容の段階で、副詞用法の「次第」の例が見られることがわかる。ただしこれらの漢字文献の用例は、「次第に」というように漢語のまま「に」を付けて副詞的に用いられているわけではなく、後代のような漢語副詞「次第に」と同一のものとすることはできない。(7)

第四節　「次第に」の登場　——平安時代——

平安時代においても、奈良時代と同様、名詞用法が多く使用されているが、この時代に至って「次第に」という形の副詞用法が、見られるようになる。

平安時代の用例数を表3に示す。(8) 以下に挙げる例のうち、18〜20は名詞用法の例、21〜23は副詞用法の例である。21は、変体漢文の例であり、原文に「に」は付いていないが、22・23は「に」の付いた「次第に」の形の例である。

表3　平安時代の「次第」

	名詞	副詞
性霊集	3	0
日本霊異記	2	1
菅家文草	0	5
大和物語	1	0
宇津保物語	6	0
落窪物語	2	0
天徳四年歌合	2	0
長元八年歌合	2	0
天喜四年歌合	0	2
元永元年歌合	1	0
源氏物語	2	0
枕草子	1	0
紫式部日記	1	0
大納言経信集	1	0
更級日記	1	0
栄花物語	4	1
大鏡	9	0
梁塵秘抄	4	0
今昔物語集	4	24
合計	46	33

18　やがて宮の御方の女ばうぐるまのしだいたてゝよすべき事をこなふ。（宇津保物語、楼のうへの上）

19　けにしたいをあやまたぬにていましはしの桯ものこりとまるかきりあらは（源氏物語、若菜上）

20　すべからくは神武天皇をはじめたてまつりて、つぎ〳〵のみかどの御次第をおぼえ申すべきなり。（大鏡、第一巻、序）

21　聖武天皇御世　王宗廿三人結同心　次第為食設備宴楽
（聖武天皇の御世に、王宗二十三人同じ心に結び、次第に食を為して宴楽を設備く。）（日本霊異記、中巻）

22　関白殿をはじめ、この殿ばらは、薬師堂の東のかうらんのしものつちに、わらうだしきてしだいになみゐさせたまへり。（栄花物語、巻第二九）

23　如此ク次第ニ四百九十九人ノ皇子ハ道果ヲ得タリ。（今昔物語集、巻第五、第五）

18は乗車の順番、19は年齢の順序、20は天皇の皇位継承の順序を表した、名詞用法である。一方、21は順に宴の準備をするさま、22は順に並んで座っているさま、23は皇子が次々に悟りを得るさまを表した、副詞用法である。

これらの用例を見ると、名詞用法の場合の「次第」と副詞用法の場合の「次第」との間には、意味の違いが認められる。名詞用法の場合は〈(守るべき、定められた)順番、序列〉の意味であり、あらかじめ決まっている順番をその通りに守ること、つまり順番そのものが問題になっている。それに対し、副詞用法の場合は、必ずしも順番そのものが守るべきものとして問題になっていない。当番を決めて順番に宴の準備をする(21の例)、円座を敷いて整列している(22の例)、次々に悟りを得る(23の例)、というように、単に〈ものが順番に並んでいる様子、状態〉を表しているといえる。

ところで、このような違いは、前述した中国文献にも見られる。つまり、名詞〈順番、序列〉、副詞〈順番に、次々に〉という用法は、中国でのものをそのま

表 4　「今昔物語集」における「次第」

	名詞	副詞
巻第 1	0	1
巻第 2	0	1
巻第 3	0	1
巻第 5	0	1
巻第 7	0	2
巻第 10	0	1
巻第 13	0	1
巻第 17	0	4
巻第 19	0	2
巻第 20	1	0
巻第 26	0	6
巻第 27	1	1
巻第 28	1	3
巻第 31	1	0
合計	4	24

ま受け継いだものといえる。ただし、表3の用例分布を見ると、全体的に名詞が多く、副詞は、変体漢文の「日本霊異記」、漢詩文の「菅家文草」といった資料に見られるという特徴が指摘できる。[9] このような漢文的要素を有する資料では、副詞用法をも漢語副詞として取り込んでいるのに対し、和文資料では主に名詞として受け入れているといえる。また、こうした文体差は、「今昔物語集」の用例分布にも表れている。「今昔物語集」の用例分布を表4に示す。「今昔物語集」は、巻第二十までが漢文調で巻第二十二以降が和文調という違いのあることが指摘されているが、表4によればその「今昔物語集」において名詞用法の出現が後半に偏っているのである。

さらにここで、平安時代の古記録における「次第」の使用状況を見てみる。以下のような用例が見られる。用例数を表5に示す。

24　相替参上、公卿着座、次第如例、（九暦、天暦三年五月一日）

25　有宰相座、御出、召人、次第進着、（御堂関白記、長和二年三月二三日）

26　右大臣以下、次出居侍従、其後次第等如常、（中右記、寛治二年七月二六日）

24は着座の順序、26は昇殿の順序、を表した名詞用法、25は順番に進着することを表した副詞用法である。

古記録においても表3に挙げた資料と同じように、名詞〈順番、序列〉、副詞〈順番に、次々に〉という意味で使用されている。変体漢文体の資料である古記録において、名詞用法とともに副詞用法も偏り無く多数見られることは、前述した、漢文的要素を有する資料と同様の傾向といえる。

このように、平安時代の「次第」は、和文資料においては名詞用法が主として使用され、変体漢文や漢詩文、「今昔物語集」の天竺部・震旦部といった、漢文的要素を有する資料においては、名詞用法とともに副詞用法も使用されるという

表5　平安時代の古記録における「次第」

	名詞	副詞
小右記	171	217
貞信公記	5	0
九暦	43	4
御堂関白記	30	11
中右記	99	32
後二条師通記	163	77
合計	511	341

ように、資料の性質によって用法に違いがあることがわかる。そして両者の「次第」の表す意味にも、中国文献における用法と同様の違いが見られることがわかる。

第五節　「次第」の国語化　――鎌倉時代――

鎌倉時代になると、前代までの用法を受け継ぎつつも、名詞用法・副詞用法ともに、新たな用法が発生する。副詞用法においては、連続的な変化を表す、以下のような用例が見られるようになる。現代の時間副詞化したものと同じように、〈徐々に、少しずつ〉といった意味を表していると思われる。

27　維行二の矢をつがひて、ひやう〳〵どしけるが、肝魂忽にくれ、正念次第に失しかば、矢をばからりとすて、馬より逆に落かゝりたれ共、矢にになはれてしばらく落ず。（保元物語、中）

28　同日ノ戌時ニハ辰巳ノ方ヨリ地震シテ、戌亥ノ方へ指テ行。此モ始ニハヨモナノメナリケルガ、次第ニツヨクユリケレバ、山崩テ谷ヲウメ、岸ハ破テ水ヲ湛ヘタリ。（延慶本平家物語、第二本）

29　今年正月ヨリ俄ニ大事ニナリテ、苦痛次第ニ責ル程ニ、思ヒキリテ、日比支度スル庵室ノ具足運ビテ造ル程ノ隙モナク、苦痛逼程ニ、先ヅ人ノ庵室ヲ借リテ移リ居テ、纔ニ一両月ニ死去シヌ。（正法眼蔵随聞記、一）

これらは、平安時代のような〈ものが順番に並んでいる様子・状態〉を表したものではなく、〈順番に、次々に〉という意味では解釈できない。前代の副詞用法は、〈順番、序列〉という意味の名詞用法と対応した、ものが順番に並んでいるという静的な状態を表していた。それに対してこれらの用法は、連続的な変化を表したものであり、新たな状態の出現という動的な事態に対して使用されている。

しかも、その変化の描写の仕方には、一つの特徴がある。それは、これらの変化が、いずれも過去のものとして描写されており、変化の途中の段階を述べたものではないということである。27は正気が無くなったこと、28は揺れが強くなったこと、29は苦痛が切迫した状態になったことを表している。つまり、漸進的な変化が起こった後に、変化の結果の事態を描写する表現となっているのである。

こうした変化の結果を表現する用法と、前代の〈ものが順番に並んでいる様子・状態〉を表す用法との間には断絶が感じられる。前代の用法との間に積極的なつながりは見出しにくく、こうした用例がこの時期に出現するのは、一見唐突とも思えるものである。それでは、この新用法はどのようにして生まれたのだろうか。

そこで注目すべきなのが、「次第」の名詞用法である。この時代には、前述した副詞用法における新用法の発生にやや先行して、名詞用法においても、それまでには無かった新たな用法の例が多数見られるようになっているのである。副詞用法の新用法の発生は、これらの名詞用法の意味が副詞用法に影響を与えたものと考えられる。名詞の新用法の例は、次のようなものである。

30　所行之至、言語道断之次第也、（河上山古文書、嘉応二年三月十日）

31　鎌倉殿令参候、件次第ヲ申上候之処、（一誠堂待賈文書、元暦二年）

32　「我、其定にしてとらん」とて、ことの次第をこまかに問ひければ、教へつ。（宇治拾遺物語、巻一ノ三）

33　そのゝち判官をめされて合戦の次第御尋あり。（保元物語、上）

34　めんぼくをたうじにうしなふのみにあらず、そしりを後代にのこさむ事、くちおしき次第にあらずや。（保元物語、上）

35　其恥ヲ助ム為ニ、忠盛ニ知ラレズシテ、竊カニ小庭ニ参候之条、不及力次第也。（延慶本平家物語、第一本）

36　ソレガシノ子息、惑ハテ、侍ル事、不便ノ次第也。　　（沙石集、巻第九）

これらも、前代には無かった用法であり、〈順番、序列〉の意味では解釈できない。〈事情、顛末〉といった意味である。30、31の例は「平安遺文」からである。「平安遺文」には「次第」が198例あったが、副詞の新用法の発生に先駆けて、平安末期の古文書に、このような名詞用法の新用法が見られるのである。30・31の他に、「以外（之）次第」が2例（高野山文書・治承四年四月二十一日、東寺百合文書・元暦一年七月二十四日）、「難堪次第」が2例（西宮文書・寿永三年二月、春日神社文書・元暦一年九月）見られる。これらは、前代の「乗車の順番」「年齢の順番」「（儀式の）次第の事」などの、一つ一つの区切りがはっきりしたものから、その区切りを問題にせずに、事情や事件を連続したひとまとまりの流れとして見ることによって「事の次第」「合戦の次第」等の表現（31・32・33の例）が生まれたものだと考えられる。つまりここで、「次第」の表す対象の性質が、一つ一つの区切りがはっきりした「非連続」的なものから、区切りのはっきりしない「連続」的なものへと変わったといえる。そしてさらに、事情や事件の途中の段階よりも、結果としてどうなったか、ということに焦点が当たることによって、結果の事態を評価的に表現した「〜の次第」「〜な次第」といった用法（30・34・35・36の例）が生まれたと考えられる。

副詞の新用法が唐突に発生した感があり、前代とのつながりが薄かったのに対して、名詞用法は、前代からの段階的なつながりをこのように説明できるのである。

そして、副詞用法における、旧用法と新用法の間の断絶も、名詞用法からの影響を考えれば説明できる。名詞用法の「次第」は、中国語の原義から離れて、この時代になって、日本独自の意味を獲得している。すなわち、物事の事情を連続したひとまとまりの流れとして見ることによって、漸進的な変化を含意しつつも結果の事態に視点が置かれた表現が発生しているのである。このことが、副詞用法の意味にも影響を与え、連続的変化の結果を表す新用法を発生させたと考えられる。つまり、漢語「次第」が名詞用法において、「連続」的な事象を表すようになるという国語化が起こることで、それと平行する形で、副詞「次第に」の意味も影響を受けたのである。

また、名詞と副詞にこのような平行関係があることの傍証として、両者ともに否定的意味に偏って使用されているという現象が挙げられる。鎌倉時代資料の、名詞用法を評価的に修飾する要素と、副詞用法が修飾する変化を表す要素について、それぞれの語を挙げる。

【名詞用法】　あさましき、口惜しき、力及ばざる、難治の、難儀の、無念の、過分の、遺恨の、存外の、不便の、勝つべきやうもなき

【副詞用法】　弱る、正念失す、遠国近付く、力つかれる、雪深くなる、都遠ざかる、(仏法が)衰微する、暗くなる、遠くなる、苦痛責む、(人と)離れる、おちぶれゆく、廃れる、病重る、(病気が)大事になる、おとろふ、強くまく、うちはやる、(僧が)国に満つ、近くなる、(王位の正法が)失す、寺となる、飲み酔ふ、変わりゆく、(兵が)数そふ

名詞用法を評価的に修飾する要素は、いずれも好ましくない事態を表現したものである。そして副詞用法も同様に、好ましくない変化が起こってしまったという場面において多く使用されている。このような両者の傾向は、ほぼ鎌倉時代を通じて見られる。副詞用法において独自に、好ましくない変化を表す用法を獲得したとは考えにくい。やはり、名詞用法と副詞用法との間に平行関係があると考えるのが妥当であろう。

以上述べてきた鎌倉時代の名詞用法、副詞用法の用例数を表6に示す。前代から見られる〈順番、序列〉を表す名詞用法を「I」の欄に示した。新たに出現した〈事情、顛末〉を表す名詞用法を「II」の欄に示し、さらにそのうち、「事の次第」「合戦の次第」等の用法を「A」の欄に、結果の事態を評価的に表現した「〜の次第」「〜な次第」等の用法を「B」の欄に示した。副詞用法についても同様に、前代に見られた古い用法を「III」の欄に、連続的変化を表す新用法を「IV」の欄に示した。

表6　鎌倉時代の「次第」

	名詞			副詞	
	I	II		III	IV
		A	B		
宇治拾遺物語	0	3	0	4	0
保元物語	0	4	4	0	3
平治物語	0	0	1	0	1
平家物語（延慶本）	7	24	8	20	17
平家物語（覚一本）	3	6	7	7	8
愚管抄	6	9	2	8	4
正法眼蔵随聞記	1	0	1	5	2
正法眼蔵	1	0	0	0	0
古今著聞集	8	5	0	12	6
開目抄	1	0	0	1	0
【日蓮消息】	0	0	0	0	1
為兼卿和歌抄	0	0	0	1	0
沙石集	1	2	1	5	5
徒然草	2	0	0	0	0
合計	30	53	24	63	47

以上のことから、鎌倉時代に発生した副詞の新用法も、完全に現代と同様の表現とみなすことはできないことがわかる。あくまでも連続的変化をひとまとまりのものとして述べたものなのであり、結果の事態を、否定的に述べるものなのである。それによって、〈意に反してそのような結果になってしまった〉といったニュアンスを持つことにもなる。したがって、この時代の「次第に」は、「連続的変化の好ましくない結果」を表現する用法であるとまとめることができるだろう。

とは言うものの、この段階に至って、後に時間的意味を獲得する下地ができたことになる。この段階で時間的意味を積極的に表しているわけではないが、時間の経過を意識させやすい用法が新たに発生したということはいえるだろう。

さて、鎌倉時代の古記録における「次第」の使用状況はどうであろうか。鎌倉時代古記録には以下のような用例が見られる。用例集計を表7に示す。

表7　鎌倉時代の古記録における「次第」

	名詞			副詞	
	I	II		III	IV
		A	B		
三長記	1	0	0	1	0
平戸記	5	1	0	10	0
順徳院御記	5	0	0	7	0
後鳥羽天皇宸記	6	0	0	1	0
吉続記	7	2	1	12	0
勘仲記	0	0	0	13	0
伏見天皇宸記	7	0	0	15	0
冬平公記	1	1	0	9	0
後伏見天皇宸記	8	2	0	5	0
花園天皇宸記	24	1	0	6	0
合計	64	7	1	89	0

37　次亮卿取例文授源宰相、次第取傳進殿下、
（三長記、建久六年七月一七日）

38　先々被仰也、今夜次第未曾有也、
（平戸記、寛喜元年三月五日）

39　神馬不引進社頭之由、被聞食、以外之次第也、
（吉続記、文永四年五月一七日）

表7を見ると、名詞用法、副詞用法ともに用例が見られ、名詞〈順番、序列〉副詞〈順番に、次々に〉の意味のものが多い。この点では、名詞用法とともに副詞用法も使用されるという、前節で示した平安時代の古記録における状況と同じと見てよいだろう。平安時代後期から鎌倉時代にかけての古記録「殿暦」「玉葉」「園太暦」「康富記」を調査した中山（一九八六）も、「古記録の例は、副詞の場合、「順を追って。次々に。」の意である」と結論している。

しかし、鎌倉時代の新用法の使用状況には違いが見られる。副詞用法は、中山（一九八六）の指摘する通り、IVの新しい用法は見られない。古記録では、表5の平安時代から通じて、副詞用法は古い用法のみ使用されているといえる。しかし名詞用法では38・39の例のように、新しい用法の例が見られた。これら

は平安時代の古記録にも見られなかったものである。このことは、副詞用法の新用法発生に先駆けて、名詞「次第」において国語化が起こったことの裏づけとなるであろう。

第六節　事態の捉え方の中立化　――室町時代以降――

その後、時代が下るに従って、副詞用法において、否定的意味への偏りは無くなっていく。室町・江戸時代の用例数を表8・表9に示す[10]。なお、表中の「＋」「－」は、「Ⅱ－B」の結果を評価的に表現した名詞用法と、「Ⅳ」の連続的変化を表す副詞用法について、事態の捉え方が肯定的か否定的かを表す。ただし、肯定的意味を積極的に表さなくても、否定的意味でなければ「＋」に分類した。用例は、以下のようなものである。

40　其勢次第ニ近付侭、三手ニ分テ時ノ声ヲ揚テ、玉置庄司ニ向フ。（太平記、巻第五）

41　声モ寒キ間ハ渋テ思フホドハ出サルガ次第ニ暖ニナルニ随テクツロイデ（中華若木詩抄、巻之中）

42　日を経て、次第に苗に生ひ出れば、いよいよ燕これを悲しうだところで、（エソポのハブラス、燕と諸鳥の事）

43　次第に栄てうれしさ限もなかりしに、此男東の方に行事有て、京に名残を惜めど、身過程悲しきはなし。（好色五人女、巻三）

44　なんと中橋架けたの。欄干渡すばっかり。春は町中渡初気色も次第に快し。（浄瑠璃・重井筒）

45　身共はつてを求めて当家へ有付、弁舌工みに取入て、次第に進む此身の立身。（歌舞伎・韓人漢文手管始）

46　見すごしてなん通りけるに、次第に奥へ行く程、猶更に人小く、（風流志道軒伝、巻之三）

40～46は、いずれも、特に否定的意味を表しているものではない。中でも、41、43、44、45の例は、いずれもはっきり好ましい事態を描写したものであり、こうしたものは鎌倉時代には見られなかったものである。室町時代に入ると、資料のジャンルに関わらず、否定的とはいえない事態についての使用例が散見され、特に室町末期のキリシタン資料では、明らかに好ましい事態について、肯定的に述べる場合の使用が見られるようになる。その流れを受けて、江戸時代以降も、＋と－がほぼ同数使用されている。上方語と江戸語の違いは特に認められない。表8・表9からわかるように、室町時代以降は、副詞用法において、鎌倉時代に見られたような否定的意味への偏りは無くなっていく。室町時代においては＋23、－45と－が多いが、江戸時代になると、＋75、－81とほぼ拮抗し、否定的意味への偏りが無くなっていくさまが見て取れる。時代が下るに従って、意味的な偏りの無い時間副詞となっていくといえる。

ところが一方、名詞用法においては、依然として、好ましくない結果を表すものに偏っている。室町時代は＋1、－26、江戸時代は＋7、－27というように、＋が少数見られるものの、－が多い。以下に名詞用法の例を示す。

47　手足を悶へ苦しみは、頼み少なきその風情、あわれはかなき次第也。（歌舞伎・幼稚子敵討）

48　正気を失ひ打ちたほれしは、目もあてられぬ次第也。（根無草後編、二之巻）

49　異国に恥を残さん事、是非に及ばぬ次第なれば、とく〳〵刑に行はるべし」と、（風流志道軒伝、巻之四）

50　世界中の金銀いつしよにあつまり、萬々が金蔵さしてとび来るは、目もあてられぬ次第にて、家内の者どもを金蔵の屋根へあげて、金だまをふせがせる。（黄表紙・莫切自根金生木、下）

室町時代以降は、時代が下るにしたがって、副詞用法が名詞「次第」から離れ、否定的意味への偏りが無くなる、つまり事態の捉え方が中立化することで、副詞用法独自の意味を獲得していったと考えられる。純粋に、時間の経過に伴う「連続的変化」を表す用法が多くなり、「好ましくない結果」への偏りは無くなっていく。

また、「椿説弓張月」「春色辰巳園」に見られる、「漸」字を「シダイ」と読んだ次の例などは、「次第に」が漢語「次第」の原義から完全に離れ、時間の経過に伴う連続的変化を表す時間副詞としての用法を独自に獲得したことの

表8　室町時代の「次第」

	名詞 I	名詞 II A	名詞 II B +	名詞 II B −	副詞 III	副詞 IV +	副詞 IV −
神皇正統記	5	0	0	0	3	0	1
太平記	8	6	0	2	13	5	15
増鏡	1	0	0	0	2	0	1
曾我物語	8	3	0	9	1	0	3
義経記	0	3	0	0	0	0	1
【謡曲】	1	0	0	2	0	2	2
花鏡	3	0	0	0	0	1	0
遊楽習道風見	3	0	0	0	0	1	0
九位	2	0	0	0	1	0	0
拾玉得花	1	0	0	1	0	0	0
連理秘抄	0	0	0	0	2	0	0
筑波問答	0	0	0	0	2	1	1
申楽談儀	1	0	0	0	0	0	0
吾妻問答	0	0	0	0	0	0	1
真言内証義	3	0	0	0	2	0	0
盲安杖	0	0	0	1	0	0	0
反故集	0	1	0	1	1	2	1
正見	0	0	0	0	1	0	0
【御伽草子】	0	0	1	4	2	1	1

表9　江戸時代の「次第」

	名詞 I	名詞 II A	名詞 II B +	名詞 II B −	副詞 III	副詞 IV +	副詞 IV −
きのふはけふの物語	1	1	0	1	0	3	0
恨の介	0	0	0	3	0	0	1
竹斎	0	0	0	2	0	0	0
浮世物語	0	0	0	1	0	0	0
伊曾保物語	0	0	0	1	0	0	1
【芭蕉書簡】	0	0	0	0	0	2	1
【西鶴浮世草子】	1	0	0	0	1	44	34
【近松浄瑠璃】	1	3	0	6	0	2	3
折たく柴の記	1	12	0	0	0	1	1
菅原伝授手習鑑	0	1	0	1	0	0	0
義経千本桜	0	0	0	0	0	0	1
一谷嫩軍記	0	1	0	1	0	0	0
幼稚子敵討	0	1	0	1	0	0	0
韓人漢文手管始	0	0	0	0	0	1	0
名歌徳三舛玉垣	1	1	2	0	0	0	1
小袖曾我薊色縫	0	3	0	0	0	0	0
根南志具佐	0	0	0	0	0	1	3
根無草後編	1	0	0	3	0	0	5
風流志道軒伝	0	0	1	1	0	2	1
神霊矢口渡	0	1	0	1	0	0	0
徳和歌後万載集	0	0	1	0	0	0	0
去来抄	0	0	0	0	1	0	0
父の終焉日記	0	0	0	1	0	0	0

論語抄	22	0	0	0	7	0	1
湯山聯句抄	2	0	0	0	3	0	1
句双紙抄	0	0	0	0	0	1	0
中華若木詩抄	1	0	0	0	4	2	1
天草版平家物語	1	4	0	3	2	3	4
エソポのハブラス	0	0	0	2	0	2	3
ロザイロの観念	1	0	0	0	1	0	0
こんてむつすむん地	1	0	0	0	0	0	2
コリャード懺悔録	1	0	0	0	0	0	0
どちりなきりしたん	1	0	0	0	0	0	1
ぎやどぺかどる	3	0	0	0	0	2	2
【虎明本狂言】	1	0	0	1	0	0	3
合計	69	17	1	26	47	23	45

高漫斎行脚日記	0	2	0	0	0	0	0
莫切自根金生木	0	0	0	1	0	0	0
文武二道万石通	1	0	0	0	0	0	0
鶉衣	0	0	0	0	0	1	2
敵討義女英	0	2	0	0	0	0	1
傾城買四十八手	0	0	0	0	0	0	1
好色萬金丹	0	0	0	0	1	0	0
傾城禁短気	0	5	0	0	0	5	5
源氏物語玉の小櫛	0	1	0	0	0	0	0
歌学提要	0	0	0	0	1	1	0
作詩志彀	0	0	0	0	1	0	0
戴恩記	0	1	0	1	1	0	0
蘭東事始	0	2	0	2	1	3	1
孔雀楼筆記	1	0	0	0	0	1	1
槐記	1	1	0	0	0	0	0
童子問	3	0	0	0	0	0	0
玉くしげ	0	1	0	0	0	2	1
都鄙問答	1	1	0	0	0	0	0
統道真伝	1	0	0	0	0	0	0
【歌舞伎十八番】	6	1	3	1	1	0	0
役者論語	0	0	0	0	0	1	1
軽口露がはなし	0	0	0	0	0	1	0
無事志有意	0	2	0	0	0	0	0
椿説弓張月	0	0	0	0	1	0	1
東海道中膝栗毛	1	1	0	0	0	1	4
浮世風呂	0	2	0	0	0	0	0
春色辰巳園	0	0	0	0	0	2	2
合計	21	55	7	27	9	74	82

一つの表れであると言えよう。

51　浪の音のみ回答して、船は漸々《しだい》に迹なくなりつ、禍獣も、その遥なるを見て、（椿説弓張月、続編巻之六）

52　そよとの風の便りもなく、漸《しだい》に月日を過せしかば、今はこの世に亡人と、（春色辰巳園、四編巻之十二）

第七節　時間副詞化の過程

ここで、「次第」の意味変化を振り返りながら、時間副詞化の過程について考察する。

本章では、漢語副詞「次第に」について、どのように時間副詞化していったのかを、名詞の用法変化による影響という観点から考えた。それはつまり、時間的意味を獲得するという副詞化が起こった「次第に」に関して、漢語が原義から離れて国語化したことの影響によるものと考えたということである。以下にその時間副詞化の過程を述べる。

中国文献から受容した漢語「次第」は、日本独自に、名詞用法において、「非連続」から「連続」へと、対象の性質を変化させ、結果に対する評価的な表現を伴う用法を発生させた。この一連の名詞用法の意味変化に対応する形で副詞用法においても新用法が発生したのである。つまり、「漢語の国語化」によって、その影響を受けて連続的変化を表す副詞用法が出現し、それが、時間的意味を獲得するための土台になったといえる。ただし、その段階では副詞「次第に」は、あくまでも連続的変化の結果を表すものに過ぎず、しかも好ましくない事態に偏って使用されている。これは前述の通り、名詞用法においてそのような意味を表しており、その影響を受けた副詞用法であるためである。したがって、時間的意味を積極的に表していたわけではない。その後、名詞用法が依然として否定的意味に偏るのに対して、副詞用法において独自に意味が中立化することで、名詞「次第」の意味から離れ、時間的意味が顕在化していったと考えられる。その段階に至ってようやく、純粋に時間副詞と呼べるものになったといえるだろう。名詞用

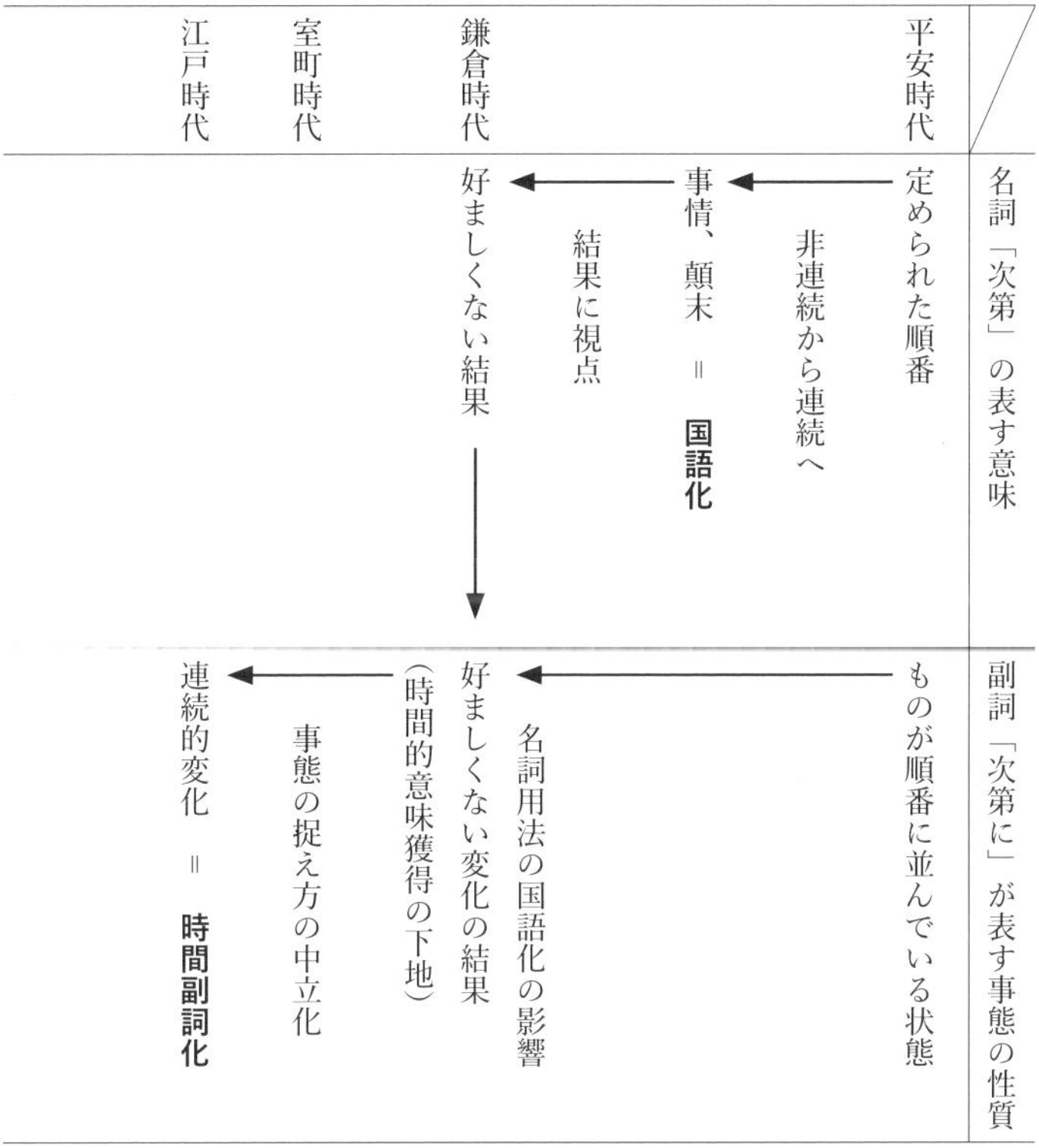

図１　「次第」における時間副詞化の過程

法、副詞用法それぞれにおける「次第」の表す意味に注目して以上のことを簡単にまとめると図１のようになる。

　ただし、否定的意味への偏りは無くなったものの、連続的変化について結果に視点を置いて表すという点に関しては、現代でも全く無くなってしまったというわけではない。飛田・浅田（一九九四）では「次第に」に関して、「変化のしかたが連続的で、主体が個々の変化には気づいておらず、変化がかなり進んでしまってから初めて気づいたというニュアンスがある」とし、以下のような例を挙げている。

　病気は次第によくなった。
　（気がつくとだいぶよくなっていた）
　病気はだんだんよくなった。
　（熱がとれ、食欲が出、起きられ

るようになった)

この記述によれば、「次第に」は、「段々」などの類義語に比べて、変化の結果に視点が置かれた意味を現代語においても持っているということになる。それは、鎌倉時代に発生した、変化が起こった後にそこに至るまでの過程を連続したひとまとまりの流れとして捉える用法の名残といえる。「次第に」と似た意味を表す副詞には他に「段々」「徐々に」などがあるが、それらがいわゆる畳語形式であるのに対し、「次第に」はそうではない。畳語形式であれば、同じ形式を重ねることによって連続的変化の意味を表すことが比較的容易であると考えられるが、それに対して「次第」の場合は、名詞「次第」の意味が残りやすいということも考えられる。そのように考えると、「次第に」は、否定的意味への偏りは無くなったものの、結果に視点が置かれる点は全く無くなったわけではないのであり、その点で、他の類義語とは異なった特徴を持つ時間副詞であるということがいえる。

第八節　おわりに

本章で述べたことについてまとめると、次のようになる。

・漢籍・漢訳仏典において「次第」は、〈順番、序列〉の意味の名詞用法と、〈順番に、次々に〉の意味の副詞用法が見られるが、日本のような時間副詞化した用法は見られない。

・日本では、平安時代になると、副詞用法「次第に」が現れ、名詞用法とともに、中国文献における用法をそのまま受け継いだ形で使用されている。ただし、資料の性質の違いによって、用法の受け入れ方に違いが見られる。

・鎌倉時代に至って、名詞・副詞ともに新用法が現れる。名詞用法において、非連続から連続へ対象が拡大し、結果の事態を評価的に表す用法が発生するという国語化が起こり、その影響で、連続的変化の結果を表す副詞用法が発生した。

・その時点では積極的に時間的意味のみを表したものではなかったが、室町時代以降、副詞用法において、事態の捉え方が中立化することで、名詞の意味から離れ、時間副詞として独自の意味を獲得することになる。

このように本章では、副詞「次第に」の時間副詞化の過程を記述した。その結果、漢語「次第」が意味変化する国語化が起こり、そのことが、連続的変化を表す時間副詞「次第に」が成立する契機になったことを述べた。

なお前述した通り、「次第に」には、「段々」「徐々に」「漸次」などの類義語がある。これらは『日本国語大辞典』[11]の初出例は、早くても「虎明本狂言」であり、いずれも「次第」のように古くからあるものではない。また、それらの類義語には畳語形式のものが多く、『次第』にも「次第次第に」という形式がある。それらはどのように時間副詞化するのか、また、「次第に」と時間副詞的意味は違うのか、ということが問題になるだろう。これらは、今後の課題としたい。

注

（1）「変化」が「時間」的含意を持ち得ることについては、「時の副詞」を立てるべきことを論じた川端善明（一九六四）でも、「次第（次第）に」に関して、「反復において持続のなかに連続的な変化をきざす……中略……言わば同質的に持続するもののなかに質の程度的な変化が生じ、それが時の流を顕勢的に意識させもする」と述べられている。なお、この点については第四部第十二章において詳しく検討する。

（2）調査文献の選択にあたっては、漢語の受容という点で重要なものを含むように留意した。その際に、山本真吾（一九八九）、劉玲（二〇〇三）を参考にした。なお、「史記」「周易」「尚書」「毛詩」「周礼」「儀礼」「礼記」「春秋左伝」「春秋公羊伝」『春秋穀梁伝』「論語」「孝経」「爾雅」「孟子」「墨子」「荘子」「荀子」「韓非子」「呂氏春秋」「老子」「商君書」「管子」「列子」「晏子春秋」「慎子」「孫子」「呉子」「尹文子」「玉台新詠」は用例が得られなかった。

（3）この例について『漢語大詞典』では、「依次」（順を追って、順次）という副詞用法の項目として挙がっている。しかし、「旦」（人名）は順序からすれば自分が太子に立つべきであると考え」と解釈すべきものであり、「次第を以って」と訓読できることから、副詞とは考えにくい。また同じ箇所を『大漢和辞典』では名詞の用例として挙げている。

（4）調査文献の選択にあたっては、原卓志（二〇〇二）を参考にした。ただし、仏典には多数の用例が見られる。中華電子佛典協會のCBReader で全文検索すると、二五二五四例得られる。ここに挙げたものの他、菩薩善戒経（29例）、妙法蓮華経玄賛（75例）、無量義経（1例）、妙法蓮華経（15例）、蘇婆呼童子請問経（4例）、大毘盧遮那成仏経疏（191例）について調査したが、概ねここに述べた通りの傾向である。

（5）ただし、以下のように、注意を要する例がある。

53　八月白露降　槐葉次第黄　歳暮満山雪　松色鬱青蒼　（白氏文集、巻第二）

54　北園東風起　雜花次第開　心知須臾落　（白氏文集、巻第九）

『漢語大詞典』には次のように唐・宋代以降の作品の例を挙げて「頃刻、転眼」（たちまち、瞬く間に）、「緊急、急速」という項目が立てられており、53、54のような例を指すものと思われる。

【頃刻、転眼】

・次第花生眼、須臾燭遇風。（唐・白居易）

・次第明月円、容易彩雲散。（元・喬吉）

【緊急、急速】

・数日不來湖上開、西風次第水蒼茫。（宋・徐集孫）

・雲邊移得数株來、人老花應次第開。（元・陳徳載）

そして、この二用法に近いと思われる用法の例が、日本においても「菅家文草」に次のように見られる。

55　閣藤花次第開　疑看紫綬向風廻　栄華得地長應賞　不放遊人任折來　（巻第五）

56　一種薔薇架　芳花次第開　色迫膏雨染　（巻第五）

57　因風次第任抽繹　過雨参差且展張　（巻第六）

これらの例は、日本における同時代の他の文献に見られる用法とは異なる。一見して、時間副詞化した用法と見られなくもないが、表現する対象に注目すると、55、56の例は「花が開く」さまを、57の例は「柳の芽が出る」さまを表現しており、いずれも植物に関するものである。このような、植物に関する例が、「白氏文集」に合計7例あること、また、そもそも副詞用法の例自体が詩作品に多いことから、「白氏文集」の表現の影響を受けているといわれる菅原道真がこれらの表現を模倣した可能性は高い。しかし、前述の通り、他の日本の文献に同様の用法が見られないため、これらの表現が中国文献からの影響であるとしても、漢詩文学の世界に限られたものといってよい。なぜなら、後述するように、鎌倉時代に現れる副詞の新用法は、変化の結果を否定的に表現したものであり、これらとは性質が異なるからである。

　また、中国の俗語との関係も看過できないが、管見の限り、日本の鎌倉時代以降の副詞用法との関わりを示す例はない。香坂順一(一九九五)は「水滸伝」について、田中謙二(一九九三)は「朱子語類」について、それぞれ「次第」に言及があるが、同様に、変化の結果を否定的に表現した副詞用法に関する記述はない。したがって本章では、〈徐々に、少しずつ〉という意味の時間副詞化した用法は、日本において独自に展開したものとして論を進める。

(6) 16の例について、岩波書店『日本古典文学大系』は「是に盛りに楽げて、酒酣にして次第《つぎてつぎて》に皆儛ひき。」と副詞的に読むが、小学館『日本古典文学全集』『新編日本古典文学全集』は「次第を以(ち)て」と読んでいるように、名詞としての解釈も可能であり、副詞用法の確例とはできない。

(7) なお、「次第」の読みに関しては、「色葉字類抄」において、黒川本・前田本ともに「シ」の畳字の項に「次第《シタイ》」という記載があり、平安時代以降は「シダイ」と読んだ可能性が高い。また、「次」は通常「ジ」と読まれるものであるが、「ジダイ」と読んだ確例もない。本章は漢語「次第」の意味・用法を第一義の問題とするので、「シダイ」以外の確実な付訓が無い限り、「次第」という表記の語は、「シダイ」として扱う。なお、春日政治(一九四二)によると、「石山寺蔵大智度論天安点」に「次第」を「ついで」と読む例があるという。しかし、大坪併治(二〇〇五)には、「大矢透博士の『仮名遣及仮名字体沿革史料』(六頁)の『大智度論』の「音便」の欄に「次第」の例が示されて居るが、残念ながら私には確認できなかった」とある。

(8) 「大和物語」に「物のゆへしりたりけるをぞよびにやりて、物のあるやうありししだいなどもろともにみける人なりければ」(附載説話二)という用例があり、ここの「次第」は〈順序〉というよりも、〈事情〉などと理解した方がわかりやすく、辞書においてもそのような項目に入れているものもあるが、鎌倉時代以降に多数見られる〈事情、顛末〉という意味の用法とは異なり、また、この一例しか無いことから、ここでは〈順序〉という意味の名詞用法の例として処理した。

（9）「天喜四年歌合」に二例ある副詞用法は、いずれも漢文日記の部分のものである。

（10）能や狂言、歌舞伎において、謡や囃子を表す「次第」は調査対象から除いた。

（11）これについては、田和真紀子（二〇〇六、二〇〇八）がある。

第四章　「次第」の接尾語用法における時間的意味の発生

第一節　はじめに

前章では、副詞「次第に」を取り上げ、漢語「次第」が国語化することで、「次第に」という時間副詞が成立したことを論じた。そこでも述べたが、「次第」には、時間副詞「次第に」の他に、時間的意味をも持つ接尾語用法がある。その時間的意味は、前章で述べた時間副詞「次第に」とは異なるが、その時間的意味は、どのようにして発生したのだろうか。本章では、副詞ではないが前章との関わりをふまえて、「次第」の接尾語用法における時間的意味の発生の過程を考える。

「次第」には、以下に挙げるような接尾語用法がある。現代語においては、〈その物事の事情による、その物事によってどうにでも決まる〉の意を表す1・2のような例、〈その動作がすんだら直ちに、～したらすぐに〉の意を表す3のような例、の大きく二つの用法がある。

1　どうするかはあなた次第だ。
2　地獄の沙汰も金次第。
3　満員になり次第締め切る。

前章で述べたとおり、漢語「次第」の原義は〈序列、定められた順番〉といったものであり、「次第に」の形で、連続的変化を表す〈徐々に、少しずつ〉といった意味の副詞用法がある。しかし、1〜3のような接尾語用法がどのように成立し、現代あるような用法へと展開してきたのか、ということは明らかになっていない。

現代語の用法の中でも、特に〈〜したらすぐに〉という時間的意味を表す用法がある点が注目される。日本語の歴史において、非時間的意味を表す形式が時間的意味を獲得することは重要な現象である。前述した横山辰次（一九五二）においてもそのような例が多数列挙されている。そこでは、「次第」の接尾語用法もそうしたものの例として挙がっているが、時間的意味を獲得する具体的な過程を論じたものではない。

前章の副詞「次第に」の場合も、漢語の原義から離れて日本で独自に時間副詞化しており、時間的意味の発生が問題になった。そこでは、漢語の国語化による影響で、副詞「次第に」が連続的変化を表す用法を獲得したことを述べた。それでは、3のような時間的意味は、どのようにして発生したのだろうか。副詞「次第に」の場合と違い、連続的変化を表しているとはいえず、一口に時間的意味といっても、その内実は異なるといえる。したがって、副詞「次第に」が獲得した時間的意味と、3のような接尾語用法における時間的意味を、一方から他方への単純な影響関係として説明することはできないだろう。この両者は、時間的意味発生の仕方が異なることが考えられるのである。

そこで注目できるのは、時間的意味を表している3の例では、「次第」が接続助詞化している点である。このことは、「次第」の実質的意味が失われ、文法的な機能を担う形式へと変わっていく、文法化の現象として捉えられるが、このことが時間的意味の獲得に関わっているものと考えられる。それでは、実質的意味を持っていた「次第」がどのような文法化の過程を経て、現代のような接続助詞的用法を獲得したのだろうか。また、そのことと、時間的意味とはどのように関わるのだろうか。

本章では、「次第」の接尾語用法の歴史的変遷をたどり、「次第」が文法化して時間的意味を獲得するに至る過程を明らかにすることを目的とする。そのことは、時間的意味がどのように発生するのかを、文法化の過程と関わらせて明らかにする一つの試みとなるだろう。

なお、唐代までの中国文献を調査したところ、本章で問題にするような接尾語用法の例は見られなかった。そのことは前章で述べた。したがって、この接尾語用法は、中国文献から摂取したものではなく、日本独自の用法であると考え、以下の考察を進める。

第二節　接尾語用法の成立

前章で述べたように、平安・鎌倉時代資料に見られる「次第」の多くは、以下のような、名詞用法・副詞用法のものである。

4　聖武天皇御世　王宗廿三人結同心　次第為食設備宴楽　（日本霊異記、中巻）

5　けにしたいをあやまたぬにていましはしの程ものこりとまるかきりあらは　（源氏物語、若菜上）

6　跡のしら波へだつれば、都は次第に遠ざかり、日数やう〳〵重れば、遠国は既近付けり。　（平家物語、巻第二）

7　めんぼくをたうじにうしなふのみにあらず、そしりを後代にのこさむ事、くちおしき次第にあらずや。　（保元物語、上）

4の例は「順に余興を準備する」さまを表した副詞用法、5の例は「生死が年齢の順序を違えない」さまを表した名詞用法、6の例は「都が少しずつ遠ざかる」さまを表した副詞用法、7の例は〈事情、顛末〉を表した名詞用法である。この時代の「次第」には主に、〈順番、序列〉という意味の名詞用法と、〈順番に、次々に〉という意味の副詞用法があるといえる。

しかし、以下に挙げるように、これらとは異なった用法の用例がいくつか見られる。名詞に後接する、接尾語用法と見られるものである。

8　才学頗勝れ、上臈次第賜此宣旨、皆以無才学、（御堂関白記、寛弘六年四月二日）

9　老僧ども、「それは若者のらうぜきなり。老僧次第にこなたへまいらせよ〳〵。」とあはてさはぎのゝしるところに、（平治物語、中）

10　左右は深田にて、馬の足もをよばねば、三千余騎が心は先にすゝめども、馬次第にぞあゆませける。（平家物語、巻第八）

8の例は「上臈の順番に此の宣旨を賜る」という意味、9の例は「年をとった順に」という意味、10の例は「馬の順番」という意味を表している。漢語「次第」の〈序列、定められた順番〉という原義をそのまま利用した接尾語用法であり、「～次第」で〈～の順番に、～順に〉という意味である。

なお、8の例に類似した「年臈次第」という表現が「菅家文草」や、平安時代の古文書に数例見られた。

11　年臈次第、衣鉢行列、不可以越之、不可以違之。（菅家文草、巻第八）

12　不可求年臈次第、（白河本東寺文書一六八、承暦元年一一月三日）

13　先師成尊不依年臈次第、（東寺観智院文書、承暦二年七月十日）

11の例は、「年臈の次第、衣鉢の行列は、以て之を越ゆべからず、以て之を違ふべからず」、12の例は「年臈の次第を求むべからず」、13の例は「年臈の次第に依らず」とそれぞれ読めるように、これらの例は漢語の原義の通りの名詞用法である。いずれも、「僧となってからの年数による序列」を表しているといえる。これらと比較して、8〜10の例は「〜次第(に)」で連用修飾になっている点で、より接尾語として熟した用法といえる。おそらく「年臈次第」「上臈次第」などといった年齢や序列に関わる表現を、4の例のような「順番に」という意味の副詞用法と同様に、連用修飾用法として使用することで、8〜10のような用法が生まれたのだろう。

数は少ないが、管見の限り8〜10の例が「次第」の接尾語用法としては最も古い用例であった。平安・鎌倉時代を通じてこのような例は他に無いので、接尾語用法として完全に定着しているとは言い難い。しかし、漢語の原義を元にしたこれらの用法によって「次第」の接尾語用法が成立し、これらの用法を核として、後代に用法を広げていったといえる。[1]

第三節　上接語の性質の変化

平安・鎌倉時代に成立した「次第」の接尾語用法は、室町時代になると、量的にまとまって見られるようになる。「宿老次第」「先次第」などの例は、前代と同様に、漢語の原義をそのまま利用した、〈〜の順序に従って〉という意味の用法である。次に挙げるような例がそれである。

14　翁をば、昔は宿老次第に舞けるを、　(申楽談儀)

15　さらはせん次第と仰らるゝ程に、さきへ参る、ござれ〳〵　(虎明本狂言・しうろん)

14の例は「入座後の年臈の順に、最長老が」という意味、15の例は「先着順に」という意味である。これらは、前代のものと同様に、漢語の原義をそのまま当てはめて解釈できる。

しかし、このような用法の例はごく少数である。そして、それに代わって、漢語の原義を離れた、新たな用法のものが多数見られるようになる。以下に挙げるようなものである。

16　その中に鬼一人申しけるは、「あはてゝ事をし損ずな。かく珍しき肴をば私にはかなふまじ。上へことはり御意次第に引き裂き食はん」と申しける。（御伽草子・酒呑童子）

17　さりながら、見知らぬ客ぢゃところで、それにえ戻さいで、貧人になりともか、御ミサを行はせてなりともか、施いて、とかく御意次第に致しまらせうず。（コリャード懺悔録）

18　其由申てござれば、慮外にはござれども、ともかくも御意次第でござると申（虎明本狂言・鼻取ずまふ）

16の例は「御意を仰ぎそれに従って」という意味、17の例は「御意の通りに処置する」という意味、18の例は「(慮外ではあるが)御意に従う他ない」という意味のものである。いずれも「次第」が〈〜に従って〉という意味を表しているといえる。

これらの新しい用法は、前代の用法のように〈順番〉や〈序列〉を表したものではない。しかし、〈上接語にとるものの存在によって定められる、それが基準になっている〉という点が、前代の用法と共通している。前代の用法では、漢語の原義である〈序列、定められた順番〉という意味をそのまま利用したものであったわけだが、ある順番をつけるためには、何らかの基準に従わせるということが前提にある。前代の用法では〈順番、序列〉という意味の中に、従うべき「基準」という意味が含まれていたと考えられる。つまり、〈順番、序列〉に従うということは、それが「基準」になるということであり、上接語には、結果として順序付けを伴うものが取られていた。しかし、この時代になって見られるようになる16〜18のような例では、結果としての順序付けを伴わないものが上接語に取られるようになっている。従うべき基準であるという点のみが受け継がれた用法といえる。つまり、〈順番〉〈序列〉といった意味からそこに含まれる「基準」という意味の方へシフトしていったということができる。

表1　室町時代における「次第」の上接語

	旧(〜の順に)	新(〜に従って)
申楽談儀	宿老(1)	
謡曲・舟弁慶		ご諚(1)
義経記		勝負(1)　汝等(1)
御伽草子・酒呑童子		御意(1)
湯山聯句抄		くじ(1)
天草版平家物語	馬(1)	
コリャード懺悔録		御意(2)　調備(1)　なり(1)
虎明本狂言	先(5)	御意(8)　御分別(2) 宣旨(1)　観世音(1) そなた(5)　身共(2) こなた(1)　おのれ(1) 某(1)　歌(1)　縁(1) くじ(1)　それ(2)　やしゃじ(1)

ここまでに見てきた室町時代の資料で得られた「次第」の接尾語用法について、「次第」の上接語を表1に資料毎に示す。〈旧〉とは、前代に見られたものと同様に、〈〜の順に〉という意味を表す用法のもの、〈新〉とは、この時代に新しく現れた、〈〜に従って〉という意味を表す用法のものである。なお、( )内の数字は、用例数である。

この時代に現れた新しい用法における「次第」の上接語には、「ご諚」「御意」「宣旨」など、何らかの強制力を持ち、それによって他の行動を規制するものが選ばれている。用例数を見ると、「御意次第」という表現が「御伽草子」に一例、「コリャード懺悔録」に二例、「虎明本狂言」に八例と、多く使用されているのが目に付く。「御意」というのは、自分の力を超えたものであり、自分の行動を規制・支配するものであり、「御意次第」というのは、その意向によることを表すものである。「ご諚」「宣旨」なども同様のものと考えられる。さらには、自分の力の及ばないもの、自分の行動の指針となるもの、という点では、「くじ」「観世音」なども同種のものとすることができる。

それが転じて、室町末期の「虎明本狂言」で、「そなた」「身共」などの人称詞を上接したものも生まれる。「御意」のような、もともと強制力を持つことが明らかなものと同様に、ある人物の意向によって、その人物の思う通りに事を行おうとする場合、また、他の人物の行動に影響を与えようとする場合に、以下のような表現が可能になるのである。

19　そなたはよはひ事をいふ人じや、そなたの為にあしうは致すまひ、其上あれがとぶ鳥をもいのりおとすというとも、それ程はおりやるまひ、身共次第にあそばせ（虎明本狂言・犬山伏）

20　何がよふござらふぞ、そなた次第にいたさう（虎明本狂言・仏師）

19の例は「私の取り計らい通りになさい」という意味、20の例は「あなたの言うとおりにしよう」という意味である。その人物の考える通りに行動する、という意味で使われていることがわかる。

人称詞を上接させた用法は現代にもあり、形式的にはこれらと同じである。しかし、後述するように現代の用法は、その人物の事情によってどうにでもなる、ということを表すものである。それに対して19・20の例は「次第」に上接する人物が、他に対して強い強制力・支配力を持っており、その点で現代の用法とは異なる。強制力の強弱の違いともいえるが、またそれは、漢語の原義をもとにした〈定められている、ある基準によって決まっている〉という意味の残存の度合いの違いということもできる。

第四節　時間的意味の獲得

江戸時代に入ると、接尾語用法の「次第」の用例は急激に増加し、用法にも広がりが見られるようになる。それらは、その上接語の品詞によって、大きく次の三つに分けられる。

①　名詞に接続して〈～に任せられている、～如何による〉の意を表す。

②　動詞連用形に接続して〈～するままにする、～するに任せておく〉の意を表す。

③　動詞連用形に接続して〈〜したらすぐに、〜が済んだら直ちに〉の意を表す。

なお、これらの用法は、江戸時代資料に先立つ形で室町時代末期の古文書に若干数見られる。[2] よって、本節ではそれらを含めて室町時代末期以降の用法として考察することとする。

①の用法は、前代と同様に〈〜に任せられている、〜如何による〉という意味の用法である。しかし前代のものは「次第」に上接するものが、他のものへの強い支配力、強制力を持つものであったのに対して、この時代には、単に〈〜の如何によってどうにでもなる〉といった程度の意味のものが多くなっている。以下に挙げるような例である。

21　何とぞ江戸の事ニ而御座候間、天道次第と存候。（芭蕉書簡、元禄元年）

22　ハテ、代参なれば、兄弟のいたわり、介抱せうが道連に成ふが、心次第さ。（歌舞伎・幼稚子敵討）

23　己が性根は微塵もなく、風次第で首を振て、一生を過さんは、（風来六部集、上）

21の例は「広い江戸の事だから、運の良し悪しによってどうなるかわからない」という意味、22の例は「介抱するのも道連れになるのも心次第だ」という意味、23の例は「風任せで首を振る」という意味である。

いずれも、何か具体的な行動・行為に関して、それを外から取り締まる「御意次第」「こなた次第」などとは違い、そのものの如何によって事情はどうなるかわからない、つまりは、どうにでもなる、ということを表したものである。

これは、ほぼ現代と同じ用法と見てよい。「天道」「心」「風」の如何によって、それぞれの場合に対して何らかの行動・行為が対応するということである。江口正（二〇〇二）が「相関関係」という語で説明するように、「天道」「心」「風」がどのような状況であるかに応じて何らかの行動・行為のあり方も決まるということである。つまり、そのものの如何によってさまざまな可能性があるということを表したものである。「次第」に上接するものの強制力・支配力は弱まり、それとともに、漢語「次第」の原義からも大分離れていることがわかる。

この①の用法は、漢語の原義をそのまま利用して成立した最初期の用法の流れを汲み、さらに現代にまで続くものであるため、以下では、名詞に接続するこのような用法はすべて①に含めて考えることにする。なぜなら、この①の用法は、前代までの用法との連続性が強く、それらとの間に明確な境界が定められないからである。したがって、①としたものの中には、他のものへ及ぼす支配力・強制力の強弱という、漢語の原義の残り具合の濃淡については、さまざまな段階のものが含まれることになる。

②の用法は、①の用法の上接語が動詞連用形にまで拡大したものである。以下に挙げるようなものである。

24　片時も急御渡海有度候条、各手前舟有次第、奉行相添、至名護屋可差越候、（島津家文書、天正二十年四月二八日）

25　掛どもをあつめて来たらば、先そなたの寶引銭一貫のけ置て、有次第に払ふて、ない所はまゝにして、（世間胸算用、巻第二）

26　おさゐは縁先に家内は寝入りほっしりと、何を思ふと咎手のなきが我が屋の取柄にて。涙も袖に落ち次第。（鑓の権三重帷子）

27　ハテ、見ぬ間は強い事は言い次第じゃ。（歌舞伎・韓人漢文手管始）

24の例は「舟がある分だけ出す」という意味、25の例は「有るに任せて、有る分だけ」という意味、26の例は「落ちるに任せて、落ちるままにしておく」という意味、27の例は、「見ない内は言いたいだけ言える」という意味である。

①の用法は、上接語に名詞を取り、そのものの如何によってさまざまな可能性がある、ということを表したものであった。それと同様に、②では、上接語に動詞を取り、その動作の様子・程度によってさまざまな可能性がある、ということを表している。①の用法には、〈とりあえずそのものの如何に任せる〉という含意があるため、上接語に動詞を取ると、その動作の起こるままにする、という意味になる。その結果、動作の程度を最大限にまで許容するとい

う意味が生じ、25・26の例のような、現代の「〜放題」という接尾語に近い用法が発生したと考えられる。動詞の場合でも、連用形にして名詞化することで、名詞と同じように「次第」に接続できるようになるのだと考えられる。「次第」の意味としては、①の意味をほぼ受け継いでいるが、名詞だけでなく動詞連用形をも上接語に取り得るようになっている点で、それだけ接尾語「次第」の文法化が進んでいるといえる。

③の用法は、〈〜するとすぐに〉という時間的意味に解釈することができるものである。以下に示すような例である。

28　本復次第可致出頭候間、御引廻憑存候、（醍醐寺文書、天正二年一一月三日）

29　暖気に成次第吉野へ花を見に出立んと心がけ支度いたし候。（芭蕉書簡、元禄元年）

30　常々おもふに、年の明次第北野の不動産のお弟子になりて、すへ〴〵は出家の望」と申せば、（好色五人女、巻第三）

31　則ち飛脚の受取証文此の度上せ候間。金子受取次第此の証文忠兵衛に渡し申さるべく候。（冥途の飛脚）

28の例は「本復したらすぐに出頭する」、29の例は「気候が暖かくなったら」、30の例は「年が明けたら」、31の例は「金子を受け取ったらすぐに」、という意味に解釈でき、ほぼ現代と同じ用法のものと見ることができる。

ただし、〈〜するとすぐに〉としか解釈できないわけではなく、意味的には②と連続性が認められる。「本復するに任せる」「気候が暖かくなるに任せる」「年が明けるのに任せる」といったように、「次第」節だけを見た場合には、②の意味で解釈することも可能ではある。しかし、②の場合は、上接する動詞の動作が行われるままにし、その様子・程度によってさまざまな可能性がある、ということを表していたのに対して、③の場合は、上接する動詞の動作・変化が行われるままにし、それを受けて次の動作、行為を行う、という意味で使用されている。その点で、両者は上接する動詞の性質が異なるといえる。つまり、②は、動作・変化の連続性・繰り返しの含意があり、その程度・度合が問題にされていた。それに対し③では、動作・変化の連続性・繰り返しが無く、動作・変化の程度・度合の含意が薄れている。それに伴って③では、次に述べられる動作との継起性が問題となっている。言い換えると、②は、後に続く動作・行為が、「次第」に上接する動詞の表す動作・変化の程度・度合に対応しているのに対し、③は、後に続く動作・行為が、「次第」に上接する動詞の表すひとまとまりの動作・変化全体に対応しているといえる。それによって③では、従属節の動作と主節の動作の継起性、すなわち動作が間をおかずに連続的に生起することに焦点が当てられ、そこから、「次第」に上接する動詞が表す事態終了後間をおかずに次の事態が起こるということを表すようになり、〈～するとすぐに〉というような時間的意味が生じたと考えられる。

ここに至って、完全に「次第」は実質的意味を失い、接続助詞化したと見ることができる。そのことは、「次第」に「に」の付かない形で連用修飾している点にも表れている。②の場合には、25のように「に」の付いた形でしか連用修飾として用いられない点と比較すれば、③の「次第」は、接続助詞として主節を導く文法的機能を表す形式となっていることがわかる。つまり、「次第」そのものの実質的意味は完全に無くなっているといえる。本節で述べてきた用例の集計表を表2、表3に示す。表2は室町時代末期古文書における用例数であり、表3は、江戸時代における用例数である。

表2　室町時代末期古文書における「次第」の接尾語用法

	①	②	③
1574			1
1588			1
1589			1
1591	1		18
1592	1	2	
1593			4
1594	1		5

表3を見ると、①が圧倒的に多く、②・③は比較的少ない。特に③の時間的意味を表す接続助詞的用法は多くない。また、それぞれの用例の出現順序に目立った傾向は見られないため、②・③が①とともに出現しているようにも見え、むしろ表2によると、③が早いともいえる。しかし、①は前代までの用法を受け継いだものであり、②との意味の近さから、①が②のもとになっている ことは間違い無い。そして、③の用法は「次第」が接続助詞化しており、なお

表3　江戸時代の「次第」の接尾語用法

	①	②	③
【芭蕉書簡】	3		3
【西鶴浮世草子】	17	10	4
【近松世話浄瑠璃】	36	9	5
菅原伝授手習鑑	3	1	
義経千本桜	1		
一谷嫩軍記	1		1
幼稚子敵討	2	1	1
韓人漢文手管始	3	3	3
名歌徳三舛玉垣	1		
根南志具佐	3	4	
風流志道軒伝	1	2	
風来六部集	6		
神霊矢口渡	3		1
誹風柳多留	1		
徳和歌後万載集		1	
おらが春	1		
【一茶文集】		1	
見徳一炊夢	1	1	
莫切自根金生木		1	
江戸生艶気樺焼		1	
遊子方言	1		
傾城買四十八手	1		
反故集			1
好色万金丹	3	1	1
新色五巻書	9	1	2
風俗文選		1	
鶉衣	2	1	
ひとりね	2		
都鄙問答	1		1
助六	1		
鳴神	1		
毛抜	1		
役者論語	2	1	
妹背山婦女庭訓	2		
鹿の巻筆			1
軽口露がはなし	2		
聞上手	1		
無事志有意	1		
東海道中膝栗毛	4	1	1
浮世風呂	2	2	
春色梅児誉美	2		
春色辰巳園	3	1	1

かつ時間的意味を獲得した用法であるため、①・②との間には隔たりがあり、前代の用法から直接、あるいは①の用法から②と同時に派生したとは考えにくい。ただし、表2を見ると③が多く②は少ないことから、動詞連用形を上接語に取るようになった時点で、既に③への用法の広がりがあった可能性はある。しかしそれでも、②の用法は現代には無いと言って良く、動詞連用形に接続する用法としては③のものしか現代には無い。そのような歴史の大きな流れによれば、②から③へという順序を考えるのが妥当であろう。用法拡大の順序としては、前述のように、①②③の順であると考える。

第五節　「次第」の接続助詞化と時間的意味獲得の過程

ここで、平安・鎌倉時代から江戸時代に至るまでの、「次第」の接尾語用法の歴史的変遷を振り返り、接続助詞化と時間的意味獲得の過程について考察したい。

平安時代・鎌倉時代において「次第」は漢語の原義としての〈序列、定められた順番〉という意味をそのまま利用して〈～の順番〉という意味の接尾語用法が使用され始めた。これが「次第」の接尾語用法の成立であると考えられる。その後、室町時代に入ると、結果としての順序付けを伴わなくても、何らかの強制力・支配力をもって他の行動に影響を及ぼすものについて「次第」が使用できるようになり、〈～に従う、～の通りにする〉という意味を表すようになる。

室町時代末期以降、江戸時代に入ると、〈何らかの基準となるものに従う〉という意味合いは薄れ、単に〈そのものの如何に任せられている〉という「相関関係」を表すようになり、現代とほぼ同じ用法になった。それとともに、上接語には名詞だけでなく動詞連用形をも取るようになり、〈その動作の程度に応じて他の動作・行為が行われる、その動作が行われるままにする〉意を表すものが現れる。さらには上接する動詞の表す動作の程度を問題にするのでなく、動作・変化全体をひとまとまりのものとして捉えることで、従属節の動作と主節の動作の継起性に焦点が当てられると、「次第」節全体が主節を連用修飾する形で、〈～するとすぐに〉という時間的意味を表す用法が生じた。

つまり「次第」の接尾語用法における時間的意味は、名詞に接続していたものから、動詞連用形に接続するようになることで、接続助詞として発展していくという文法化の過程と関わっている。つまり、「次第」が実質的意味を失って接続助詞化し、従属節と主節の動作の時間的関係が意識されることによって時間的意味が発生したのである。

ここまでに述べた「次第」の接尾語用法の歴史的変遷について、「次第」の上接語の性質と「次第」の表す意味に注目して簡単にまとめると図1のようになる。「次第」の接尾語用法の歴史的変遷の最終段階である時間的意味の獲得というのは、「次第」の実質的意味が失われ、機能的な意味を担うようになる文法化の過程と密接に関わっているということが指摘できる。前章で述べた副詞「次第に」の場合のように、「次第」そのものが時間的意味につながるような意味変化を起こしたわけではない。むしろ「次第」自体の実質的な意味は失われていき、「次第」節全体でその後に続く動作・行為へとかかっていくことで、「次第」節と主節の動作・行為の継起性や連続性が意識され、〈～するとすぐに〉という意味の用法を得るに至ったのである。

このように考えてくると、「次第」の接尾語用法における時間的意味の獲得の仕方というのも、第一節で述べたような、空間的意味から時間的意味への転移によるものとは異なることがわかる。一般に、時間的意味を獲得する言語形式というのは、対応する空間的意味を持つものである。「遠い」「長い」「前、後」などが典型的な例であるが、空間表現を用いて時間について言い表したものであるといえる。そのため、砂川有里子（二〇〇〇）のように、時間を空間に喩えることによってそのような時間的意味が発生したのだとする論が中心的になる。横山（一九五二）も同様に「空間的意味より時間的意味へ」と変化したものを網羅的に列挙する方針をとっているわけである。しかし、本章で述べてきた「次第」の場合は、〈～するとすぐに〉という時間的意味に対応する空間的意味は無い。漢語「次第」の原義が〈順番、序列〉であることから、動作・行為の順番に時間的な含意を認めることも不可能ではないが、第三節で述べたように、室町時代の接尾語用法において、既に〈順番、序列〉の意味は希薄になっている。したがって、鎌倉時代までの用法には含意されていた〈順番、序列〉という原義から直接、〈～するとすぐに〉という時間的意味が発生したとは考えにくく、空間的意味と時間的意味の対応関係を想定することはできないのである。

「次第」の接尾語用法における時間的意味は、「次第」の文法化が進み、実質的意味が無くなっていった結果、従属

	「次第」の上接語の性質	「次第」の表す意味
平安・鎌倉	・順序付けを結果として伴うもの【名詞】(年齢、馬) ↓ ↓**「ある基準によって定められる」という意味を軸に拡大** ↓	・～の順番
室町	・強制力をもって他の行動を取り締まるもの【名詞】(御意・観世音) ↓ ↓**上接語の持つ強制力が弱まり、単に「相関関係」を表す** ↓	・～の通りにする、～に従う
室町末期以降	・強制力、支配力を持たず、そのものの如何が他の行為と相関関係にあるもの【名詞】(天道、心) ↓ ・【動詞連用形】	・～の如何によってどうにでもなる ・～するままにする ↓**接続助詞化** ・～するとすぐに

図１　「次第」の接尾語用法の歴史的変遷

節と主節を結ぶ機能の側面から生まれたものであると結論付けることができる。現代においても、必ずしも〈すぐに〉であるのかどうか判定し難い場合があるのも、以上のように、時間的意味に対応する空間的意味が無いという点に起因していると思われる。

第六節　おわりに

本章では「次第」の接尾語用法の成立と展開について論じた。「次第」の接尾語用法は、漢語「次第」の原義を利用して成立したが、その後実質的意味が失われ、機能的意味を表す形式へと文法化が進んでいき、最終的には接続助詞化して、従属節と主節の時間的関係が意識されることで、時間的意味を獲得したことが明らかになった。

前章と本章で、漢語「次第」が、副詞と接続助詞という、国語化した用法において、時間的意味を獲得したことを述べた。両者の時間的意味は異なり、その時間的意味の発生のプロセスも異なることがわかる。そしてそれは、従来指摘があった、空間から時間への転用によるものとも異なることもわかった。つまり、時間的意味が発生する過程は、空間から時間へといった、従来指摘のあったもののほかにも、さらにいくつかの過程があるのではないかと考えられるのである。このように、漢語が国語化する際に時間的意味を獲得するものにはどのような類型があるのか、さらに個別に検討する余地があるといえる。

なお、今回は接尾語用法に対象を絞って考察したため、他の用法との影響関係の有無については問題にしなかった。前章で述べた「次第に」の時間副詞化が、接尾語用法における時間的意味獲得に影響を与えた可能性については確実なことはいえない。その点についての考察は今後に期する。

注

（1）「沙石集」（「御茶の水図書館蔵梵舜本、岩波書店・日本古典文学大系」、及び「慶長十年古活字十行本」）に「妻ヲ犯レテ、恥ガマシキ事ニ逢、情ケアリテ命ヲ助ケナガラ、猶僻事ニ成テ、横サマニ被損ゼ事コソ、無慚次第ニテ侍レ。」（巻第七）という例がある。日本古典文学大系の頭注には「次第は放題と同じ。気ままに存分に行うこと。」とあり、接尾語用法のように扱っている。しかし、「次第」を「放題」のように解釈できる例が現れるのは後の時代のことであり、「無慚次第」という表現もこの箇所以外に見られない。ここは文脈から判断して、「無慚の次第」「無慚なる次第」と解釈すべきだろう。なお「市立米沢図書館蔵本、小学館・新編日本古典文学全集」の当該箇所は「術無き次第にて侍れ」となっている。

（2）同時代の古記録についても調査したが、得られたのは「左衛門尉所より、雨止次第ニちやくとう家康より御つけ候ハん由申来候、尾州山崎水野藤次殿より飛脚被越候」（「家忠日記」天正六年十一月七日）の一例のみであった。

第五章　「一所」の意味変化と空間的意味の喪失

第一節　はじめに

前章までは、漢語「次第」の国語化と時間的意味の発生について考察した。続けて本章からは、「一所」とそれにまつわる語を取り上げ、漢語「一所」の国語化と、それに伴う副詞化を中心とした意味変化を考察する。現代では「いっしょに」という副詞用法で主に使用される「いっしょ」は、元来「一所」と表記し、文字通りの〈一つのところ〉を表していた。しかしその後そうした空間的意味は希薄になっていく。そして現代の「いっしょ」「一緒」には、後述するように、時間を共有する意味を表す用法もある。このことから、「いっしょ」の歴史には、空間的意味の喪失と時間的意味の発生とが問題になることがわかる。また、「一緒」はそれ自体では時間的意味を中心的に表すものではなく、古くは「一所」と表記していたものの新表記であると考えられる。このことは、「一所」から「一緒」への通時的な表記の交代と考えることができる。つまり、「一所」が意味変化し、空間的意味を喪失することと、漢字表記の交代とに、何らかの関係があると考えられるのである。このように、「いっしょ（一所・一緒）」の歴史を考えることは、意味変化の観点からは、空間的意味と時間的意味の関係を考えることになり、そしてそれに伴って、意味変化と表記の変化との関わりを考えることとなるのである。そこでまず本章では、「一所」が意味変化して、後に「一緒」という漢字表記と結びつく契機となる意味を獲得するまでを扱う（次章ではそうした意味変化に対応して「一緒」という表記と結びつく過程を扱う）。

「いっしょ」は、現代では「一緒」と表記し、主に副詞的に〈共同で行動・動作する〉ことを表す。しかし前述のとおり、古くは「一所」と表記し〈一つの場所〉を表していた。つまり、歴史上のある時期に、「一所」から「一緒」へと変わるような意味変化が起きたということであり、かつ、それに伴って、漢字表記も「一所」から同音語の「一緒」へと変わったということになる。それでは、いつどのようにして「一所」が「一緒」という漢字表記と結びつく意味へと変化したのだろうか。

「一所」は元来、漢語の「一所」を受容したものである。それが、「一所に」の形で多用されるうちに、原義の空間的意味を失い、副詞としての機能を強めていったと考えられる。つまり、中国から受容した漢語が、原義を離れて日本独自に副詞化した、漢語の国語化の現象と捉えられる。従来、「一所」の意味の歴史的変化については、中世に現れる「一所懸命」という語を論じる際に合わせて論じられるのみであった。しかし、「一所」の意味変化は、「一所」内部の問題であり、ひとまず「一所懸命」という語とは別に論じるべきであろう[1]。

本章では漢語の国語化の一例として、「一所」を中国文献から日本語へ受容し、空間的意味を喪失して副詞化していく過程を記述することを目的とする。そのことが、後に「一緒」という表記と結びつくきっかけとなったと考えられるからである。また、「一所」において、表記の変化を引き起こすような意味の変化がどのようにして起こったのかということを明らかにすることは、意味変化と表記の変化の関わりを考える一つの事例研究ともなると考えられる。

なお、「所」と「處(処)」の字義は全く同じではないが、互いに通ずる字であり、「一所」「一處(処)」において両者に意味の違いは認められない。ここでは、同じものとして扱い、説明の際には「一所」で代表させる。また、「一緒」の表記は、次章で述べるように、近世後期まで見られない。したがって、本章の範囲では扱わない。

第二節　中国文献における「一所」

さて、「一所」は漢語であり、中国文献に用例が見られるものである。したがって、漢語「一所」が本来どのようなものであり、それを日本においてどのように受容したのか、ということを考えることが必要になる。そこでまず、中国文献において「一所」がどのように使用されているかを見てみる。

漢籍・仏典に見られる「一所」の用例は、以下のようなものである。[2] なお、対応する訓点資料があるものは、該当する箇所も同時に示した。

1　臣意即灸其足蹶陰之脈、左右各一所、即不遺溺而溲清、小腹痛止。　(史記、扁鵲倉公列伝第四五)

2　兄弟離散　各在一處　因望月有感　(白氏文集、巻第一三)

3　於塚間脱衣聚置一處埋死人　(四分律、巻第三九)

塚間に衣を脱(ぎ)て、一処に聚(め)置(き)て、死人を埋ム。　(小川本願経四分律平安初期点)

4　應取諸香　所謂安息栴檀龍脳蘇合多掲羅薫陸　皆須等分和合一處　(金光明最勝王経、巻六)

諸の香(を)取(る)應し。所謂安息栴檀、龍脳、蘇合、多掲羅、薫陸なり。皆等分(し)て一處に和合す須し。　(唐招提寺本金光明最勝王経平安初期点)

表1　漢籍における「一所」

	或	集
詩経	30	2
楚辞	0	0
墨子	1	0
史記	15	0
漢書	6	0
文選	11	0
玉台新詠	0	0
白氏文集	4	0
唐詩選	0	0
三体詩	0	0

表2　仏典における「一所」

	或	集
四分律	141	7
成実論	14	0
金光明最勝王経	4	1
大智度論	49	5
地蔵十輪経	1	0
成唯識論	6	1
南海寄帰内法伝	1	0
蘇悉地羯羅経	4	1
冥報記	2	0
大唐西域記	3	0

1は「左右各一箇所に灸をすえる」という意味、2は「兄弟が離散して、別々のある場所に居る」という意味である。いずれも〈一箇所、ある場所〉を表している。3は「衣を一箇所に集める」という意味、4は「諸種の香を等分して一つに和合させる」という意味である。いずれも〈一箇所に集める、合わせる〉ということを表している。

漢籍・仏典における「一所」の用例数を表1・表2に示す。「或」は〈ある場所〉の用法、「集」は〈一箇所に集まる〉意味の用法を表す[3]。

第三節　日本への受容と変容

中国における「一所」を受容し、日本においても上代から例が見られる。

5　答自吾身者、成成不成合處一處在。（古事記、上巻）

6　但一處之湯　其穴似井（豊後国風土記、日田郡）

7　如何久居一處、無以制変。乃徙営於別處。（日本書紀、巻第三、神武天皇）

8　召聚衛門府於一所、将給禄。（日本書紀、巻第二四、皇極天皇）

5は「未完成な所が一箇所ある」という意味で、6は「ある場所の湯は、穴が井に似ている」という意味である。7は「同じ一つの場所にいる」という意味であり、直後の「別處」に対置されている点が注目される。中国文献における「一所」が単に〈ある場所〉といった程度の意味であったのに対し、この例は〈同じ一つの場所〉という意味が強く表れたものといえる。2において、兄弟が同じ場所にいることではなく、離散して別々の場所にいることについて「一處」が使用されていることと対照的である。8は3と同様の用法と見られ、「衛門府を一箇所に集める」ことを表したものである。

中古に入っても古記録・古文書といった漢字文献では、引き続き「一所」が見られるが、他の文献とは傾向が異なる。

9　仁王会事内府定之、於大極殿一所、百講、来月二日、（御堂関白記、寛弘三年四月二七日）

10　師信申云、件浦田一所、北坪所在田三坪也、（大宰府公文所勘文案、長元九年五月十日）

9は、大極殿という建物についての例、10は、土地についての例である。このように、古記録・古文書では、土地や建物に関する使用例が大多数である。特に古文書は、もともと所領に関する話題が多く、「一所」は頻出する。その多くは、10のように、「所」を助数詞として用いた定型表現である。

そして、〈ある場所、一箇所〉という意味を表す7・8のような表現は、和文資料において、漢語「一所」に対応する和語の表現と考えられる「ひと(つ)ところ」という形で用例が見られる。(4)

11　ひむがしの姫君も、うと〳〵しく、かたみにもてなし給はで、夜〳〵は、ひとゝころに御殿ごもり、（源氏物語、紅梅）

12　いとくるしくし給ふ程、「ひとゝころに、われさへかくて臥しぬれば、いとあしかりぬべし。いとうしろめたくいみじかるべけれど、いかゞはせむ。（夜の寝覚、巻二）

11は、「同じ場所で寝る」という意味、12は、「(あなたと)同じ場所に臥している」という意味である。漢字文献の

7・8の例のように、中国文献の「一所」とは違い、和語の「ひとつ」の意味が強く出ているといえる。単に〈ある一つの場所〉でなく、〈他ではない同一のこの場所〉という意味のものに用例は偏る。7のように、上代から同様の例があることから、「一所」という表記の語を受容する段階で、「一」を和語の「ひとつ」に引きずられた形で受け入れ、それが「一所」の意味に影響したと考えられる。和文資料の「ひと(つ)ところ」が、日本の漢字文献の「一所」に用法的に対応するのもそのためである。「一」が〈ひとつ、同一〉と意識されれば、単に〈ある場所〉という意味の解釈はしにくくなるだろう。そしてそれが中世以降の「一所(いっしょ)」へと受け継がれていったと考えられる。

また、上代に見られた〈一箇所に集まる〉意味を表す用例も多数見られる。

13　落窪の君と夢知らず、また一所に参りつどはん事ともゆめ知らで、皆おの〳〵隠しさゝめきなんしける。
（落窪物語、巻之三）

14　さべきをりはひとところに集りゐて物語し、人のよみたりし歌、なにくれと語りあはせて、人の文など持て来るも、もろともに見、返りごと書き、また、むつまじう来る人もあるは、
（枕草子、宮仕する人々の出で集りて）

複数の人が一箇所に集まったさまを表したものである。「一所に・ひとところに」の連用修飾の形で用いられ、複数の人が関わる点で、現代の用法に似てはいるが、共同で動作をするさまを表したものではなく、いずれも集まった結果の事態を静的に描写したものである。つまり、複数の人が限られた一つの空間を共有している、という意味の用法なのである。

ところで、この時代以降、特に平安和文においては、貴人を「所」で数える助数詞的な「一所」の用例が多数見られる。

15　かくてこの皇子は、「一生の恥、これに過ぐるはあらじ。女を得ず成ぬるのみにあらず、天下の人の、見思

表3　上代の「一所」

	或	集	同	その他
古事記	2	0	0	0
風土記	16	0	0	0
日本書紀	11	2	2	0

表4　古記録(中古)における「一所」

	その他
小右記	18
御堂関白記	3
貞信公記	1
九暦	0
中右記	18
後二条師通記	12
殿暦	8

表5　中古の「一所」

	或	集	同	その他
性霊集	1	0	0	0
梁塵秘抄	1	0	0	0
竹取物語	0	0	0	1
大和物語	0	0	1	1
落窪物語	2	1	1	2
堤中納言物語	0	0	0	4
更級日記	0	0	1	0
かげろふ日記	1	0	1	0
源氏物語	0	1	5	36
枕草子	0	1	1	1
紫式部日記	0	0	0	1
浜松中納言物語	0	0	0	7
夜の寝覚	0	1	5	7
狭衣物語	0	1	1	8
今昔物語集	0	2	3	1

はん事の恥づかしき事」とのたまひて、たゞ一ところ、深き山へ入給ぬ。

（竹取物語、蓬莱の玉の枝）

16　亭子の院に宮すん所たちあまた御曹司してすみ給に、としごろありて、河原の院のいとおもしろくつくられたりけるに、京極の宮すむどころひとところの御曹司をのみしてわたらせ給ひにけり。

（大和物語、六一）

この用法は、「一所」の他の用法とは関わりないが、後述するように、この用法をも含めて中世の「一所」へ受け継がれている点に注目できる。

上代・中古は、中国文献の「一所」を〈ある場所〉〈一箇所に集まる〉の二つの用法で受容している。ただし、〈ある場所〉の用法は、〈他ではない同一の〉という意味に偏り、和語の「ひとつ」の意味が強い傾向があり、特に中古の和文資料で顕著である。「ひと(つ)ところ」も含めた上代・中古の用例数を、表3・表4・表5に示す。「同」は〈同じ場所〉を表す用法である。

第四節　含意としての〈行動をともにする〉意の発生

中世に入っても、前代までと同様の用法は引き続き使用される。

17　昔、博打の子の年わかきが、目鼻一所にとりよせたるやうにて、世の人にも似ぬありけり。（宇治拾遺物語、巻九ノ八）

18　さればいかならん谷のそこ、岩木の陰にも身をかくしをきて、入道がならむやうをこそ聞はて給はめ。相構而いつしよへばしおちぬるな。一二人いかなる事にあふとも、残とゞまる者などか本意をとげざらん。（保元物語、中）

17は、目鼻を一箇所に集めたような様子であることを表している。18は、「同じところへは落ちのびるな」という意味である。いずれも、前代にもこのような例はあった。しかし、前代までの用法が、一箇所に集まった結果の状態を静的に表すものであったのに対し、これらの例は、「とりよせる」(17)、「落ちる」(18)というように、一箇所に集まっていくことを、動的なものとして表現している点が注目される。つまり、17は、目鼻が一箇所に寄せ集められる過程をも含んだ表現であり、18は、同じ場所へ落ちていく過程をも含んだ表現であるといえる。結果として寄せ集まった状態や、落ちのびた先の場所のことを表してはいるが、結果の静的な状態のみを表したものとはいえない。前代と異なり、この時代に、「一所」がこうしたやや動的な表現と結びついたという点が指摘できる。

また、特筆すべきこととして、この時代の軍記物語に、死ぬことを表す用例が多数見られることが挙げられる。

19　栗屋川の次郎貞任が子息千代童子は、十二歳にて父といつしよにうち死をしけるとぞうけたまはる。（平治物語、下）

20　頼朝は今年十四歳に成ぞかし。父といつしよにうち死をこそせざらめ、歳たけよはひかたむきぬるくちあまに命をこひ、たすからんといふは、無下にいふかひなき心かな。」といひければ、（平治物語、下）

このようにまず「平治物語」に2例見られる。いずれも〈同じ場所で死ぬ〉ことを表したものである。

そしてこのような用法が「平家物語」にも見られる。しかし、単に〈同じ場所で死ぬ〉ことではなく、〈同じ場所で死ぬことを誓う〉場合に、〈同じ場所で死のう〉という意思を表すものとして多用されているのである。

21　大納言がきられ候はんにおいては、成経とてもかひなき命をいきて何にかはし候べき。たゞ一しよでいかにもなるやうに申てたばせ給ふべうや候らん（平家物語、巻第二）

22　小太郎は足かばかりはれてふせり。「なむぢがえおツつかねば、一しよで打死せうどて帰たるは、いかに」といへば、小太郎涙をはら〳〵とながいて、（平家物語、巻第八）

23　幼少竹馬の昔より、死なば一所で死なんとこそ契しに、ところ〴〵でうたれん事こそかなしけれ。（平家物語、巻第九）

これらの例は、いずれも、死ぬときは同じ場所で死のうという意思を表明する場面のものである。

こうした表現は軍記物語においてよく見られる。そして、中世後期になると、同じ場所で死ぬことを誓うこのような表現が熟して、「一所」だけで次のような表現が可能になるのである。

24　御曹司これを御覧じて、「憎し。一人も余すまじ。たんかいと連れて出る時は、一所とこそ言ひつらむ。きたなし、返し合はせよ」と仰せありければ、いとゞ足早にぞ逃げにける。（義経記、巻第二）

25　義経を庇ひ、一人峰に留まらんと言ひしを、義経も留めん事をかなしみ、一所にと千度百度言ひしに、侍の言葉は綸言にも同じ。（義経記、巻第八）

同じ場所で死ぬためには、常に行動をともにしていなければならない。つまり、「一所」で死ぬことを誓うというこ

表6　鎌倉時代の「一所」

	或	集	同	死	その他
宇治拾遺物語	1	2	0	0	0
保元物語	1	0	7	0	1
平治物語	3	0	6	2	0
平家物語	4	1	10	17	4
正法眼蔵随聞記	1	0	0	0	0
古今著聞集	1	1	1	0	3
沙石集	5	0	0	0	0

表7　古記録(中世)における「一所」

	その他
岡屋関白記	4
深心院関白記	1
猪隈関白記	8
民経記	10
薩戒記	1
上井覚兼日記	20

表8　室町時代の「一所」

	或	集	同	死	その他
義経記	1	1	9	8	0
曾我物語	1	3	6	6	2
御伽草子	0	2	2	2	0
天草版平家物語	0	0	3	16	1
エソポのハブラス	0	2	0	0	0
論語抄	0	1	3	0	0
中華若木詩抄	1	0	1	0	0
句双紙抄	0	2	1	0	0
湯山聯句抄	1	2	4	0	0
虎明本狂言	1	3	9	0	0

とは、死ぬまでのどの瞬間も「一所」にいることを誓うということ、死ぬまで行動をともにすることを誓うことになる。「一所」で表すそのような表現の意味が「死ぬ」などの表現を伴わなくとも「一所」自体に含まれるようになったものと考えられる。それによって、「一所」だけで、〈死ぬまで行動をともにする〉ことを表すことが可能になったのである。こうして、「一所」に〈行動をともにする〉意味が含まれるようになったと考えられる。中世の用例数を表6・表7・表8に示す。「死」は、「死なば一所」などの死に関わる用法である。

なお、前述のように、平安和文に見られた貴人を数える助数詞的用法が、中世の「一所」にも見られる。

26　院も此御有さまにては、兵共ありとも何の詮かはあるべきとおぼしめされつれ共、さすが又ちり〳〵になりはてゝ、只御いつしよのこらせ御座しければ、御心ぼそくたのむかたなくおぼしめされける。

（保元物語、中）

27　よな〳〵めされける程に、姫宮一しよ出来させ給ひけり。（平家物語、巻第六）

これは、他の「一所」の用法と、意味的な関係はないが、これによって、中世の「一所」が、平安和文の「ひと(つ)ところ」から連続するものであることがわかる。

また、それより時代が下る、中世末期のキリシタン資料や抄物では、比較的古い用法のものが多い。特に、一箇所に集まる意味の用法が引き続き多数使用されている。

28　ドンナヤツハ一処へアツマルモノナリ（句双紙抄）

29　聚散トハ、蚊は一処ヘヨツ、又チリモスルモノソ。（湯山聯句抄、陽韻）

30　手ヲ一處ヘヨセテ礼ヲス（論語抄、巻第一）

31　最前にげたもの共が、一所へあつまつた程に、事の他多せいになつて、（虎明本狂言・空うで）

このように、多くが「一所へ」の形である点が注目される。「一所に」が同じ場所で動作を行う意味の副詞用法として意識されることで、一箇所に集まることを表すこうした用法は、「一所＋へ」という形の名詞用法と意識されるようになっているのだろう。

古記録の用例は、前代と同様、土地や建物に関するものに限られる。

32　勧学院庄一所預給之、利秋悦中退出、（猪隈関白記、建久八年四月二三日）

33　猶々被召抜当庄一所之雑掌候之条、不審候、（民経記、寛喜三年九月五日）

これらの「一所」も、「所」を助数詞として用いた定型表現といえる。中世の新用法として本節で述べてきた、動的な表現と結びつくものや、死ぬまでの行動をともにすることを表す用法は、中世の古記録・古文書には殆ど見られない。

中世では、中古までの用法を受け継ぎつつ、動的な表現にまで用法が拡大した。そして、軍記物語の「死なば一所」という表現が多用され、「一所」自体に〈行動をともにする〉含意が生じた。それが「一所に」という副詞用法が〈行動をともにする〉意味を表す契機になったと考えられる。形式の面では、〈同じ場所〉の用法が、引き続き「一所に」の形で用いられるのに対し、〈一箇所に集まる〉意味の用法は、名詞と意識され、副詞化の流れから外れ、現代にも受け継がれない。

第五節　「一所に」の意味変化

さて、前節までに述べた流れを受けて、近世には「一所」は現代の用法に近づいていく。近世前期に少数ながら見られるのは、次のようなものである。

34　神変膏薬の手柄には、目と鼻と一所へ吸い寄せて、眼玉二三寸は吸ひ上げたり。（竹斎、下）

35　今は昔、爰彼處の中間小者数多一所に集まりて、己々が主君の悪しき事共を互に語り出して謗る。（浮世物語）

36　（…略…）さ程に思し召し候はゞ、永き契りとなり申べし。いざや一所に身を投げて、同じ蓮の縁となるべき」よし仰せければ、（きのふはけふの物語、下）

34と35は、ともに「複数の物が一箇所に集まる」様子を表したものである。36は、「同じ場所で死ぬ」ことを表したものであり、中世に見られた「死なば一所」の用法を直接受けたものと考えられる。

近世も中期になると、「一所」の用例は多くなっていく。次に挙げるようなものである。

37　三人一所に昼も寝ながら手づから掻餅を焼て、それをなぐさみにしてゆく事ならば」と申す。

（好色一代男、巻五）

38　地あれ又蛙が鳴きますと。いふ中に波介樽を潜って庭の内主従一所にフシ立休ふ。
（鑓の権三重帷子）

39　尾張の杜国もよし野へ行脚せんと伊勢迄来(り)候而、只今一所に居候。
（芭蕉書簡、元禄元年）

いずれも、複数の人物が一箇所に集まって何かをしている様子を表したものである。〈複数の人が同じ場所にいる〉ということを表現したものといえる。しかし、前代までの「集」の用法のように〈一箇所に集まる〉ことを表したものではなく、同じ場所にいて同じ行動をしていることを表している。その点で、「同」の用法が継承されたものと考えられる。38・39の例は、複数の人が一箇所に集まっているというよりは、空間を共有している複数の人の結びつきを表したものと見ることができる。またその点で、現代の用法に比べて、空間的意味が強く残っているといえる。

それが、動きを伴う現象に適用されたのが以下の用例である。現代と同じように、行動をともにする意のものである。

40　ハサアそなたは法華おれは浄土。願ふ所が別なれば先の行端も覚束なし宗旨を変へて一所に行かん今題目を授けてたも。
（重井筒）

41　二良兵へ其元へ下候へ共、盤子・素牛と申両人一所に付添為申候而、不自由成事無御座候間、御気遣被成間敷候。
（芭蕉書簡、元禄七年）

これらは、一見すると、〈同じ行動をする〉という意味を表している点で、現代と全く同じ用法のようにも見える。しかし、いずれも行き先の明確な行動についての表現である点が特徴的である。40の例は、死後に結ばれること、41の例は、江戸へ東下すること、についての表現であり、そこまでの行動をともにするという意味である。たとえば、現代に見られるような、「一緒に遊ぶ」「一緒に本を読む」といったような、共同で行動をするような例や、同じ動作をする例などは、この時代には見られない。あくまでも、明確な到着点と、そこへともにたどり着くという明確な目的があるものである。近世に見られる用例は、このように、そこまでの行動をともにする、ということを表した用法に限られるのである。つまり、近世に見られるこの用法は、〈複数の人が集まった状態で目的地へ向けて移動する〉ことを表した用法であるといえる。

前述のように、このような含意は、中世の「死なば一所」という表現によって生じたと考えられるのである。ともに死ぬ同じ場所へ向かってそれまでの行動をともにする、というように考えられるからである。現代のように、〈同じ動作を行う〉ことを表すのでなく、目的地までの行動をともにすることを表したものである点で、「死なば一所」と共通するのである。

そしてこのような用法が多用されることで、「一所」の空間的意味が薄れていったと考えられる。それとともに、到着点を持たず、単にともに行動する場合や、同じ動作をする場合にも使用されるようになっていったのであろう。ただし、この段階では、依然として〈複数の人が空間を共有しながら移動する〉という意味を表す点で空間的意味を保持していると考えられる。

そして、それを人ではなく、物に関して使用するようになったのが次に挙げるような例である。

42　彦根許六繪色紙いまだ不参候よし、御せハ被成早々遣可被下候。如行一所に奉頼候。（芭蕉書簡、元禄六年）

43　其方が頼うだ塩商の損銀。かの金子で済して。請取手形も余金も一所に上した届いたかといへば。（五十年忌歌念仏）

42の例は、絵色紙を許六へ送る際に、如行讃の分も併せて送るように頼んでいる場面であり、43の例は、請取手形と余金をまとめて送ったという場面である。

いずれも、物をある場所へ送る行為に関する用例であるという点で、前述の、人が移動する用法と共通する。複数の物を一つにまとめて、そのまま他の場所へ移動させる様子を表す用法といえる。

さらに、江戸時代後期以降、空間的意味の希薄な例が見られ出す。たとえば十八世紀の洒落本には、次のような例が得られる。

44　と立て行。かるも一所に。（山手馬鹿人「道中粋語録」、ト書き）

45　トとめる。又兵衛・新造も一所にとめる。このさわぎに橋番聞つけ、六尺棒もつて出、（鐘木庵主人「卯地臭意」、ト書き）

46　茶やの女てうちんをけし、はきものと一所に、ろうかへをく。（山東京伝「総籬」、ト書き）

いずれもト書きの部分に「一所」が現れる。44は、立ち上がって歩いていく男に後から付いていくさまを表しており、45は、つかみ合いをとめる行動に加わるさまを表している。いずれも行動をともにする様子を表しているが、江戸時代中期までとは違い、空間的意味は希薄である。これらは、目的地までの移動ではなく、同じ行動・動作をするという、当事者間の結びつきに焦点がある。46も、ものを一箇所にまとめることを表しているが、「一所に」が直接表しているのは、「ろうか」という場所ではなく、提灯と履物の結びつきである。これらの用例では、客観的な空間を共有しているというよりは、空間を共有する人や物の結びつきの方へ焦点が移っているといえる。このような、空間的意味の希薄な例が近世後期以降に見られるようになり、そのことが、次章で述べる「一緒」という新表記の採用へとつながっていったと考えられる。

なお、この時期にも、「死なば一所」という形のものを含む、死ぬことに関して用いられた用例もいくらか存在する。

47　望のとほり一所で死ぬるこのうれしさと色いひければ。（曽根崎心中）

48　卯月五日の宵庚申。死なば一所と契りたる。其の一言は庚申。（心中宵庚申）

これらは中世に見られだした、同じ場所で死ぬことを表したものと考えられる。このようなものは例が少なく、また、「心中もの」に見られるところから、場面の限定された用法と考えることもできる。

以上に述べた、近世の用法をまとめると、次のようになる。用例集計を表9に示す。

・一箇所に集めることを表す用法……………「集」
・同じ場所にいることを静的に表す用法…………「同」
・死ぬことに関わる用法……………………「死」
・複数の人が空間を共有して移動する用法………「共」
・複数の物をひとまとめにして移動させる用法…「物」

以上のように、近世の「一所」の多くには、空間的意味が依然として残っており、現代のように、行動をともにする様子や、同じ動作をする様子を純粋に表す用法は無いといってよい。それは、現代に通じる〈行動をともにする〉意味は、中世の「死なば一所」に端を発するものであることによると考えられる。そのため、明確な到着点を持った行動に限られ、結果的に空間的意味が強く残るのである。本章で述べた近世までの「一所」の用法の消長をまとめると、次のようになる。

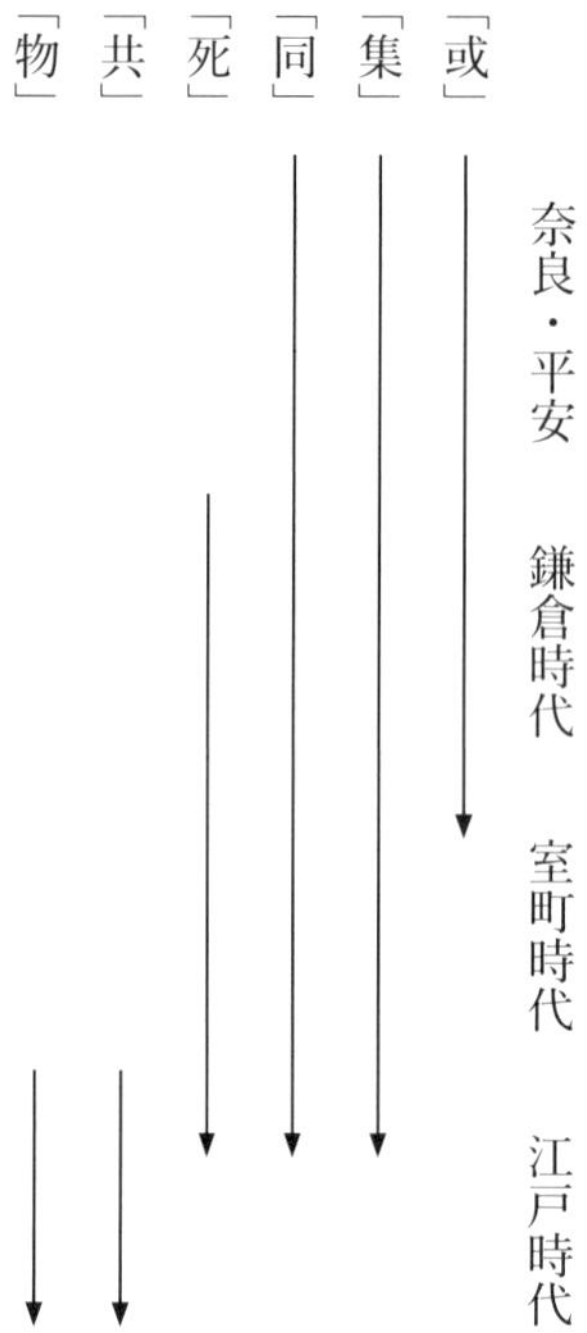

表 9　江戸時代の「一所」

	集	同	死	共	物
竹斎	1	0	0	0	0
浮世物語	1	0	0	0	0
きのふはけふの物語	0	0	1	0	0
鹿の巻筆	0	0	0	0	1
好色一代男	0	4	0	1	0
【芭蕉書簡】	0	5	0	2	2
【近松世話浄瑠璃】	1	13	5	13	4
傾城禁短気	2	6	0	4	0
新色五巻書	0	0	1	2	0
聞上手	0	0	0	0	1
鯛の味噌津	0	1	0	0	0
莫切自根金生木	1	0	0	0	0
道中粋語録	0	0	0	1	0
卯地臭意	0	0	0	1	0
総籬	0	0	0	1	0

「或」「集」「同」の用法が奈良・平安時代から使われているが、鎌倉時代に「死」の用法が多用されることで、「共」の用法やさらに「物」の用法が発生し、「或」「集」は使用されなくなっていく。ただし、「共」「物」においても、現代の用法と全く同じではなく、「死」の用法に由来する空間的意味が依然として残っている。空間的意味がより失われ、「死なば一所」の意味から離れていくのは、表9に示した近世後期以降のことと考えられる。そのことについては次章で述べる。

第六節　おわりに

本章では、漢語の国語化の一例として、「一所」を中国文献から日本語へ受容し、空間的意味を喪失してともに行動するさまを表す副詞として発展していく過程を記述した。本章で述べたことをまとめると次のようになる。

・日本語の「一所」は、中国文献のものを〈ある場所〉の意味、〈一箇所に集まる〉意味の二つの用法で受容したものである。ただし、〈ある場所〉の用法は、和語の「ひとつ」の意味を強めた形で使用される傾向が、特に中古の和文資料で顕著である。

・中世になると、中古までの用法を受け継ぎつつ、動的な表現にまで用法が拡大した。

・そして、軍記物語の「死なば一所」という表現が多用されることで、「一所」自体に〈行動をともにする〉含意が生じた。それが「一所に」という副詞用法が〈行動をともにする〉意味を表す副詞になる契機になったと考えられる。〈一箇所に集まる〉意味の用法は、名詞と意識され、副詞化の流れから外れ、後の時代にも受け継がれない。

・近世になると、行動をともにする意味の用法が多く使用されるようになる。しかし、空間的意味が依然として残っており、現代のように、行動をともにする様子や同じ動作をする様子を純粋に表す用法は無い。それは、現代に通じる〈行動をともにする〉意味は、中世の「死なば一所」に端を発するものだからである。そのため、明確な到着点を持った行動に限られ、結果的に空間的意味が強く残ったものとなるのである。つまり、この時点での「一所に」は、ともにたどり着く明確な到着点を持った行動をともにすることを表す副詞用法であるといえる。

・さらに空間的意味が失われ、行動をともにする意味の用法が「死なば一所」の意味から離れていくのは、近世後期以降のことと考えられる。しかしこの段階で、後に「一緒」という新表記と結びつくような「一所」の意味変化が起こっているといえる。

本章で述べた「一所」の意味変化に伴う、「一緒」の表記との結びつきに関しては、次章で述べる。

注

（1）鈴木則郎（一九八三）は、「土地所有の観念の強い「一所懸命」や同一の場所を意味する「一所」という語は、場所の観念を失った「一生懸命」や「一緒」にとって代わられるのである」と述べる。つまり、中近世に「一所懸命」から「一生懸命」へと変化したことと、「一所」が場所の観念を失うこととを結びつけて説明するのである。しかし、「一所」「ひと（つ）ところ」という表現は上代から多数見られるのに対し、「一所懸命」は本章における調査範囲の資料にはほとんど見られない。「一所懸命」の用例は「太平記」に3例あるものの、それ以前の資料には、軍記物語にも見られない。しかも「太平記」の3例も「一所懸命の地（所領）」という表現である。中世の「一所懸命」は、武士が自分の所領に命を懸けるさまを表した、いわゆる思想用語なのであり、「一所」のように頻繁には出現しない。したがって、「一所」の意味変化を、「一所懸命」が「一生懸命」へと変化することと同列に論じることは出来ない。「一所懸命」については第七章で述べる。

（2）調査資料の選択には、原卓志（二〇〇二）を参考にし、漢語の日本語への受容という点で重要なものを選んだ。

（3）漢籍は唐代までの主要な資料を調査した。仏典は、漢語の日本語への受容という点で重要な訓点資料の残っているものを選んだ。

（4）和語の「ひと（つ）ところ」は漢語の「一所」の直訳形式である可能性もあるが、そのことについての考察は今後の課題とし、ここでは、「ひと（つ）ところ」をひとまず「一所」に意味的に対応する語として以下の考察を進める。

第六章　「一所」の意味変化による「一緒」への表記の交代

第一節　はじめに

前章においては、漢語「一所」が国語化して、行動をともにすることを表す副詞としての用法を獲得するまでを述べた。本章では、その後そうした意味変化に対応して「一緒」という新表記が採用されるまでを述べ、意味変化と表記の交代の関わりを考える。

さて、現代の「いっしょ」は、主に「一緒」と表記し、以下のような用法がある。

1　取引先へ請求書と納品書を一緒に送った。
2　鈴木君はいつも田中さんと一緒に帰る。
3　あんないい加減な奴と一緒にしないでくれ。

1は、複数のものを一つにまとめる様子を表す用法である。2は、行動をともにする様子を表す用法である。3は、同一である様子を表す用法である。

この「いっしょ」は、前章で述べたように、かつては「一所」と表記し、〈一つの場所、同じ場所〉を表していた。つまり、当初は文字通りの空間的意味を持っていたが、時代が下るとともに、その空間的意味を喪失していったということである。その結果、3のように、単に〈同じ〉といった意味の用法も生じたと考えられる。

前章では、中国文献から受容した「一所」が、日本で独自に副詞用法を展開させていく過程を記述した。その中で、江戸時代中期までに、後述する6〜8の例のような、現代の用法と似た用法が生じたことを述べた。さらに、江戸時代後期には、「所」の表す空間的意味が希薄な用例も見られるようになった。

このように意味変化した「一所」はその後、「一緒」という新しい表記を獲得したことになる。それでは、空間的意味の喪失に伴って、新しい表記は、どのように生まれたのか。そして、意味変化と新しい表記の獲得との間にはどのような関係があるのだろうか。

そこで、本章は、江戸時代後期から、「一緒」という表記が定着する明治時代までを対象として、「一所」が空間的意味を喪失する意味変化と、それに伴う「一緒」への表記の変化、そして両者の関わりについて、明らかにすることを目的とする(1)。

第二節　空間的意味の喪失　――江戸時代後期まで――

前章では、中国文献の「一所」の意味・用法と、奈良・平安時代から江戸時代中期までの日本の「一所」の意味・用法を記述した。前章の流れをここで確認する。中世までの「一所」は、文字通りの〈ひとつの場所、同じ場所〉という意味であった。以下のようなものである。

4　昔、博打の子の年わかきが、目鼻一所にとりよせたるやうにて、世の人にも似ぬありけり。

（宇治拾遺物語、博打聟入の事）

5　幼少竹馬の昔より、死なば一所で死なんとこそ契しに、ところぐ〳〵でうたれん事こそかなしけれ。

（平家物語、巻第九）

4は、目鼻を一箇所に集めたような様子であることを表している。5は、死ぬときは同じ場所で死のうという意思を表したものである。このように、いずれも、「所」の空間的意味が明確に表れており、1〜3のものとは異なる。

江戸時代には用例が増え、次のような例が見られるようになる。

6　……前略……三人一所に昼も寝ながら手づから掻餅を焼て、それをなぐさみにしてゆく事ならば」と申す。

（好色一代男、巻五）

7　ハサアそなたは法華おれは浄土。願ふ所が別なれば先の行端も覚束なし宗旨を変へて一所に行かん今題目を授けてたも。

（重井筒）

8　其方が頼うだ塩商の損銀。かの金子で済して。請取手形も余金も一所に上した届いたかといへば。

（五十年忌歌念佛）

6の用例は、複数の人が同じ場所にいることを表したものである。7の用例は、それが動きを伴う現象について使用されたものであり、行動をともにすることを表したものである。さらにそれを人ではなく物に関して使用するようになったのが、8の用例である。複数の物を一つにまとめて他の場所へ送ることを表したものである。

いずれも、人や物が空間を共有しているさまを表しており、〈一つの場所、同じ場所〉を表す点で中世の4・5の用法と共通する。つまり、現代のように、空間を共有する人間同士の行動や動作に焦点があるのではない。あくまでも、同一の空間内に複数の人や物がある、ということを表しており、空間的意味が残っているといえる。行動をともにする意味の7も、最終的には同じ場所に着くという含意がある。それが結果的に、到着点までの過程でも常に同じ場所にいる、ということになるのである。このような含意があるのは、前章では、中世の「死なば一所」の意味が残っているためと考えた。したがってこれらは、同じ行動・動作をするのではなく、〈空間を共有しながら目的地へ移動する〉ことを表す用法といえる。このように、江戸時代中期までの「いっしょ」は、現代の用法と全く同じものではなく、空間的意味を読み取ることができるものである。

しかし、江戸時代後期以降、空間的意味の希薄な例が見られ出す。たとえば十八世紀の洒落本には、次のような例が得られる。

9　と立て行。かるも一所に。（山手馬鹿人「道中粋語録」、ト書き）

10　トとめる。又兵衛・新造も一所にとめる。このさわぎに橋番聞つけ、六尺棒もつて出、（鐘木庵主人「卯地臭意」、ト書き）

11　茶やの女てうちんをけし、はきものと一所に、ろうかへをく。（山東京伝「総籬」、ト書き）

いずれもト書きの部分に「一所」が現れる。9は、立ち上がって歩いていく男に後から付いていくさまを表しており、10は、つかみ合いをとめる行動に加わるさまを表している。いずれも行動をともにする様子を表しているが、江戸時代中期までとは違い、空間的意味は希薄である。これらは、目的地までの移動ではなく、同じ行動・動作をするという、当事者間の結びつきに焦点がある。11も、ものを一箇所にまとめることを表しているが、「一所に」が直接表しているのは、「ろうか」という場所ではなく、提灯と履物の結びつきである。

以上のように、江戸時代後期には、江戸時代中期までのものに比べて、空間的意味が希薄化した例が現われていることがわかる。人や物が客観的な空間を共有するさまを表す用法から、空間を共有する人や物の結びつきの方へと焦点が移っていったということができる。ここにいたって、「一所」という漢字表記は、意味の実態に場合によってはそぐわないものになったといえる。それによって、変化した新しい意味に対応した新たな表記が求められるようになったものと考えられる。

第三節　意味変化に対応した表記法の先駆的試み

このように、空間的意味を喪失した用法が表れてきたことで、それに対応した表記法が、江戸時代末期の戯作に見られるようになる。現代の「一緒」という表記が一般化する前の先駆的試みといえる。同一作者でまとまった用例が得られるのは十返舎一九・式亭三馬・為永春水の諸作品である。そこで、これらを見てみることにする。

3・1　十返舎一九の場合

十九世紀に入って、十返舎一九の滑稽本「東海道中膝栗毛」に「一所(いっしょ)」が見られる。ここではまずこの資料での「一所(いっしょ)」の使用状況を見てみる(2)。

十返舎一九「東海道中膝栗毛」では、漢字の「一所」と平仮名の「いつしよ」が使用されており、両者の間に用法の使い分けが見られる。「一所」が使用されているのは、次のように、空間的意味が含まれている場合である。

12　弥二「まづこふだ。ゆふべのよふに順礼や六部と一所《いつしよ》に、木ちんどまりをしやした。（二編下）

13　はやく一所《いつしよ》にとまりてへ。（三編下）

12・13の例は、同じ宿に泊まることを表したものである。同一の空間を複数の人間が共有することを表したものといえる。「一所」は10例あるが、その内、このように同じ宿・部屋に泊まることを表すものが半数の5例あり、「一所」

の多くが泊まることに関して用いられているといえる。その他には、次のような例がある。

14　コウ弥二さん、おめへの荷と、わつちが荷を、一所《いつしよ》にして、坊主持にしよふじやアねへか　（三編下）

15　京へついたなら、どふぞ坊さまをひとり頼んで、その坊さまに撞木斗もたせて、梯子と一所に、おやぢの所へやつて下せへといひやすから、　（八編下）

16　おまいがたも、おほかた参宮じやあろ。わしも古市まで、掛とりに行さかい、一所に乗なされ。　（五編下）

14の例は、物を一つにまとめることを表したものである。15の例も、複数のものを一人がまとめて一度に運ぶことを表したものである。いずれも、複数の物を同一の空間内にまとめることを表したものである。16の例は、同じ二宝荒神に乗ることを表したものであり、これも同一の空間内に複数の人間が入っていることを表している。

このように、「一所」が使用されるのは、「所」の空間的意味が含まれているものがほとんどである。同一の空間を複数の人や物が共有しているさまを表現する場合に、「一所」の表記が使用されている。

一方、次の場合には、平仮名の「いつしよ」が用いられている。

17　北八「御苦労〳〵。迚ものことにわつちといつしよに来てくんねへ　（発端）

18　弥二「なんとおもひきつて、いつしよにいかふか　（三編下）

いずれも、行動をともにする様子を表したものである。これらは、ともに行動する人物同士の結びつきを表したものであり、「一所」の表記の例に比べて、一つの閉じられた空間を想定できない。そのために、空間的意味を連想させる「一所」という表記は使用しにくかったのであろう。「東海道中膝栗毛」の用例集計を、表1に示す。「有」「無」はそれぞれ、空間的意味の有るものと無いものである。

このように、「東海道中膝栗毛」では、「一所」が使われるのは、空間的意味の有るものにほぼ限られ、空間的意味の無いものは、ほぼ全て「いつしよ」と表記されている。「いつしよ」は、空間的意味の有るものにも使用されるが、

表1　「東海道中膝栗毛」における「一所」「いつしよ」

		一所		いつしよ	
		有	無	有	無
1802	初編			1	1
1803	二編	2		1	2
1804	三編	3	1	2	1
1805	四編	2		2	
1806	五編	1		1	
1807	六編				2
1808	七編			1	
1809	八編	1		1	
1810	十編				2

空間的意味の無いものに「一所」は使用されていない。やはり、空間的意味の無い場面に、「一所」という空間的意味を連想させる表記は使いにくかったのだろう。また、「一所」の例は作品の前半に集中し、後半には少ないことから、書き進むにつれて、空間的意味を連想させる「一所」という表記自体を避けるようになったと推測することもできる。

3・2　式亭三馬の場合

用法による表記の使い分けは、式亭三馬の洒落本・滑稽本(3)にも見られる。さらに、式亭三馬作品には、後によく用いられるようになり、現在「いっしょ」を漢字で表記するとすれば最もよく使用される、「一緒」の表記も出現する。ここでは三馬の作品「辰巳婦言」「船頭深話」「酩酊気質」「浮世風呂」「狂言田舎操」「四十八癖」を調査する(4)。

三馬の初期の洒落本では、「一所」と「いつしよ」が並存している。

19　姪を娘にしてあれと一所《ひとつ》にして内が納つて能かつたが。ちやんと其姪が亡つて。（酩酊気質、巻之下）

20　公はうらみだの。迯るならおれと一しよに迯給へ。（酩酊気質、巻之下）

19は「ひとつ」という振り仮名があるものの、複数のものを一つにまとめるという意味の用例に、「一所」の表記が使用されている。20のように、行動をともにする例の場合は「しよ」の部分が平仮名になっている。用例数は少ないが、十返舎一九の「東海道中膝栗毛」と似たように、空間的意味の有無による表記の使い分けが見られる。

そして、「浮世風呂」二編に至って、「一緒」という新しい表記が見られる(5)。これらは、後述する「和漢音釈書言字考節用集」の例を除いて、具体的な文例としては本調査において最古の例である。

21　ながしの男「サア、お撥さん、背中を出しなせへトあらひかけるさみ「コレ、此人はや。おれが先へ来たものをながしの男「どつちでもいゝ。どうで一緒《いつしよ》に帰る者だ。（浮世風呂、二編巻之上）

22　いまでも萬葉とやらの歌よみは、べい詞を遣ふさうさ。この事も一緒《いつしよ》に聞て置て、内へ書付て置たから、その歌や詞を来て見なせへ。（浮世風呂、二編巻之上）

23　ドウダ、番公。おれと一緒《いつしよ》に歩ねへか。（浮世風呂、三編巻之上）

これらを見ると、「東海道中膝栗毛」で平仮名の「いつしよ」になっていた、空間的意味の希薄な用法に、「一緒」が現われている。その用法は多様である。23は、行動をともにする様子を表している。22は、複数の物を一つにまとめる意味だが、物理的に物を一箇所に集めたものではなく、聞いておくべき事柄を、頭の中でひとつにまとめて紙に書き付けた、ということを表している。21は、単に行動をともにするのではなく、複数の人間が、一遍にまとめて風呂から上がるさまを表している。いずれも空間的意味は希薄である。複数の物や人の結びつきに焦点を当てた用法に「一緒」が使用されているといえる。式亭三馬の洒落本・滑稽本の用例集計を、表2に示す。

「浮世風呂」以後の作品では「一緒」が多くなる。そのような中、次に挙げる例は、「一所」と「一緒」の両方が近接して現れたものであり、「一所」と「一緒」の違いが表れた例といえる。

24　可愛女と一所に居れば。たとへ食事に儘て命が亡なるともサ。（狂言田舎操、巻之下）

25　わたしが教てやう〳〵作者にしてやつたが。まだ〳〵独歩は出来やせん。からつきり力がねへから。わたしと一緒《しよ》に居ねへと作が出来やせん。（狂言田舎操、巻之下）

どちらの「いっしょ」も表面的には「居る」を修飾しているが、表す内容が異なる。「一所」が使用されている24は、結婚して同じ場所に住むことを表したものである。「一緒」が使用されている25は、同じ客観的な空間内にいるとい

表2　式亭三馬の洒落本・滑稽本における「いつしよ」「一所」「一緒」

	いつしよ		一所		一緒	
	有	無	有	無	有	無
1800　辰巳婦言			1			
1806　船頭深話			1			
1806　酩酊気質		2	1			
1809　浮世風呂二編		1		2		7
1811　浮世風呂三編						4
1811　狂言田舎操			1	1		1
1812　四十八癖初編		2				2
1813　浮世風呂四編						3
1813　四十八癖二編						2

うのではなく、一方が他方に付いているという意味であり、共同で作品を作ることを表したものである。これは、「一緒」を多用する中で、「一所」との表記の違いに対応した意味の違いが意識されていることを示している。

表2を見ると、式亭三馬作品では、「一所」の使用は空間的意味を持つ古い用法にほぼ限られ、空間的意味を持たない新しい用法には「いつしよ」「一緒」が多く使用されている。そして、「浮世風呂」以後は「一緒」の使用が増えていくさまが見てとれる。

3・3　為永春水の場合

さらに時代が下って、為永春水の人情本「春色梅児誉美」「春色辰巳園」を見てみる[6]。式亭三馬作品に見られたような「一緒」は無いが、平仮名の「いつしよ」が1例あるのを除いて、「一所」が多く使用されている。そして「一所」の用法も、空間的意味の無い場合の用例が多く、空間的意味の有る場合の用例は、合計3例とほとんど見られない。この頃には、空間的意味の無い用法が一般的になりつつあったのだろう。つまり、空間的意味が喪失するという「いっしょ」の意味変化は、この時期までにほぼ完了したと考えられる。そして、為永

表 3　為永春水の人情本における「いつしよ」「一所」その他

	いつしよ		一所		その他	
	有	無	有	無	有	無
1832　春色梅児誉美巻一			1			
1832　春色梅児誉美巻二				1		1
1832　春色梅児誉美巻三	1			2		
1832　春色梅児誉美巻四				2		
1832　春色梅児誉美巻五			1	2		
1833　春色梅児誉美巻七				2		
1833　春色梅児誉美巻八				1		1
1833　春色梅児誉美巻十				1		1
1833　春色梅児誉美巻十二				2		
1833　春色辰巳園初編				4		1
1834　春色辰巳園後編				5		1
1835　春色辰巳園三編						4
1835　春色辰巳園四編						6

春水の人情本では、「一所」以外の漢字表記の用例が、いくつか見られることが注目できる。それらは、主として後半の作品に出現する。「春色梅児誉美」「春色辰巳園」の用例集計を、表3に示す。「いつしよ」「一所」以外の表記のものは「その他」とした。

26　どふもはなしの様子が、おまへはんの噂のよふだから、其晩一所《いつしよ》に寝かしてよく〳〵聞たら、宅に意気な美しいお内室が居ると言ましたから、
（春色梅児誉美、巻之一）

27　しげりや一連《いつしよ》に付て往て見て来や。小言が出るとわりいのふ
（春色梅児誉美、巻之二）

28　寔に久しぶりでお飯をいつしよにたべるのう
（春色梅児誉美、巻之三）

29　ヲヤ〳〵能所で逢た。今日もまたむだ足をするところであった。サア〳〵一同《いつしよ》に帰った〳〵
（春色梅児誉美、巻の八）

30　姉さんと私と、同道《いつしよ》につれてお出なさいな
（春色梅児誉美、巻の十）

31　仇さん、モウ夜が更たから私と一床《いつしよ》にお寝な

（春色辰巳園、初編巻之三）

32　ア、ネへ、此うちへ仇吉さんも一伴《いつしよ》に来たら、さぞ嬉しがるだらうに、

（春色辰巳園、四編巻之一二）

このように、為永春水の人情本では、一回限りの用例も含めて、文脈に応じてさまざまな字が当てられているのが特徴的である。戯作文学の多様で通俗的な表記方法を生かした表現といえる。空間を共有する人同士の結びつきに焦点があり、同じ行動・動作をすることを表した27・29・30・31・32のような場合に、その場にあったさまざまな漢字熟語を使用している。すなわち、「一連」「一同」「同道」「一床」「一伴」などといったように、意味的にふさわしい漢字熟語を、「いっしょ」という振り仮名とともに使うことで、視覚的な表現効果を持つものとなっているのである。つまり、「一所」だけでは、空間的意味の無いさまざまな場面に対応できないために、意味の違いを視覚的に明示するための方法として、多くの熟語を使用したものと考えられる。前述の通り、作品全体に多様な漢字表記がされているものではあるが、「いっしょ」に関しても、空間的意味の無いさまざまな場面で使用されるようになった事情を背景として、さまざまな表記が見られるようになっているものと考えられる。十返舎一九や式亭三馬は、主に空間的意味の有無による表記の使い分けを行っていたと考えられるが、為永春水は、空間的意味の無いものの中で、その場に応じてさまざまな熟語を使い分けているということができる。

ここまで見てきたように、江戸時代末期には、空間的意味の無い場合に、空間的意味を連想させる「一所」という表記を使わない工夫の先駆的試みが、いくつか見られた。それは、江戸時代後期に、空間的意味の希薄な用例が使用されるようになったためであった。そしてその後、江戸末期までには、空間的意味の無い用例が大多数を占めるようになった。しかし、空間的意味の有無による表記の使い分けや、文脈に応じた漢字熟語の使用といった方法は、あくまでもこの時代の先駆的な試みであって一般には広まらず、後述する明治時代初期のように、一般的な漢字表記は「一所」であったといってよい。

第四節　漢語「一緒」の出自と日本での新表記「一緒」の採用

ところで、前節では、式亭三馬の作品に、「一緒」という表記が使用されることを指摘した。江戸時代には、まだこの表記が一般化するには至っていないが、その後現在まで「一緒」という表記は、「一所」に代わる新しい表記として多く使用されている。では、「一緒」という漢語は、どのような出自を持ち、どのように日本へ受容したものなのか。このことを明らかにするために、漢籍・仏典において「一緒」がどのように使用されているかを見てみる。

しかし、漢籍・仏典における「一緒」の用例は、非常に少ない。管見の限り、仏典に2例、「文選」に1例、「晋書」に3例、「南斉書」に1例、「魏書」に1例、「北斉書」に1例、「南史」に1例、「北史」に1例、「隋書」に1例、「旧唐書」に1例見られるのみである。次に挙げるようなものである。

33　今且一緒。法師品略示弘經。則以益他為本。（妙法蓮華経文句、巻八）

34　為業既非一緒。感報寔亦千變。（広弘明集、巻一四）

35　故別雖一緒　事乃萬族（文選、第一六巻）

36　一緒連文、則珠流璧合。其詞深而雅、（晋書、巻五四）

33は「今経典の全体を示せば」という意味、34は「業が同種類でないから報も変化する」という意味、35は「別れという点では同じだが」という意味、36は「ひと連なりに文を連ねる」という意味である。このように、漢籍・仏典において「一緒」は、〈ひとまとまり、ひとつながり〉といった意味で用いられているようである。式亭三馬が使用したような、行動をともにする意味のものではない。管見の限り、江戸時代から明治時代最初期にかけて、これらの33～36のような用法で漢語「一緒」を受容したといえる例は無い。ただし、江戸時代から明治時代にかけての節用集には、少数ながら「一緒」が見られはする。江戸時代の節用集の例を以下に挙げる。

37 ……略……一緒《イッショ》（和漢音釈書言字考節用集、言辞門、イ 一七一七年）
38 一緒《いっしょ》（大成正字通、い、数 一七八二年）
39 一緒《いっしょ》（字引大全、い、数量 一八〇六年）
40 ……略……一緒《いっしょ》（増補訂正掌中要字選、い、言語 一八四〇年）
41 一緒《いっしょ》（永代節用集、い、言辞 一八五〇年）
42 一緒《いっしょ》（大全早引節用集、い 一八六四年）

式亭三馬以前のかなり早い時期のものである「和漢音釈書言字考節用集」に「一緒」の記載が見られるが、典拠は不明である。広く使用されるものではないが、「和漢音釈書言字考節用集」に見られることから、江戸時代中期頃に、漢籍に見える語として「一緒」という漢語があるという程度の認識があったことがわかる。ただし、これらの辞書類には意味の説明はないので、式亭三馬が使用した「一緒」の例との、用法の異同は不明である。その他、式亭三馬以後の噺本にも、「仕形落語工風智恵輪」（一八二二）「東海道中滑稽譚」（一八三五）に「一緒」が１例ずつ見られた。用法は式亭三馬のものと同じである。(7)

しかし、式亭三馬以前の文学作品や、同時代の古文書を見ても、「一緒」の用例は得られない。(8) おそらく「一緒」は、漢語として意味・用法を含めて受容したのではなく、空間的意味を連想させる「一所」から意味・用法が離れていった「いっしょ」の新表記として受け入れたのだろう。「いっしょ」に生まれた新たな意味・用法を包括する新表記として「一緒」が採用されたということである。「一緒」が使用されている式亭三馬作品でも、空間的意味が残っている場合には「一所」も使用され、最も変化が進んだ先のものと考えられる用法に当てられていることは、「一緒」が「いっしょ」の新表記として受け入れたものであることの傍証となろう。また、このことは、「俚言集覧」が「一所」について「一所とも一集とも書」とする記述からも伺える。

43　一緒　一所とも一集とも書 増 ひとつになることひとまとめ○合一　（増補俚言集覧、上）

ここで「一緒」について「～とも～とも書」とあるのは、「一緒」を「一所」と同じ用法と考えていたことを示す。漢籍・仏典の「一緒」は「一所」と紛れる用法ではない。「一緒」を、〈ひとまとまり、ひとつながり〉といった意味の漢語としてでなく、「一所」とも表記し得、「一所」と同様の意味を持つものとして認識していたことがわかる。

第五節　「一緒」の定着

「いっしょ」は、江戸時代末期には、空間的意味の希薄な用例が大多数を占めるようになっていた。そうした意味変化に対応した表記法の先駆的試みは見られたが、それらはすぐには定着せず、明治時代に入っても引き続き「一所」の表記が多く使用されている。

江戸時代の戯作文学の流れを汲む仮名垣魯文の作品では、「同伴」「一集」などの当て字があるが、それらも他の作品には見られない。戯作文学では、振り仮名を利用することで、多種の当て字のその場に応じた使い分けが可能であったが、その他の明治時代の小説では、そのような手段は一般的でなく、また、「いっしょ」とは読まない漢語を複数使い分けるのも効率的でない。そのため、基本的には空間的意味を連想させる「一所」が多様な用法のものの表記に使用されていたのであり、意味と表記の不一致があったということになる。以下のような例が見られる。

44　「ア、、「ウヰクトル、アレクサンドルイチ」、どうかして一所に居られるやうにハ成らないもんかネー」トだしぬけに云ッた。　（あいびき）

45　此地に然う長く居なければならんと云ふ次第ではないのでせう、そんなら一所にお立ちなすつたら如何であ

表４　明治時代の小説における「いつしよ」「一所」「一緒」その他

	いつしよ	一所	一緒	その他
仮名垣魯文	8	38	0	23
坪内逍遥	7	21	0	0
二葉亭四迷	0	1	0	0
尾崎紅葉	0	17	1	0
幸田露伴	0	7	2	0
泉鏡花	4	10	0	0
島崎藤村	0	0	278	0
田山花袋	0	0	20	0
夏目漱石	0	34	0	0

ります。（金色夜叉、前編）

46　神様も恋しらずならあり難くなし、と愚痴と一所にこぼるゝ涙、（風流仏）

その後、明治時代の小説においては、「一緒」の使用が広がっていくさまが見てとれる。作家別の用例集計を、表４に示す[9]。

47　些と私も其處まで買物に出ますので、実は御一緒に願はうと存じました。（金色夜叉、中編）

48　親方様が彼程に云ふて下さる異見について一緒に仕たとて恥辱にはなるまいに、（五重塔、其一八）

49　まあ兎も角も我と一緒に来て呉れ、（五重塔、其三三）

「一所」が多く使われる一方、「一緒」も少しずつ使われていくが、両者の用法に違いは特別見られない。47～49のように、「一緒」が使用されるのは空間的意味の残っていないものだが、それらが「一緒」に限られるわけではなく、「一所」も見られる。何か特定の用法から「一緒」の表記が広まっていったというわけではないようである。

前述のように、江戸時代末期までに、「いっしょ(一所)」は空間的意味を脱している。それにも関わらずそれらをまとめて「一所」で表記するという、意味と表記の不一致があったのである。そのため、意味変化に本格的に対応する形で、表記が「一所」から「一緒」へと代わっていったのである。空間的意味を離れ、空間を共有する人や物の結びつきの方へ焦点が移っていた「いっしょ」にとって、空間的意味を持たず〈ひとまとまり、ひとつながり〉を意味する「一緒」ならば、「一所」のような違和感が無かったのだろう。つまり、空間的意味を連想させない「一緒」という表記が、「一所」に代わって採用されていったということである。用法の違いによって「一所」と「一緒」の表記を使い分けるのではなく、現状に合わない「一所」という古い表記に代わる、「一緒」という新表記が採用されたということであり、明治以降それが広まっていくことになるのである。

管見の限り、「一緒」の表記が明治時代に現れるのは、尾崎紅葉や幸田露伴の作品からであった。尾崎紅葉や幸田露伴は、擬古典主義と呼ばれ、江戸文学の影響の強い作家である。そのような作家達の使用が、「一緒」の表記が広まっていく発端となったとも考えられるだろう。いずれにしても、空間的意味を脱していた「いっしょ」に「一所」という表記は似つかわしくなかったために、それに代わって、空間的意味以外の多様な意味を包括し得る「一緒」という表記が、一般的に使用されるようになっていったのであろう。

表5　雑誌『太陽』における「いっしょ」「一所」「一緒」

	いっしょ	一所	一緒
1895	0	25	5
1901	0	43	57
1909	0	36	82
1917	9	8	155
1925	0	17	124

それでは、こうした表記の揺れは、他の同時代の資料ではどのようになっているであろうか。まず、雑誌『太陽』を見てみる。用例を次に示す。用例集計は、表5に示した。(10)

50　お老爺さんと一所に、娘の婿と云ふのが顔を見せ、私に何かと挨拶する。
（『太陽』一九〇九年16号、生田葵山「死んで行く人」）

51　治作は係官や智信と一緒に、半里ほどある村の火葬場へ米造の死骸を運んで行って、火葬した。
（『太陽』一九一七年14号、福永渙「治作と米造」）

創刊年である一八九五年の段階では、「一緒」は少ないが、その後、年を追うごとに

表6　国定読本における「いつしよ」「一所」「一緒」

	いつしよ	一所	一緒
1期(1904〜)	12	0	0
2期(1910〜)	0	0	0
3期(1918〜)	0	5	0
4期(1933〜)	0	1	0
5期(1941〜)	24	0	0
6期(1947〜)	70	0	0

用例数が大幅に増える。一九〇一年、一九〇九年までは、「一所」の用例数とほぼ拮抗しているが、一九一七年になると、「一緒」の方が、圧倒的に多くなる。一九〇〇年代頃を境に、「一所」と「一緒」が逆転しているといえる。なお、『太陽』では、口語文体の記事が、「いつしよ」9例中9例、「一所」129例中105例、「一緒」423例中420例と圧倒的多数を占めており、「いっしょ」は、口語的表現として広く使用されていると考えられる。また、「文学」ジャンルの記事が、「いつしよ」9例中9例、「一所」129例中81例、「一緒」423例中286例と最も多い。これらのことから、「いっしょ」は、口語文体の文学的文章や小説に多く使用されているといえる。

次に、国定読本を見てみる。用例集計を、表6に示す。

国定読本では、「一緒」は見られなかった。52のような「一所」は後期には使われなくなり、53のような「いっしょ」が急激に増えるのが特徴的である。国定読本でも、雑誌『太陽』と同じように、空間的意味を連想させる「一所」は使われなくなるが、かといって「一緒」に置き換わるというわけでもない。規範意識が強い教科書では、新しい「一緒」という表記を取り入れるのには慎重であったのだろう。それでも、空間的意味を含意する「一所」という表記から離れていくという点では他の資料と共通する。

52　午後六時、叔父さんと一所に、上野驛から青森行の列車に乗つた。
（3期、5年、上）

53　たこが青空で右や左にゆれると、自分もいっしょに首をふりながら、しっか

り糸をにぎっています。　（6期、3年、中）

このように、文学作品や雑誌『太陽』、国定読本の状況から、明治時代以降には、新表記「一緒」や平仮名「いっしょ」が使用を広げていき、「一所」の使用は相対的に減少していくという流れが見て取れる。

なお、江戸時代の節用集に「一緒」が見られることは前述したが、江戸時代から続く明治時代の節用集にも、次のようなものに「一緒」が立項されている。

54　……略……｜緒《イッショ》　（雅俗節用集、イ、言語 一八七八）
55　一緒《いつしよ》　（早引節用集大全、い 一八九一）
56　一緒《いつしよ》　（新撰日本節用、い、言語 一八九六）
57　一緒《いつしよ》　（明治いろは早引、い 一九〇九）

節用集以外にも、「一緒」を「一所」とともに記載する辞書が見られるようになる。

58　いつしよ [音]　ひとつところをいふ○一所　（語彙 一八八四）
59　いつしよ　一緒、ひとくるめ　Together.
　　いつしよ　―所、―處、ひとところ One place; the same place.　（漢英対照いろは辞典 一八八八）
60　いつしよ(形名)一緒、ひとくるめ、ひとつもの
　　いつしよ　一所、一處、ひとところ　（和漢雅俗いろは辞典 一八八八）
61　いつしよ(名)「一緒」　ヒトツニナルコト。ヒトマトメ。合一　（言海 一八九一）
62　いつしよに　ソ。一所。ひとつに。ともぐ＼に。もろともに。　（日本大辞林 一八九四）
63　いっ―しよ [名] 一所。[一] ひとつのところ。[二] おなじ所。[三] 或る所。
　　いっしよ―に [副] 一緒。ひとくるめに。ひとまとめに。ともに。ひとつに。おなじやうに。一所。

（ことばの泉 一八九七）

59・60・63は、「一所」と「一緒」が別項目となっている。意味記述はおおむね、「一所」が空間的意味を意識した「ひとところ」、「一緒」が、漢語の原義としての「ひとまとめ、ひとくるめ」となっている。ただし、日本の「一緒」は、本章で述べてきたように、漢籍・仏典に見られたような〈ひとまとまり、ひとつながり〉といった意味のものではなく、59にあるような〈together〉の意味である。また、63では「一緒」の方が、「に」の付いた副詞とされているのも興味深い。漢籍・仏典の「一緒」は、このような副詞用法のものではなかった。これらの辞書の記述は、新しく生まれた「一緒」と古くからの「一所」とを漢字本来の字義によって対照し、別語として解説しているといえる。江戸時代末期から明治時代にかけて、「一緒」の使用が広がることで、「一所」は「一緒」とは別の意味の語として意識されるようになっているともいえる。

第六節　おわりに

本章では、江戸時代から明治時代にかけて、「一所」がどのように空間的意味を喪失していったのか、そしてその意味変化に対応して「一緒」という新表記がどのように生まれ、定着していったのか、ということを述べた。

江戸時代中期までの「一所」は、同じ空間を共有していることを表したものであり、空間的意味が残っていた。しかし、江戸時代後期になると、空間を共有する人や物の結びつきの方へと焦点が移り、空間的意味の希薄化した用例が見られるようになる。

そして、空間的意味を喪失した用法が現われてきたことで、それに対応した表記法の先駆的試みが見られる。十返舎一九の「東海道中膝栗毛」では、空間的意味の有無によって、「一所」と「いつしよ」との間に使い分けが見られた。空間的意味の無い用法に、「一所」という表記を使いにくかったのだと考えられる。式亭三馬の洒落本・滑稽本では、同様の使い分けが見られる一方、「一緒」という表記も使用されている。「一緒」は、「書言字考節用集」の例を除けば、本書では、「浮世風呂」の例が初出であった。さらに時代が下り、為永春水の人情本では、空間的意味の無い用例が大多数になっており、文脈に応じてさまざまな漢字表記が行われていた。

「一緒」は漢籍・仏典に見られるが、それらは、式亭三馬が使用したような用法のものではない。式亭三馬の作品以外にも、「一緒」を漢籍・仏典に見られるような用法で使用したものが見当たらないことから、「一緒」は、意味・用法を含めた漢語として受け入れたというよりも、「一所」の表記から意味・用法が離れていった「いっしょ」の新表記として受け入れたものと考えられる。

その後、空間的意味は喪失していたものの基本的には「一所」と表記されていたが、意味変化に本格的に対応した形で、「一緒」の表記が明治時代中期以降に採用され、広まっていったと考えられる。

このように、「一所・一緒」の事例は、意味変化と、それに対応した表記の交代が起こった事例と捉えることができる。ただし、式亭三馬の作品以外に江戸時代の「一緒」の用例がほとんど見つからなかったため、式亭三馬以外に使用した形跡の無い「一緒」が、どのような理由で採用され定着していったかということについては深く触れられなかった。その点は今後の課題として残るものの、意味変化によって、江戸後期に新表記の先駆的試みがなされたことと、その中から「一緒」という表記が採用され明治時代以降広まっていったという事実を指摘することができたと考える。

注

（1）以下では特にそれ以外の付訓が無い限り「一所」という漢字表記のものは「いっしょ」を表したものとして論を進める。前章で述べたように、「ひと(つ)ところ」の例がまとまって見られるのはほぼ平安時代までである。またそれらも、江戸時代前期までに成立する行動をともにすることを表すものとは意味が異なる。本章で扱う江戸時代中期以降に関して、「一所」を「ひと(つ)ところ」と読む可能性は低いと考えられる。

（2）「東海道中膝栗毛」のテキストは「滑稽五十三駅」(一名東海道中膝栗毛、二三巻二三冊、東北大学附属図書館狩野文庫蔵)を用いた。

（3）式亭三馬には黄表紙・合巻作品も多数あるが、黄表紙・合巻は、洒落本・滑稽本に比べて極端に平仮名の多い資料であり、漢字表記を扱うには不適切と判断し、調査対象に含めなかった。

（4）テキストは「石場妓言　辰巳婦言」(一冊、東北大学附属図書館狩野文庫蔵)、「辰巳婦言後編　船頭深話」(三冊、東北大学附属図書館狩野文庫蔵)、「無而七癖　酩酊気質」(三巻三冊、文化二年、東北大学附属図書館狩野文庫蔵)、「諢話　浮世風呂」(八冊、文政三年、東北大学附属図書館狩野文庫蔵)、「狂言田舎操」(二巻二冊、東北大学附属図書館狩野文庫蔵)、「四十八癖」(四巻四冊、文化八・十・一四年、東北大学附属図書館狩野文庫蔵)を用いた。

（5）「浮世風呂」の前半部分には、「一緒」の「緒」に関して、偏が人偏のものと行人偏のものが数例ずつ見られた。行人偏と糸偏は草書体が酷似していることと、これらが前半部分にのみ見られることから、これらは「一緒」の誤表記の可能性があるため、考察対象からは除いた。

（6）テキストは「春色梅児與美」(一二巻四冊、天保三・四年序、東北大学附属図書館狩野文庫蔵)、「梅暦餘興　春色辰巳園」(一二巻四冊、天保四年序、東北大学附属図書館狩野文庫蔵)を用いた。

（7）ただし、用例が少なく同一作者による表記の使い分けを考察することはできない。なお、噺本の検索は国文学研究資料館の日本古典文学本文データベースによった。

（8）古記録・古文書の検索は、東京大学史料編纂所データベースによった。

（9）調査対象作品は以下の通りである。テキストは『明治文学全集』(筑摩書房)によった。
・仮名垣魯文…西洋道中膝栗毛、安愚楽鍋　・坪内逍遥…小説神髄、当世書生気質　・二葉亭四迷…あいびき、小説総論、余が翻訳の標準、余が言文一致の由来、予が半生の懺悔　・尾崎紅葉…金色夜叉　・幸田露伴…風流佛、五重塔　・泉鏡花…義血侠血、夜行巡査、外科室、海城発電、湯島の境内、愛と婚姻、醜婦を呵す、いろ扱ひ　・島崎藤村…若菜集、家、藁草履、千曲川の

スケッチ　・田山花袋…少女病、蒲団、一兵卒、朝　・夏目漱石…坊っちゃん、草枕、夢十夜、それから、人生、倫敦消息、自転車日記、長谷川君と余、博士問題とマードック先生と余、現代日本の開化

（10）『太陽』には「一所（いっしょ）」を語構成要素として含む「いっしょくた」「一所不住」「一所懸命」といった熟語が見られるが、いずれも「一所」から「一緒」への変化とは直接関わりを持たないので、ここでの考察の対象から除いた。なお、「一所懸命」については次章で扱う。

第七章　「一所懸命」の意味変化と「一生懸命」の出現

第一節　はじめに

前章までで漢語「一所」が国語化して空間的意味を喪失し、それに対応して「一緒」という新表記が採用されるようになることを示した。「一所」は文字通りの空間的意味を失っていったわけであるが、それに関連する事象として「一所懸命」という表現とその「一生懸命」への変化が挙げられる。このことに関しても、「一所」から「一生」へと変わることとから、「一所」が空間的意味(この場合は場所の観念)を喪失したことと、「一生懸命」への変化とを結び付けて論じられることもあった。しかし、前章までに見た「一所」の意味変化を見る限り、「一所懸命」から「一生懸命」への変化は、「一所」の意味変化とのみ関わるものとはいえない。「一所懸命」「一生懸命」という表現の意味・用法を考慮したうえで、意味変化と語形変化の関わりの問題として捉え直す余地があると考えられる。また現代の「一生懸命(一所懸命)」では「仕事を一生懸命がんばる」のように副詞用法でも使用されることから、副詞化の問題と捉えることもできる。そこで本章では、「一所懸命」「一生懸命」を取り上げ、副詞化を含めた意味変化と、語形変化の関わりを考察することにする。

さて、現代の「一生懸命」という表現は、中世の「一所懸命」が語形変化してできたものであることは、広く知られており、それらについては以下の先行研究がある。鈴木則郎(一九八三・一九九一)は、中世の「一所懸命」の用法や、その語義に内包された思想について詳しく論じたものである。また、加藤康司(一九七六)は、現代の辞書において「一所懸命・一生懸命」がどのように記述されているかを論じたものである。

しかし、これらの先行研究は、中世の「一所懸命」と現代の「一生懸命」を同列に論じていることに問題がある。現代の「一生懸命」は、「仕事を一生懸命がんばる」のように、副詞用法で多く使用されるものであり、中世の「一所懸命」とは用法が大きく異なる。従来の研究では、単純に「一所懸命」が「一生懸命」に語形変化したという平面的な捉え方をしているために、「一所懸命」が、なぜ、どのようにして「一生懸命」という語形へと変化し、現代のような副詞用法を獲得したのかは、十分には明らかになっていないと思われる。

「一所懸命」が「一生懸命」へと変化し、副詞化する過程を記述することは、漢語の語形変化と、意味・用法の変化との関連を明らかにする研究の一端となる。本章では、中世の「一所懸命」が、近世以降「一生懸命」へと語形変化し、副詞用法を発生させるまでの展開を追い、副詞用法発生に伴った意味変化の一つの型として位置づけることを目指す。具体的には、以下の二点を論じる。

① なぜ、どのように「一所懸命」から「一生懸命」へと語形変化したのか。
② 「一生懸命」は、どのように副詞用法を獲得したのか。

表1　中世の「一所懸命」

	一所懸命の地	一所懸命	懸命(の地)
古事談		1	
太平記	3		3
醍醐寺文書		1	
大徳寺文書	1		1
毛利家文書			1
民経記			1
上井覚兼日記			3

第二節　「一所懸命」の原義　——中世——

「一所懸命」という語が文献に現れるのは、中世からである。以下では、中世から時代毎に順を追って、用法の変化を見ていく。

中世の「一所懸命」は、次のようなものである。

1　倩案此事、汝ハ雖無件庄一所、全不可事闕、彼ハ只一所懸命之由聞食之、
（倩此の事を案ずるに、汝は件の庄一所無しと雖も、全く事闕くべからず。彼れは只だ一所懸命の由、之れを聞し食す[1]。）
（古事談、巻第一）

2　告申候忠ニハ、一所懸命ノ地ヲ安堵仕ル様ニ、御吹挙ニ預リ候ハン。
（太平記、巻第一二）

3　抑破田郷者、一所懸命之地也、
（大徳寺文書、永徳二年正月廿八日）

鈴木（一九八三）に「「一所懸命」とは一箇所の領地に生活の基盤を求め、それを頼みとすること、あるいは一箇所の領地に生活のすべてをかけることの意」とあるように、これらの例の「一所懸命」は、武士が一箇所の領地に命を懸けることを表したものである。

中世の用例集計を表1に、中世古辞書の用例集計を表2に示す。表2の（　）内は「一所懸命」が所属する部門名である。[2] 表から、中世の用例の多くが「一所懸命の地」という表現である点を特徴として指摘できる。「一所懸命」自体の意味すると

表２　中世の古辞書における「一所懸命」

	一所懸命の地	一所懸命
文明本節用集		○（態芸）
易林本節用集		○（言語）
明応五年本節用集	○（天地）	
饅頭屋本節用集	○（天地）	
黒本本節用集	○（天地）	
永禄二年本節用集	○（天地）	
弘治二年本節用集	○（天地）	
尭空本節用集	○（天地）	
両足院本節用集	○（天地）	
元和本下学集		○（言辞）

ころは、前引の通りであるが、実際の用例は、実質的には、「命を懸ける領地」を表したものであるといえる。

また、「一所」の付かない「懸命」も見られる。文字通り〈命を懸ける〉という意味だが、これも「一所懸命」と同様に「懸命の地」という表現の例が多い。漢語「懸命」自体が、もっぱら中世武士の領地に関する表現に使用されるものだといえる[3]。

4　不日ニ飛脚ヲ以テ、此由ヲ奏聞アリケレバ、則勅免有テ懸命ノ地ヲゾ安堵セラレケル。　（太平記、巻第一一）

5　然とも、懸命之地者無余儀事候間、　（上井覚兼日記、天正三年三月二四日）

古本節用集などの古辞書にも「一所懸命」は見られる。これらも、以下に挙げるように、「一所懸命の地」の形のものが多い。また、それらの多くが天地部に配されていることも、当時の「一所懸命」が、領地に関する言葉であることを示している。

6　一所懸命《イッショケンメイ》地　（明応五年本節用集、伊、天地）

7　一所懸命地《イッショケンメイノチ》　（饅頭屋本節用集、以、天地）

8　一所懸命《ショケンメイノ》地　（尭空本節用集、伊、天地）

このように、中世の「一所懸命」は、用例数は少ないが、いずれも所領に関するものであり、「(一所)懸命の地」という表現で多用されている。そして勿論、現代の「一生懸命」のような副詞用法の用例は見られない。

第三節　「一生懸命」の出現　――近世――

近世になると、中世とは違った用法の「一所懸命」が見られるようになる。次に挙げるようなものである。

9　大和介信房は俊芿法師のめぐみにて。一しょけんめいのなんをまぬがれあまつさへ朝敵佛敵のちやうぼんたる。ものゝべの守彦をちうりくし。（舎利）

10　やれ侍ならば情を知れ元は伊達の与作ぞ。一所懸命の時節到来死損はせてくれるか。（丹波与作待夜の小室節）

11　「サア悪入道が退出を待請。手を擦らせんか但御前の対決か。藤孝が一所懸命」と駆出駆入肺肝をくだき待所に。（津国女夫池）

これらは、中世のような武士の領地に関する表現ではない。9は、守彦に舎利を奪われるという重大な事態を回避したということ、10は、潔く心中しようとする大事な場面が到来したということ、11は、謝罪するか対決するかの抜き差しならない状況であるということ、をそれぞれ表している。中世に見られた用例とは違って領地・所領の意味は無くなっている。かといって、現代の「一生懸命」とも違う。

一見して中世の用法と全く異なるこれらの用法を理解するためには、中世の「一所懸命」が、どのような観念を含んだものであったかを、確認する必要がある。中世の「一所懸命」は、単に自分の領地に命を懸けて日々の生活を過ごすというような意味ではない。それは、鈴木（一九九一）に「どのような手段に訴えてでも死守しなければならない」「生活の根拠となる自己の所領をいかなる手段を講じてでも死守せんとする強い意欲が付随してくる」とあるように、何らかの契機で自分に領地が与えられたら、その時にはそれを守ることに命を懸けるという中世武士階級の心情を表したものであった。つまり、領地が与えられるという事態に至ったら、その「一所」を命懸けで死守するという中世武士階級の思想を表したものなのである。その観点から考えると、これらの9〜11の例は、そのような本来の「一所懸命」を、特に所領・領地と関係の無い場面に転用した表現であると捉えることができる。「舎利を奪われる事態」(9)、「心中しようとする場面」(10)、「謝罪か対決かの抜き差しならない状況」(11)というのは、所領や領地とは無関係である。しかし、いずれも命懸けで対処すべき場面であるという点で共通する。つまり、中世武士階級が何らかの契機で領地を与えられた時に奮起する様に、眼前に立ち至った事態を命懸けで対処するべき場面として捉えた表現であるといえる。その点で一種の比喩であると考えられる。中世武士階級の命懸けの意欲を所領・領地に対するものとして表現するものであった「一所懸命」を、所領・領地と特に関係の無い場面に使用しているわけであるから、「懸命」の意味を中心にして上位概念を表すように転用されていると考えることもできる。現代のような〈精一杯、力の限り〉といった意味ではなく、成り行き上生じた事態を、自分の力を傾けるべき場面と捉えることを表す用法である。領地・所領の観念が喪失し、眼前に立ち至った場面・事態に即した用法へと転用した表現といえる。

その後、「一所」が「一生」へと語形変化した「一生懸命」の例が現れる。この「一生懸命」は9〜11のような「一所懸命」の例と、基本的に用法は変わらない。

12　ヲ、うろたへた。是がうろたへずに居られうか。主人一生懸命の場にも有合さず剰。囚人同前の網乗物御屋敷は閉門。（仮名手本忠臣蔵）

13　是は又悪ひ合点な衆じゃ。博奕の出合は相対づく。放った所が一生懸命。おれが方が負けて見やんせ。ねごんぞう取られにゃならぬ。（韓人漢文手管始）

14　何さ。雪女に違ねえはな。おれも爰は一生懸命だと覚期をして、雪女にグツトつかみかゝると、其つめてへ

事が指が斬れるやうス。　（浮世風呂、四編巻之上）

12は、主人の塩谷判官が侮辱され刃傷に及ぶ重大な場面、13は、賽を放った時が大事な局面だということ、14は、覚悟を決めて対応するべき事態だということ、を表している。形は「一生懸命」へと変化しているが、これも現代のものとは違い、近世になって生じた「一所懸命」の転用表現とほぼ同じ用法とみてよい。

この新しく生まれた「一生懸命」という語形は、近世後期の節用集にも採用されるようになる。次に挙げるようなものである。

15　一生懸命《いつしやうけんめい》　（大成正字通、い、数）

16　一生懸命《いつせうけんめい》　（字引大全、い、数量）

17　…略…ー生懸命《いつしやうけんめい》　（万代節用集、い九、言語）

近世から近代へかけての節用集に見られる「一所懸命・一生懸命」の出現状況を表3にまとめた。前節で述べたように、中世は「一所懸命の地」の形で天地部に配されるものが多かった。しかし、近世に入ると「一所懸命の地」の形では見られなくなり、見られるのは「一所懸命」のみになる。また、それらの多くは言語部か数量部に配されており、中世のように天地部に配される例は見られなくなった。天地部に配されなくなったということは、「一所懸命」という表現が領地・所領との関わりを無くしたことを示しているといえる。さらに、近世後期からは「一生懸命」という新しい表現も少しずつ採用されている様子が見てとれる。また、その他の近世資料の用例集計を、表4に示す。早い時期に「一所懸命」が3例見られるが、それ以降は、もっぱら「一生懸命」のみが見られるようになる。(4)

表 3　近世から近代にかけての節用集における「一所懸命」「一生懸命」

		一所懸命	一生懸命
節用集	慶長年間	○(言語)	
節用集	1611	○(言語)	
二体節用集	1629	○(言語)	
節用集	1630	○(言語)	
二体節用集	1632	○(言語)	
二体節用集	1635	○(言語)	
真草二行節用集	1638	○(言語)	
真草二行節用集	1646	○(言語)	
真草二行節用集	1650	○(言語)	
真草二体節用集	1651	○(言語)	
真草二行節用集	1651	○(言語)	
真草二行節用集	1664	○(気形)	
真草二行節用集	1665	○(言語)	
頭書増補二行節用集	1670	○(言語)	
二行節用集	1674	○(言語)	
合類節用集	1680	○(言語)	
新刊節用集大全	1680	○(言辞)	
頭書増補二行節用集	1684	○(言語)	
頭書増補節用集大全	1685	○(言語)	
公益二行節用集	1686	○(言辞)	
頭書増補節用集大全	1687	○(言語)	
鼇頭節用集	1688	○(言語)	
頭書大益節用集綱目	1690	○(言語)	
頭書増補節用集大全	1694	○(器材)	
頭書増補節用集大全	1700	○(言語)	
大益字林節用不求人大成	1717	○	
和漢音釈書言字考節用集	1717	○(言語)	
大富節用福寿海	1733	○(言語)	
袖宝節用集	1750	○(言語)	
大節用文字宝鑑	1756	○(言語)	
袖中節用集	1758	○(言語)	
早引節用集	1770	○	
大広益字尽重宝記綱目	1781	○(言語)	
万代節用字林蔵	1782	○(言語)	
大成正字通	1782		○(数)
早考節用集	1785	○	
節用集	1786	○(ざつ)	
字典節用集	1791	○(言語)	
早引節用集	1795	○	
字貫節用集	1796	○(言語)	
絵引節用集	1796	○	
倭漢節用無双嚢	1799	○	
万宝節用富貴蔵	1802	○	
長半仮名引節用集	1804	○	
字引大全	1806		○(数量)
懐宝節用集綱目大全	1812		○
早引節用集	1814	○	
文会節用集大全	1819	○(言語)	
新撰正字通	1822	○(言語)	
倭節用集悉改大全	1826	○(言語)	
大全早引節用集	1827	○	
大宝節用集文林蔵	1830	○(言語)	
懐宝節用集	1836	○	
増補訂正掌中要字選	1841		○(言語)
早引節用集	1843	○	
数引節用集	1844	○	
数引節用集	1846	○	
大成無双節用集	1849	○(言語)	
万代節用集	1850		○(言語)
早引節用集	1862	○	
大全早引節用集	1864	○	
大全早字引節用集	1870	○	
大全早引節用集	1872	○	
開化節用字集	1875	○	
新選以呂波字引大全	1878	○	
雅俗節用集	1878		○(言語)
大全早引節用集	1880	○	
いろは数引節用集	1889	○	
公益節用集	1890		○
早引節用集大全	1891	○	
新撰日本節用	1896	○(言語)	

表4　近世の「一所懸命」「一生懸命」

	一所懸命	一生懸命
舎利	1	
丹波与作待夜の小室節	1	
津国女夫池	1	
夏祭浪花鑑		1
仮名手本忠臣蔵		1
菅原伝授手習鑑		1
源平布引瀧		1
韓人漢文手管始		1
放屁論		1
はつ鰹		1
夜明烏		1
鳩潅雑話		2
噺手本忠臣蔵		1
のぞきからくり		1
江戸嬉笑		1
椿説弓張月	2	
笑嘉登		1
浮世風呂		1
浮世床		1
東海道中膝栗毛		1
春色梅児誉美		1
梅屋集		1

第四節　新形出現の要因

それでは、どのような事情で、「一所懸命」が「一生懸命」へと語形変化したのか。ここで、その変化の要因について考えてみたい。

小学館『古語大辞典』の【一所懸命】の項目の語誌（佐藤武義執筆）には、「「一所」の「所」が長音化して、漢字「生」を当てるようになったため、語義に変化が生じ」たとある。確かに、直接的には「いっしょ」が「いっしょう」というように長音化したといえる。しかし、なぜ「一所」の「所」が長音化して「一生」を当てるような変化が起こったのかという問題は依然として残る。

鈴木(一九八三)では、語形変化の要因について、「一所懸命」が土地を媒介とする中世的な主従関係と深くかかわる語であったということが、時代の推移とともに「一生懸命」に変化した理由ではないだろうか。場所(所領)の観念の欠落である。近世に入り貨幣経済が発達した状況下においては、「一所懸命」は一般にはもはや理解しがたい語であったのかも知れない」と述べる。確かに、所領の観念は欠落しており、「一所懸命」が当時既に一般に理解しがたい語であったということは事実であろう。しかし、前述のように、近世前期の「一所懸命」は、中世の「一所懸命」を比喩的に転用した用法であり、「一所懸命」の本来の意味を前提にしなければ成立しえないものである。そして、その後に生まれた「一生懸命」も、基本的に転用の用法を受け継ぐものである点を考慮すると、「一所懸命」の観念が忘れ去られたということを、強く主張する必要はないのではないか。また、一方で貨幣経済の発達という背景もあって、そもそも中世と全く同じ意味で「一所懸命」を使用することはできない社会状況にあるのである。したがって、「一所懸命」から離れていったということだけでは、必ずしも「一生懸命」への変化そのものの積極的な要因とは言えない。

そこで「一生」が「一所」に代わって「懸命」と結びつく積極的な要因を提示したい。一つには、「懸命」という語と意味的に近い語が選ばれたということである。これは一種の語源俗解と考えられる。結果として「いっしょう」という類音に引かれた類形牽引が起こっているといえる。近世当時、領地・所領は、中世武士のような意味での命を懸ける対象ではなくなっていた。そのため、「一所」と「懸命」との意味的な結びつきは意識されにくくなっていたのだと考えられる。そして「一所」に代わって、「懸命」の表す〈命を懸ける、命懸け〉という意味と直接的に関わるもの、意味的な関わりが意識されやすいものが選ばれたのではないか。つまり、命を懸ける対象としてではなく、「懸命」の意味から容易に推測されるものとして、「命」や「人生」などの含意があり、「いっしょ」と音の近い「一生」が選ばれたのではないか。これは、領地・所領に関する場面に限らず、命懸けになる場面に使用するようになったことに対応した変化といえる。

もう一つは、当時の「一生」の意味・用法である。「一生」には、近世当時、単に〈一生涯〉という意味の用法のほかに、次に挙げるように、主に「一生の」の形で、〈一生に一度の、生涯に関わる〉といった意味の用法が見られる。[5]

18　七十に及ぶ梅龍が出来立して一生の誤り。むだ〳〵と腹切るもひとり物に狂ふに似たり。（大経師昔暦）

19　いふにや及ぶ夫婦なり討たずはこれが一生の。いとまごひぞと言ひすてて ヲクリ一間に入ればさよ姫は。
地はて無義道な討たれまいやら討たれうやら。（用明天王職人鑑）

20　誰あらふ佐々木様に。面ざし似たが仕合で。討死の数に入ば一生の本望と。にこ〳〵笑ふて行れた顔。今見る様に思はれて。（鎌倉三代記）

21　わつちらんは、今一生のきやく人の所へ、あいさつに、下タざしきへお出なんしたよ。（総籬）

22　なんでもわたくしどもが、一生のたのみでざんす。（傾城買二筋道）

23　あはれ目通ゑ出たらば苦もなく押伏せ。我〳〵が一生の手柄。老行末の咄の種。（新色五巻書、三之巻）

これらは、「誤り」(18)、「暇乞い」(19)、「本望」(20)、「客人」(21)、「頼み」(22)、「手柄」(23)について、一生に関わるような重大なものである場面に使用されている。そして、「一生」のこのような用法は、近世に新しく生まれた「一所懸命」「一生懸命」の用法と意味的に類似する。このことから、生涯をかけた重大な局面や命を懸けるべき正念場を表す用法に意味的にも形式的にも相応しい表記として、「一生」が「一所」に代わって選択されたといえる。

さらに、「一所(いっしょ)」が「一生(いっしょう)」と長音化したことについては、「懸命(けんめい)」と拍数を合わせてバランスをとろうとする意識が働いたという点を指摘することもできるだろう。また一方で、近世には、次の例のように、「しょう」が「しょ」となる長音の短音化の現象も見られる。

24　姉様なら死なしゃんせう人が聞いたら笑ひましょ。　（堀川波鼓）

25　生えぬきの念者ぢゃ所で名は自然生《じねんじょ》の三吉。さてもよい名ぢゃ聞けば道中双六が有るげな。（丹波与作待夜の小室節）

外山映次（一九七二）にも、江戸時代の資料に長音の短音化現象が見られることの指摘があり、「ただしこれらは資料の性格から言っても、いずれも標準的なものとは云えず、俗語的な言い方であったろうと思われる」と述べている。このことから、当時の俗語表現では「一生」も「いっしょ」と短音化して発音した可能性があり、「一所」と「一生」が交替しやすい状況であったと考えることもできる。いずれにしても、当時「しょ」と「しょう」は交替しやすかったということがいえるだろう。

以上、「一所懸命」から「一生懸命」への語形変化の要因を指摘した。従来言われているような、土地観念が欠落したという事情を、消極的要因とすれば、それに対して、「懸命」からの直接的な連想が働いたこと、当時の「一生」に見られる「一所懸命」と似た意味の用法の存在、近世当時の俗語的な表現における長音と短音が交替しやすい状況、といったことを、積極的な要因として述べた。

第五節　「一生懸命」の副詞化　——近世末期以降——

「一所懸命」から「一生懸命」という新しい語形が生まれたが、近世末期以降に、「一生懸命」は意味的にまた新たな展開を見せ、また副詞用法の用例が増えていく。

26　狼といふものハ、わけのいゝものと、人のいふをきいていたり。いまこのときと、いつせふけんめいにて、あまこまいぬのよふに、狼どのゝまへにかしこまり、（のぞきからくり、むじん）

27　私が隠れたお湯殿へ、丁度また、忠さんが隠れに来て、いやおふならぬ手詰といひ、眼をすへて脇差に、手をかけたから、一生懸命に突倒して参つたが、いつまでも此所にはいられず、どふしたらよからふやら、

（春色梅児誉美、三編巻之七）

26は、狼に掛金を食われそうな大変な事態を迎えたという場面であるが、そのような大事な場面・事態に至ったということを表しているのは「いまこのときと」の部分であり、「いつせふけんめいにて」の部分ではない。「いつせふけんめい」が表しているのは、そのような事態に臨む人間の心情である。さらに27では「一生懸命に」という形で動作を修飾する副詞用法となっている。

つまり、眼前の事態を重大な局面として捉えている点は同じであるが、事態がそのように推移した、というのではなく、自分の方から積極的にその事態を重大な場面と認識している様子を表すものに変化しているといえる。したがって、近世前期までのような、生涯に関わるほどの大げさなものではなく、腕前が試されるような、自分のできる限りのことをすべき、といった程度の場面に使用されている。

そうした意味の変化とともに、近代に入ると、副詞用法の用例が増える。

28　ひよつと筋の違つた意趣でゝも為た訳なら、相手の十兵衛様に先此婆が一生懸命で謝罪り、婆は仮令如何されても惜くない老耄、生先の長い彼奴が人様に恨まれるやうなことの無いやうに為ねばなりませぬ、

（五重塔、其二八）

29　何有、私は足蹴にされたつて、撲れたつて、それを悔いとは思やしないけれど、這箇だつて貴方と云ふ者が有ると思ふから、もう一生懸命に稼いで、為るだけの事は丁と為てあるのに、何ぼ慾に限が無いと謂つても、自分の言條ばかり通さうとして、他には些でも楽を為せない算段を為る。

（金色夜叉、続続金色夜叉）

30　清書をするには二日で済んだが、下た書きをするには四日かゝつた。読みにくいかも知れないが、是でも一

生懸命にかいたのだから、どうぞ仕舞迄読んでくれ。と云ふ冒頭で四尺ばかり何やらかやら認めてある。

（坊っちゃん）

28は、「一生懸命で」の形であるが、その他の例の「一生懸命に」という形式の副詞用法と同様に、謝る行動を修飾する副詞用法と見て良い。29・30も、「一生懸命に」の副詞用法となっている。

つまり、中世の「一所懸命」を比喩的に転用し、事態・場面のさまを表すものであった「一生懸命」が、そのような事態・場面に臨む人間の態度・心情を表すものへと変わっているのである。そしてそれとともに、そうした事態・場面に望んで行う行為・行動を修飾する副詞用法としての用法を拡大していくのである。

明治時代の文学作品における「一生懸命」の用例集計を、表5にまとめる。[6]（　）内は「一生懸命で」の形の用例の内数である。

表5　明治時代の文学作品における「一生懸命」

	副詞用法	副詞以外
風流仏	0	1
五重塔	1(1)	1
金色夜叉	1	0
坊っちゃん	7	0
夢十夜	3	0
現代日本の開化	1	0
蒲団	1	0
少女病	1	0
一兵卒	1	0
朝	1	0
家	2(1)	0
ヰタ・セクスアリス	1	0

「風流仏」「五重塔」の例以外は全て副詞用法であり、この表からも、明治時代の文学作品では、副詞用法の用例が多いことがわかる。いずれも、現代と同様に、〈必死に、頑張って〉といった意味である。

このことは、明治から大正へかけての雑誌『太陽』の用例にも表れる。「太陽コーパス」を使って「一生懸命」の用法を見てみる。[7]ジャンル毎の用例集計を表6に、用法別の用例集計を表7に示す。年を追う毎に用例数が増えていることがわかる。特に「一生懸命に」「一生懸命φ」の形の副詞用法の用例数が増えていくさまが見て取れる。

また、文学の記事が各年で最も多い。そして、一八九五年の3例を除いて全て口語記事であり、口語の文学記事で

表 6　『太陽』における「一生懸命」(ジャンル)

	1895	1901	1909	1917	1925
0 総記			1		
1 哲学					
2 歴史		4		1	1
3 社会科学			2	9	2
4 自然科学			1		1
5 技術					3
6 産業			3		
7 芸術		1		1	1
8 言語					
9 文学	5	8	9	14	10
合計	5	13	16	25	18

表 7　『太陽』における「一生懸命」(用法)

	1895	1901	1909	1917	1925
に	4	8	10	16	14
φ	1	2	4	2	2
で		2	1	2	1
の		1		1	
な			1		
だ・です				4	1
合計	5	13	16	25	18

多く使用される傾向にあるといえる。

31　三歳ばかりの養女ある家に入無習し、富まぬながらも一家の主人となりて、一生懸命に働きしかば、女房にも好かれ、養女にも懐かれて、身代も自と延びにき。

(『太陽』一八九五年7号「子煩悩」大橋乙羽)

32　私共の苦學と云つたら實にモーお話にならネー、今日の教育上には大層マア關係があらうと思ふが、一生懸命、素々是を遣り抜ようと云ふのだから毎晩夢に見る位、専心一意にやつたので、少し分つて來るとナカ〳〵面白い、

(『太陽』一九〇一年9号「青年時代の苦学」矢野次郎(談))

33　夜が明て見ると、敵も城中から臺場を取返さうといふので、激しい砲撃がある、此方も一生懸命で戰つて居たが、左右沼田ヂヤから、進むのに困難で仕方はない、(『太陽』一九〇一年10号「追懐談」川村純義(談))

34　同時に恐怖は益々彼の身を襲ふた、彼は一生懸命の力を出して、『予を伴て往てくれ』と叫ばうとした、然し何うしても聲が出ない、

(『太陽』一九〇一年9号「セバストウポルの火花」トルストイ作、嵯峨の屋おむろ訳)

35　あたりをかまはず、『さア、太閤同志の立ち合ひだぞ』と、一生懸命な聲を擧げる。

36　今年は遷都五十年祭をやるちう事ぢやで、其れに就て考へ出したが、當時は皆んなが一生懸命だつたよ。

（『太陽』一九〇九年8号「記憶十想」岩野泡鳴）

（『太陽』一九一七年10号「政界の表裏」無名隠士）

表7を見ると、31のような「一生懸命に」の形の副詞用法が年を追うごとに多く使用されるようになっていることがわかる。33の例も、28と同じように「一生懸命で」の形であるが、「一生懸命に」「一生懸命φ」のものと同じように、「戦って居る」に係る副詞用法と言って良い。

また、それとともに、34～36のように、副詞用法以外でも使用されるようになっている。いずれも以前のような、場面のさまを表したものではなく、〈必死に物事に取り組む様子〉を表したものである。34にある「一生懸命の」の形は以前にもあったが、ここの「一生懸命」も場面のさまを表したものではなく、必死に全力を出すさまを表したものである。「一生懸命に」の形の副詞用法が多用されるにつれ、「一生懸命」という語形自体がそのような意味を帯びるようになったのだろう。また、副詞用法も、「に」の付いた形で多用されるとともに、32のような「一生懸命」単独でも副詞的に使用されるようになっている。

近世末期から近代初頭にかけての時期には、それ以前の用法を受け継ぎつつも、近世前期の9～14の例のようなものほどの大げさな場面に限らず使用されるようになったといえる。生涯をかけるような重大な局面に立ち至ったというより、自分の方から眼前の事態をそのようなものとして捉え、それに対して積極的に取り組む様子を表すものに変化したのである。そしてさらに、場面のさまから、それに対する人間の心情へと意味が移って、「一生懸命に」「一生懸命φ」という形で動作を修飾する副詞用法が発生した。その結果、その新たに生じた意味を「一生懸命」という語形自体が持つようになり、副詞用法以外の用法もその新たな意味で使用されるようになったと考えられる。

第六節　副詞用法発生までの過程

ここで、「一所懸命」が「一生懸命」へと語形変化し、副詞用法を発生させるまでの過程を振り返り、語形変化と意味変化の関係を考察してみたい。

中世の「一所懸命」は、武士階級が、自分の領地に命を懸けるさまを表すものであった。それを、近世に入って、比喩的に転用し、必死に対処すべき差し迫った事態を表すようになった。そして、「懸命」という表現からの直接的な連想と、重大な場面を表す「一生の」との意味的・形式的類似によって、「いっしょ」を「いっしょう」と長音化した。それによって、「一生懸命」という表現が生まれた。

鈴木(一九九二)に「「一所懸命」は、単なる二語の複合語なのではなく、中世武士階級の生き方を示す用語、思想用語として捉えるのが可能となる」とある。つまり、中世の「一所懸命」は、近世以降の「一生懸命」と同列に扱える言葉ではない。武士の生き方を示した思想用語なのであり、一般に多用されるような表現ではなかった。そのため、文献に現れる用例数は必ずしも多くない。その点が、現代の「一生懸命」との大きな違いである。近世に入って比喩的な転用を経ることで、武士階級の思想に限定されない汎用的な意味・用法を獲得したのである。そして新しく生れた意味に合わせて「一生懸命」へと語形が変化することで、領地・所領の観念から離れて、より一般的な場面で使用し得る表現になったのである。

したがって、「一所懸命が一生懸命になった」という言い方は、正確ではない。近世以降の「一生懸命」が、中世の「一所懸命」をもとにしてできたものであるということはいえるが、中世の「一所懸命」と現代の「一生懸命」は、前述のようにそもそも使用のされ方が異なるのであり、同列に扱うことはできない。比喩的な転用が、語形変化

中世	「一所懸命（の地）」…思想用語 ←比喩的転用
近世	「一所懸命（の難、時節、など）」 ←語形変化
	「一生懸命（の場、など）」 ←意味変化・副詞用法発生
近世末期	「一生懸命（に）」 ← 副詞用法以外の形式にまで意味が及ぶ

の契機になったのである。

さらにその後、近世末期以降には、「一生懸命」の表す意味が、「差し迫った事態」から、「そのような事態に臨む人間の心情」へと移り、それとともに「一生懸命に」の形の副詞用法が発生した。つまり、事態のさまを表していたものが、そのような事態に臨む人間の心理を表すものへと変化した例といえる。また、その結果、「一生懸命」自体に新たな意味が意識されて、他の形式にその意味が及んだ。意味変化に伴って副詞用法が発生し、多用されることで、他の用法へと広がっていったと考えられる。ここまでの流れを図式的に示すと上のようになる。

第七節　おわりに

本章では、中世武士階級の生き方を示す思想用語である「一所懸命」が、比喩的な転用を経て「一生懸命」という語形を生じ、意味変化するとともに副詞用法を獲得するまでの過程を記述した。比喩的な転用による意味変化と、それによる語形変化が起こった事例であり、さらに、物理的な場面、状態を表していたものが、そのような事態に臨む人間の心理へと変化して副詞化した例として、意味変化して副詞化する事例の一つの型を示せたと思う。また、それとともに、前章で述べた「一所」・「一緒」の例と同じように、意味変化が表記の交代を引き起こした事例と考えることができる。

現代でも「一所懸命」という表記を選択する人はいる。しかしそれは、「一生懸命」が元来「一所懸命」であったという情報を後から受け入れることによって、新しい「一生懸命」が誤った表記であるという意識を持ってしまったためであろう。しかし、前述の通り、「一所懸命」から「一生懸命」への変化は単に語形が変化したというような、平面的なものではない。現代のような副詞用法を「一所懸命」と表記していた時代がかつてあったというわけではない。現代における「一所懸命・一生懸命」の選択は、表記に対して語源解釈による規範意識が関わっている事例といえよう。

注

（1）「古事談」の訓読文は、『新日本古典文学大系』（岩波書店）によった。

（2）鈴木則郎（一九八三・一九九一）では、ここで挙げた「古事談」「太平記」の他に、「北条五大記」「室町殿物語」「庭訓往来」古活字本「保元物語」などの例を挙げているが、これらも同様の用法である。

（3）「懸命」という語は漢語であり、漢籍・仏典に典拠があるものである。しかし、本邦文献では、「日本書紀」巻第一九の「行李者百姓之所懸命、而選用之所卑下。」という箇所の他に、管見の限り中世のここで挙げたような例まで「懸命」は見られない。なお、「一所懸命」という表現は管見の限り漢籍・仏典には見られず、和製漢語であると考えられる。

（4）「椿説弓張月」に見られる「一所懸命」の2例は、「一所懸命の地」と「一所懸命の荘園」である。

（5）「一生」という語は漢語であり、漢籍・仏典に典拠があるものである。しかし、ここで述べたような〈一生に一度の、生涯に関わる〉といった意味の「一生」の用法は、室町時代末期から江戸時代初期までの文献である「虎明本狂言」「天草版平家物語」「エソポのハブラス」「中華若木詩抄」「湯山聯句抄」「句草紙抄」には見られないことから、近世以降に多く見られるようになった用法と思われる。

（6）調査対象作品は以下の通りである。用例の引用は『明治文学全集』（筑摩書房）によった。・二葉亭四迷…あいびき、小説総論、余が翻訳の標準、余が言文一致の由来、予が半生の懺悔　・山田美妙…　武蔵野　・尾崎紅葉…金色夜叉　・幸田露伴…風流仏、五重塔　・森鷗外…舞姫、うたかたの記、文づかひ、普請中、花子、食堂、キタ・セクスアリス、妄想、かのやうに、阿部一族、即興詩人、冬の王、鷗外漁史とは誰ぞ、仮名遣意見、Resignation の説、夏目漱石論、歴史其侭と歴史離れ、なかじきり　・北村透谷…楚因之詩、厭世詩家と女性、熱意、想断々、哀詞序、粋を論じて伽羅枕に及ぶ、伽羅枕及び新葉末集、鬼心非鬼心、徳川氏時代の平民的理想、各人心宮内の秘宮、秋窓雑記、三日幻境、心機妙変を論ず、処女の純潔を論ず、他界に対する観念、賤事業弁、罪と罰、「罪と罰」の殺人罪、富嶽の詩神を思ふ、人生の意義、人生に相渉るとは何の謂ぞ、復讐・戦争・自殺、内部生命論、頑執妄排の弊、国民と思想、「平和」発行之辞　・樋口一葉…うつせみ、大つごもり、十三夜、すゞろごと、たけくらべ、にごりえ、軒もる月、ゆく雲、わかれ道　・泉鏡花…義血侠血、夜行巡査、外科室、海城発電、湯島の境内、愛と婚姻、醜婦を呵す、いろ扱い　・島崎藤村…若菜集、家、藁草履、千曲川のスケッチ　・田山花袋…少女病、蒲団、一兵卒、朝　・夏目漱石…坊っちゃん、草枕、夢十夜、それから、人生、倫敦消息、自転車日記、長谷川君と余、博士問題とマードック先生と余、現代日本の開化

（7）ここでは「一生懸命」のみを扱った。『太陽』一九一七年12号「日本の欧州戦乱に対する地位」（千賀鶴太郎）には「實を云ふと、今日協商側が一所懸命に成りて全勝を占むる事に熱中し狂奔するのは、全く政治的野心に衝動せられて居る結果である。」という例があるが、「一所懸命」はこの1例だけであり、表には含めなかった。

第三部　国語化と程度的意味

第八章　「相当」の意味変化と程度副詞化

第一節　はじめに

この第三部では、国語化した漢語の中でも、程度副詞化したものを取り上げ、漢語の国語化・副詞化と程度的意味発生の関係を考える。漢語が国語化することで、それぞれの語において、程度的意味がどのような過程を経て発生したのか、という程度的意味発生の過程を明らかにすることを目指す。また、考察に際しては、程度的意味の周辺的な意味との関わりから考えていくことにする。このことによって、第四部において試みる程度的意味の発生のパターンを示すことの前提としたいと考える。

そこでまず本章では「相当」という語に着目したい。現代の「相当」には、次のような程度副詞用法がある。

1　彼は相当に腕が立つらしい。

2　彼女も相当困っているのだ。

1は腕が立つ程度、2は困っている程度が、それぞれ高いことを表す。飛田良文・浅田秀子(一九九四)は、「そうとう」を、「状態・程度・価値などが平均を大きく上回っている様子を表す」としている。

一方で、これらとは違う用法もある。漢語「相当」の〈あたる、あてはまる、釣り合う、該当する〉という原義を残したものと考えられ、古くからあるものである。現代にも見られる次のようなものがそれである。

3　昨夜時価一億円相当の指輪が盗まれた。

4　現在の財務省は以前の大蔵省に相当する。

3は指輪の時価が一億円に〈あたる、釣り合う〉ということであり、4は財務省が大蔵省に〈あてはまる、該当する〉ということである。

このように「相当」は、歴史的にある時期に程度的意味を発生させ、現代にもある1・2のような程度副詞として使用されるようになったと考えられる。では、1・2の程度副詞化した用法は、いつ、どのように発生したのだろうか。また、それは、3・4のような用法と、どのような関係にあるのだろうか。

「相当」の歴史的変化や、程度副詞化することについては、先行研究にいくつか指摘があるが、あまり詳しいものは見られず、またそれらにおける程度的意味の捉え方には問題もある。

たとえば、播磨桂子(二〇〇〇)では、「「随分」と意味用法の上で、類似する語」の一例として「相当」を挙げ、「ちょうどつりあう程度を表すものであったが、程度的にプラス方向の意味を表すようになり、さらに程度副詞の用法を持つに至ったもの」とする。また、小学館『古語大辞典』の【随分】の項目の語誌である前田富祺(一九八三c)では、「相応するという意の「相当」が程度のはなはだしい意になり、身の程を示す「分限」が身の程を越えて金を持つ金持ちの意になるなど、類似の例が多い」とする。

このような指摘があるが、これらによって、程度的意味が具体的にどのように発生したのかが明らかになったとはいえない。また、いずれも、類似の語を挙げて説明しているが、そもそもそのような括り方でよいか、疑問もある。たとえば「相当」をプラス方向の意味変化をしたものとして括ることができるかどうかといったことは、個別に検討する必要があるだろう。また「程度」を表すものとしてまとめたとしても、それらが表す程度的意味が全く同じとはいえないだろう。そして、その程度的意味の違いは、程度的意味の発生の仕方の違いに由来するのではないだろうか。程度的意味がどのように発生するのかということを具体的に明らかにすれば、類義語間における「相当」の程度的意味の特質を明らかにするための土台ともなるであろう。

こうした類義語との比較における「相当」の程度的意味の内実については、現代語に関して次のような指摘がある。森田良行(一九八〇)には、「量を問題とする場合、「かなりたくさんある」を「かなりある」に変えると、量に差が出てくる感じだが、「相当たくさんある」は、むしろ「相当ある」と言い換えたほうが自然である。「相当」に「たくさん」の意味が含まれているところにも、「相当」の程度の高さがうかがい知られる」とある。また、浅野百合子(一九八四)では、「もともと「相当」は……中略……二つのものが釣り合いの取れた状態にあることを表す語である。数量的に計量しうる程度、段階的に刻みを付けうる程度という含みをもっている」とする。

このような現代語における「相当」の分析に見られるような、「たくさん」の意味と程度の高さとの関わりや、「相当」の原義と程度的意味との結びつきといったものは、いずれも、「相当」における程度的意味の発生の仕方という歴史的変遷の問題と無縁でないと考えられる。本章は、具体的に「相当」の類義語を扱うわけではないが、「相当」の歴史的変遷を、程度的意味の発生の仕方に着目して辿り、「相当」の程度的意味の内実を明らかにするものである。このことから今後、程度的意味の内実を他の程度副詞と比較することも可能になると考えられる。

そこで本章では、「相当」が漢語の原義をもとに、程度的意味を発生させ、程度副詞化していく様子を記述することにする。そのことは、現代の程度副詞が、程度的意味を歴史的にどのように発生させたのかを具体的に探る事例研究の一つになるといえる。それによって、程度副詞の中での、程度的意味の発生の仕方のパターンを考えることもできるであろう。

第二節　中国文献における「相当」

さて、前述の通り「相当」は漢語であり、中国文献において用例が認められる。それらの用法と、日本における用法にはどのような相違点があるのかが問題になる。そこでまず、中国文献における「相当」の用例を見てみる。

漢籍・仏典の用例数を表1・表2に示す。特にジャンルによる偏りは見られず、中国古代の資料から、まとまった量の用例が得られる[1]。

「相当」の中国文献における用例は、次のようなものである。7・8は訓点資料に対応部分があるので、当該箇所をともに示す。

5　而民之鑄錢益少、計其費、不能相当。

（史記、平準書第八）

6　拠法直言、名刑相当、盾繩墨誅姦人、

（韓非子、詭使）

7　又此池南北與阿耨池相當。

（大慈恩寺三蔵法師伝、巻第五）

又此ノ池（ノ）南北、阿耨池（ト）相（ヒ）當レリ。

（大慈恩寺三蔵法師伝永久四年点、巻第五）

8　以釋迦眷屬院為第二。大壇之外令與中胎藏相

表1　漢籍における「相当」

【二十五史】	260
【十三経】	144
韓非子	1
呂氏春秋	15
管子	6
文選	11
白氏文集	4
全唐詩	26

表2　仏典における「相当」

成実論	3
大毘盧遮那成佛経疏	4
大智度論	20
南海寄帰内法伝	1
蘇悉地羯羅経	4
冥報記	2
大唐西域記	3

當。　（大毘盧遮那成佛経疏、巻第八）

釋迦の眷屬の院を以（て）第二の大壇之外と為。中胎藏と相ヒ當（ら）令（め）よ。
（高山寺蔵大毘盧遮那成佛経疏永保二年点、巻第八）

5は、利益と経費が釣り合わないということであり、6は、名目と刑罰を矛盾無く一致させるということである。7は、この池の南北が阿耨池とちょうど向き合って位置しているということであり、8は、第二の大壇之外を中胎藏に向かい合うようにさせるということである。中国文献の用例は、動詞としての用法のみで、現代日本のように、程度の高さや量の大きさを含意したものや、副詞用法のものは見られない。

こうした中国文献の「相当」をどう解釈すべきかについては、中国語の「相」の意味に注目する必要がある。「相」については、田中謙二（一九九三）に「主語が複数だと、その動作が相互ないし反復作用を起こすと否とに拘らず、動詞に皆〈相〉を冠する」という指摘がある。このことから、漢籍・仏典での「相当」は、〈複数のものが対応する、釣り合う〉といった意味であるとすることができる。後述する日本の用例のように、主語が単数で、あるものが別のあるものに〈対応する、釣り合う〉ということを表すのではない、ということがわかる。[2]

第三節　日本への受容と程度的意味の発生

さて、前節で述べたような中国文献の「相当」は、日本にどのように受容されたのか。次に、この「相当」を受容したと見られる日本の文献における用例を見てみる。

「相当」の例は、奈良時代の古文書や「古事記」「日本書紀」「万葉集」には見られない。平安・鎌倉時代の漢字文献の用例集計を、表3に示す。平安初期の「続日本紀」以降の六国史、古記録・古文書等の漢字文献に「相当」の用例

表3　平安・鎌倉時代の漢字文献における「相当」

続日本紀	3
日本後紀	2
三代実録	8
小右記	31
御堂関白記	4
貞信公記	3
九暦	2
中右記	8
後二条師通記	6
殿暦	3
岡屋関白記	8
深心院関白記	1
猪隈関白記	10
民経記	15
上井覚兼日記	4

があり、これが管見の限り最古の用例である。表3に挙げた他、「平安遺文」に34例、「鎌倉遺文」に226例見られる。

本調査での最も古い時期の「相当」は、次のような例である。

9　以賎日新銭一貫、當貴時舊錢十貫、依法雖相當、計價有懸隔。（続日本紀、巻三一）

10　六年一度廻、相当卯酉之年、其料物被奉寄豊前豊後肥前肥後筑後日向等国、（太政官符八幡宇佐宮司、長保五年八月十九日以降）

11　九日、乙酉、参院、來十四日相当御物忌、（小右記、永観二年一〇月九日）

9は、法定の比率によれば旧銭が一定の額の新銭に対応するということであり、10は、今年が卯酉の年にあたるということであり、11は来る十月十四日が物忌みの日に当たるということである。いずれも、中国文献に見られたように、「相当」を動詞として使用している。現代のような副詞用法の例は見られない。

ただし、意味的には中国文献のものと全く同じではない。主語が複数のものの並列からなり、複数のものが同等のものとして釣り合うというよりは、あるものが別のあるものに〈当たる、対応する〉という意味である。中国文献の「相当」は前節で述べたような意味を持つのに対し、日本で受容した「相当」は、原義より狭まっているといえる。

このように平安時代の漢字文献に見られる「相当」は、中国語の原義と全く同じ意味で用いられているわけではない。さらに、「そうとう」とは読まれなかった可能性もある。[3] やや時代は下るが、前述した訓点資料に見られたものと同様の、「相ひ当たる」とする例も次のようにいくつか見られる。

12　庁ノ東ノ間ニ、一ノ僧有テ坐ス、官ト相當レリ。皆、面ヲ北ニ向ヘリ、（今昔物語集、巻第九、第三四）

13　承久ヨリ以来、儲王摂家ノ間ニ、理世安民ノ器ニ相當リ給ヘル貴族ヲ一人、鎌倉ヘ申下奉テ、征夷将軍ト仰デ、武臣皆拝趨ノ礼ヲ事トス。
（太平記、巻第一）

12の例は、僧侶の座席や服装が大官相当であるということである。13の例は、ある貴族が理世安民の器に当てはまるということである。いずれも、文字通り何かに対応する、適合することを表している。これらも、中国文献のもののように、主語が複数で、〈複数のものが対応する〉のではなく、あるもの（「僧」「貴族」）が別のあるもの（「官」「器」）に〈当たる、相当する、対応する〉という意味で用いられている。

つまりこれらの「相」は、「相成る」「相次ぐ」(4)などのような、接頭辞として用いる語となっているといえる。山田孝雄（一九三五）は、これらの「相」は、古代中国語の用法に起源があり、漢文訓読によって生じた用法とする。関一雄（一九七九）は、それを受けて、「あひ―」は、動作主体が複数であることを表した漢文訓読語から、男性会話語となって複数表現から遠ざかり、そこから和文の会話文に投影して丁寧語的性格を帯びたものも現れるとする。さらに後藤英次（一九九九）は、記録体の「相」には「荘重」的な文体効果を狙ったものがあり、それが丁寧語的な表現として和文に流れ込んだとする。このように、当時すでに日本語には、漢語の原義から離れて接頭辞化した「相」がある。「相当」の場合もそのようなものの一種として「あい＋あたる」と分析的に理解され、「相当」の原義とは異なる使用のされ方をしているといえる。中世・近世の用例集計を表4に示す。

確実に「そうとう（さうたう）」と読んだと思われる例で最も古いのは、次のようなものである。

14　大和國橿原宮。元年辛酉歳、如来ノ滅後二百九十年ニ相當ス云々。又相二當ス周世第十六代主僖王三年ニ一云々。
（愚管抄、巻第一）

15　四気おり〳〵、日夜・朝暮、貴賤群集の他少、廣座・少座の當気によりて、芸人の時機音、時の調子の五音、相當せずは、當気和合あるべからず。
（拾玉得花）

表4　中世・近世の「相当」

	相ひ当たる	相当(動詞)	相当(に)	相当(の)
今昔物語集	1			
古今著聞集		1		
愚管抄		1		
太平記	10			
義経記	1			
拾玉得花		1		
こんてむつすむん地		1		5
ぎやどぺかどる		5		5
謡曲・二人静	1			
寒川入道筆記		1		
韓人漢文手管始			1	
三冊子	1			
折たく柴の記	3			1
役者論語		1		

これらは、「す」と仮名を送っていることから、サ変動詞であると考えられる。用例数は多くないものの、鎌倉時代から見られる。14は、神武天皇即位の年が釈迦入滅後二百九十年に当たることをいったものである。15は、さまざまな要素が適切にかみ合う、ということである。

「相当す」という動詞の形であることから「相ひ当たる」ではないことがわかる。なお15は〈複数のものが互いに対応する、釣り合う〉ということであり、ここまで述べてきた日本にしか見られないものよりも、漢語「相当」の原義に近い。いずれにせよ、「愚管抄」に見られることから、鎌倉時代頃には「そうとう(さうたう)」と読まれるようになっていたと推測される。また、「相当」は、中近世の節用集や「日葡辞書」にも見られる。

16　相承　-続　……略……　-當

(文明本節用集、左、態芸門)

17　Sǒtǒ　サゥタゥ(相当)Aiataru.(相当る)ふさわしいこと、あるいは、あてはまること。¶Sǒtǒ xita coto.(相当したこと)ふさわしいこと。

(邦訳日葡辞書、578 1)

18　相剋　-生　……略……　-當　（書言字考節用集、第十一冊、言辞、左）

とはいえ、この時期までの「相当」は、「相ひ当たる」「そうとう（さうたう）」いずれの場合でも、ここまでに挙げたように、動詞の用法である。そして〈当たる、相当する、対応する〉という意味を表しているといえる。

しかし、中世末期以降には、それまでとは違った用例が見られるようになる。次に挙げるようなものである。

19　しかりといへども、たゞ一つのわづかなる御をんにたいしても、さうたうの御れいを申たつとみ奉る事かなはずとわきまへ、さんげし奉る也　（こんてむつすむん地、巻第三）

20　ハテ、俺が内に居れば、家賃から米代木代、相當に銭をやらにゃ掛ける者が無い。そこであいらを倒して道具諸色は賣てしまい、金にして内を出て來たは、コリャ是前先といふ物じゃ。（歌舞伎・韓人漢文手管始）

19は、「相当の」の形で〈ふさわしい、合致する〉ということである。20は、「相当に」の形で家賃米代木代に釣り合うように、ということである。本調査では、「相当の」の形で連体修飾する用法と、「相当に」の形で連用修飾する用法は、これらが初出例である。「相ひ当たる」から、「そうとう」と読んで一語となることによって、このような用法が生じたと考えられる。

そしてそれとともに、これらの例は、恩への御礼や金銭に関して程度・量性のあるものに「相当」することを表している点が注目される。文字通りには、19はお返しするべきふさわしい量の御礼、20は与えるべきふさわしい額の金銭ということであるが、いずれも、御礼の量や金銭の額は決して小さく低いものではない。ある一定程度を下回らない程度で〈当たる、相当する、対応する〉というニュアンスが含まれる。なお、管見の限り、程度・量の低さにおいて〈当たる、対応する、ふさわしい〉ことを表したものはない。程度・量の高さのみが問題になっており、このようなところから、程度の高さ・量の大きさの含意が発生したと思われる。つまり、それまでのものは、一方が他方に〈当たる、相当する、対応する〉という意味であったのに対し、これらの例では、〈それに当てはまるにふさわしいだけの分量を持つ〉ことを表しているといえる。言い換えると、その程度の高さ・量の大きさにおいて、〈当たる、対応する、ふさわしい〉という意味で使用されているのである。そのものの持つ質において対応することを表していたものから、そのものの程度の高さ・量の大きさにおいて対応することを表すものへと変化しているといえる。

さらに、この時期のものは、現代語の「相当悲しんでいる」「相当腹が立つ」といったような、抽象的な程度の高さを表したものはなく、「御礼」(19)、「銭」(20)のように、いずれも程度というよりも量的な性質のものに使用されているということを指摘できる。「悲しんでいること」や「腹が立つ」ことは、具体的な分量で表せるものではない。そのような抽象的な程度に対して、「御礼」「銭」はどの位の分量かが想定できるものである。後述するように、抽象的な程度の高さに使用され始めるのは近代以降である。抽象的な意味での程度の高さと結びつく前に、この時期は、具体的な量的意味と結びつくことによって、連用修飾用法で使用され始めているのである。

また、このように、抽象的な程度の高さではなく具体的な量の大きさに限られることと関連して、次の点も指摘できる。この段階の「相当」は、現代のように純粋に程度の高さ・量の大きさのみを表しているとは言えず、依然として、何が何に相当するのかがはっきり示されているのである。「御恩に釣り合うだけの御礼」「家賃など必要な分の銭」というように、「相当する」対象が容易に推測できる。つまり、この場合の「相当」は、〈何かに相当する様子・状態で〉という意味を表しているといえる。したがって、程度の高さのみに特化したものではなく、何かに当たる・対応するという「相当」の原義を未だ残しているといえる。程度・量性のあるものに対して、それだけの高い程度・大きい量を内包したものとして対応することを表したものといえる。

しかし、未だ量の大きさに限られるとはいえ、それまでのものが、あるものとあるものとが一対一で質的に対応する場合のものしか無かったことを考えると、ここに至って、後に程度副詞化する下地ができたといえる。ただし、中世末期の資料でも、ここに述べた新しい用法の他は、前述したような〈何かに当たる、当てはまる〉という意味の動詞用法が中心である。

以上、本節では、中国文献の「相当」を平安時代初期に日本に受容してから、国語化して意味が変化し、程度副詞化する下地を得る段階まで述べた。日本では平安時代の漢字文献から「相当」が見られる。それらは中国文献のように複数のものが同等に釣り合うというのでなく、あるものが別のあるものに〈当たる、相当する、対応する〉という意味であった。また「相ひ当たる」という分析的な形の用例も見られる。これらは、当時既に日本語に馴染んでいた接頭語「相」の付く語として受容したものといえる。その後、鎌倉時代には確実に「そうとう」と読んだと見られる例が現れ、さらに、「相当に」「相当の」という形でも使用されるようになり、それによって程度・量性のあるものと結びついた。その段階では、量の大きさを表したものから使用が始まっており、また、何に相当するのかが容易に推測できるものであった。このように中世後期から近世にかけて、漢語「相当」が国語化して程度の高さ・量の大きさと結びつくことで、後に程度副詞化する下地ができたのである。

第四節　程度副詞化の進行

前節では、近世までに、「相当」が程度副詞化する「下地」ができたことを述べた。その後、明治時代の資料では、程度的意味を持つ用法が広く使用されるようになる。明治時代の小説には、以下のような例が見られる[5]。

21　一秒を一毛に見積りて、壱人前の睡量凡そ八時間を除きたる一日の正味十六時間は、実に金五円七拾六銭に相当す。（続金色夜叉、第一章、一八九七～一九〇二）

22　既に国民の国民たる精神の無い奴を、そのまゝにして見遁がしては、我軍の元気の消長に関するから、屹と改悟の点を認むるか、さもなくば相当の制裁を加へなければならん。（海城発電、第五、一八九六）

23　其処を卒業してから長らく亜米利加に居つたさうだが、今では神戸で実業に従事して、相当の資産家になつてゐる。（それから、三の七、一九〇九）

21の例は、前代からあり、現代にまで続く動詞の用法である。このようなものも見られるが、22・23のように、「相当の」の形の連体修飾用法が多く見られる。22は、罰としてふさわしいだけの分量の制裁ということである。抽象的な程度の高さというよりは、量的性質の強いものといえよう。また、「国民たる精神の無い」ことに対する罰として必要な分という「相当」する対象が想定できる。とはいえ、「改悟の点を認」めないことの代償としての、「制裁」の水準・程度の高さをも含意しており、前代に見られ始めたような、何に「相当」するかが明示されたものと比べると、意味的にはより程度の高さの方へシフトしているといえる。23は、そのような「相当」する対象がほぼ想定できず、単に程度の高さを表すものとなっている。また、22のような量的意味ではなく、抽象的な程度の高さを表したものと見ることができる。この場合「資産」の分量の多さではなく、「資産家」であることの程度の高さを表しているものと考えられる。

このほか、近代の「相当」は、雑誌『太陽』やその他の女性雑誌に多数の用例が見られ、用法が広がっていくさまが見て取れる。従来からの動詞用法の例も引き続き多く見られるが、「の」が付いて連体修飾する用法が、明治時代の小説と同様に、ここでも多数見られるのが特徴的である。

24　今日の官吏中には久しく海外に留學して數千乃至萬以上の金を費して始めて成業したる者も少なからざることなれば是等學識材能の士を取らんと欲すれば必ず相當の俸給を與へざるべからざるは敢て辨を俟たざるなり。（『太陽』、一八九五年10号、加藤弘之「所謂政費節減に就て」）

25　最初婦人に面会するものは誰でもまずその侵すべからざる威厳と、慎み深き態度に打たれる。相当の見識有る人でも夫人を一見しただけでは大抵冷静の人と評するのが常である。

（『女学世界』、一九〇九年8号、波浪生、白館に於ける大統領夫人の生活）

24の例も、「相当の」の形で「俸給」を修飾する例である。文字通りには、与えるべきふさわしい額の俸給という意味であるが、その俸給の額は、決して低いものではない。ある一定程度を下回らないような程度で〈相応する〉というニュアンスが含まれる。またここでも、物理的な金銭の量というよりは、金額の高さという抽象的な程度の高さに使用されるようになっているといえる。この点は次の25も同様である。

ただし、24の場合は、依然として相応するべき基準が含意されているといえる。つまり、「与えるべき俸給の額に応じて」ということであり、「相当」する対象が推定可能である。それに対して、25の場合は、もはや何に相当するのか不明である。「冷静の人と評」さずにすむような見識の基準というものを想定することはできない。つまり、「相当」という語だけで、何か程度の高いものに対して、その程度の高さにおいて相応するという含意が生じているということができる。ここにいたって、ほぼ程度的な意味に特化した「相当」が発生したといい得る。

ここで、雑誌『太陽』・女性雑誌における用例を、用法別に表5にまとめる。表中の「Ⅰ」「Ⅱ」とは、前述した、「相当」する対象・基準が推定可能なもの（「Ⅰ」）かそうでないもの（「Ⅱ」）か、ということである。この分類によって、何かに相応するという「相当」の原義を残したものか、「相当」という語だけで単純に程度の高さ・量の大きさを表しているものかどうかを計ることができると考える。表5を見ると、Ⅰが全体的に多いが、ⅡもⅠと同様に見られることがわかる。

このように、前述した明治時代の小説の用例と同様に、量的意味だけでなく、抽象的な程度の高さを表す用例が見られるようになっており、また、「相当」する対象が推定できない用例も多く見られるようになっていく。

こうして「相当の」という連体修飾用法で多用されるのに伴って、江戸時代にわずかだが見られた「相当に」という連用修飾用法のものも漸増の傾向を見せる。そしてさらに、明治中期以降に、「に」の付かない、「相当」単独での

表 5　『太陽』・女性雑誌における「相当」

	I						II					
	相当に	相当φ	相当の	相当な	相当す	その他	相当に	相当φ	相当の	相当な	相当す	その他
1894 女学雑誌			4		2				2			
1895 太陽	3		30	2	23	2	1		31	5		1
1895 女学雑誌			6	1	5					1		
1901 太陽	4		37	2	48	15	5		45	8		8
1909 太陽	11	1	55	2	43	14	7	1	43	10		8
1909 女学世界	4		3	3	3	1	4		8	2		
1917 太陽	17	5	35	3	49	11	20	5	26	8		10
1925 太陽	30	2	38	2	63	16	35	22	23	17		15
1925 婦人倶楽部	3	4	2	1	1	2	6	4	1			2

程度副詞用法が現れる。それは、次に挙げるようなものである。

26　君の兎角多面多藝多能なる一事は、世間多く其類を見ない、…中略…あらゆる事物に向て夫々の趣味もあり、又多少の研究も重んで居る、俗に所謂間口百間なる語は、君を評するに尤も適切な諺で、其癖奥行も皆相當に深い、自然ドンナことにでも大抵の話が出來るので、種々雜多な方面に其友人知己を有して居る、又和漢學には餘程造詣する所深いが、洋學に對しても相當調査研究を重ねて居る、何は兎も角、一言にして云へば君の人物は『天品』の二字を以て尤も當れりと云ふべきであらう。
（『太陽』、一九〇九年11号、川尻琴湖「個人としての犬養木堂君」）

27　身装から見ても、自用の自動車に乗ってるところから見ても、相当身分ありげな人たちに対して、警官の方でも丁寧な取り扱いをしてくれた。
（『婦人倶楽部』、一九二五年6号、中村武羅夫「女人群像」）

26の例は、「相当に」と「相当φ」が近接した箇所に出現しているが、どちらも、25のように、何に相当するかが推定不可能なものである。またいずれも、物理的な量ではなく、「知識」や「調査」、「身分」といった、抽象的なものについて、程度の高さを表している点を指摘できる。このような純粋な程度副詞用法といえるものは、あまり用例数は多くないものの、少しずつ見られるようになっていく。これらがさらに増え、定着していくのは、明治後期から昭和にかけての頃と推測される。

こうして、「相当」は、〈当たる、相当する、対応する〉という原義を離れ、程度の高さ・量の大きさをもっぱら表す語へと進行していったのである。

次に、国定読本の用例を見てみる。国定読本には、明治期のものには用例が無いが、ここでも、大正期に入ると次のように、副詞用法の用例が現れる。しかし、何に「相当」するのかが推定でき、「相当」の原義を残して〈そのものあるべき状況に応じて、それなりに〉といった意味を表しているものが多い。近代のほかの資料に見られ、現代にも続くような、完全に程度副詞化したものといえるものは少ない。

28　租界の外に出ると大ていは支那風の町で、町幅も狭く、あまりきれいでない。唯商業の取引の盛な部分は、相當に活氣を帶びてをり、西洋風の建物もあつて、趣がやゝ變つてゐる。（3期、6年、上）

29　勿論今日我が國にて發行せらるゝ新聞中にも大小種種ありて、一がいには言難けれども、相當に名ある新聞は、通信に、印刷に、あらゆる文明の利器を用ふるを以て、今や遠くヨーロッパに起りし事件も僅か一兩日にして讀者に報道せらる。（3期、6年、下）

30　止るもの、動くもの、火を吐くもの、歩兵・工兵の亂闘、彼我入亂れての一大修羅場が展開される。味方の損害も相當はあらうが、勝利は信念にある。今こそ、日本男子の面目を發揮すべき時だ。（4期、6年、下）

28は、取引が盛んであるにふさわしいだけの活気があるということである。29になると、だいぶ程度副詞化の進んだものと見られるが、後続する、文明の利器を用い報道ができるほどの有力紙とも考えられる。30も、修羅場であるということから当然推測される程度の損害、と考えられる。いずれも表5の分類では「I」となり、「相当」する対象が想定可能であるとはいえ、用例によって、程度・量的含意の多少には差があるといえる。

国定読本は「相当」の用例が全部で10例(2期7例、3期2例、4期1例)と多くなく、また、あまり新しい用法を取り入れていない。「相当」の、主として程度的意味を表す新しい用法は、この時代にはまだ、国定読本のような規範的・保守的性格を有する資料には見られないようである。

なお、近代の国語辞書にも、「相当」の項目に、程度的意味に当たるような意味記述は無い。たとえば次のようなものである。

31　さうたう(形)。—する(自)相當、あひあたる、該當　(和漢雅俗いろは辞典、一八八八〜一八八九)

32　さうたう名相當。よくあてはまること。よくつりあふこと。　(ことばの泉、一八九八〜一八九九)

辞書も同じく規範的・保守的性格を持つため、辞書に登録されるほどには、「相当」の新しい用法は定着していなかったのだろう。

以上見てきたように、近代以降「相当」は、「相当の」の形の連体修飾用法が多数使用される一方、「相当に」「相当φ」の形の連用修飾用法も使用例を多くしていった。それに際して、程度副詞的用法については、何に「相当」するのかが明示されないものが増えていった。これはつまり、「相当」する対象が特に無い場合でも、「相当」という語だけで程度の高さ・量の大きさを表すようになっているということである。

また、量的な大きさだけでなく、抽象的な程度の高さを表し得るようになり、そのような例も見られるようになる。ただし前代からある、量的な大きさを表すものは、現代にも見られるのであり、無くなるわけではない。「相当」の意味変化の方向として、程度的意味との結びつきにおいて、抽象的な程度の高さよりも、物理的な量の大きさの方から先に使用されるようになったということである。

第五節　「相当」の意味変化と、程度的意味の発生の仕方

　前節までで、「相当」が意味変化し、程度副詞化する過程を記述した。ここで、「相当」の歴史的変遷を振り返り、程度的意味の発生の仕方について考察する。

　中国文献の「相当」を平安時代初期に日本に受容したものの、当初は原義を大きく離れず、動詞として〈当たる、相当する、対応する〉という意味で使用していた。それが中世末期から「相当の」という連体修飾用法や「相当に」という連用修飾用法でも使用されるようになった。それとともに、「相当」に、〈そのものの持つ程度の高さ・量の大きさにおいて当たる、対応する、ふさわしい〉という含意が生じた。つまり、「相当」が意味変化して程度・量性のあるものとの結びつきができたといえる。

　ただしこの段階の「相当」は、抽象的な程度ではなくもっぱら具体的な量の大きさを表していた。また、何に相当するのかが容易に推測できるものであった。とはいえ、このように中世後期から、「相当」の意味が変化し、程度の高さ・量の大きさと結びつくことで、後に程度副詞化する下地ができたといえる。

　そして近代に入ると、「相当に」とともに「相当φ」の形の連用修飾用法も使用例を多くしていった。それとともに、量的な大きさだけでなく、抽象的な程度の高さを表し得るようになる。また、何に「相当」するのかが明示されず、「相当」する対象が特に無い場合でも、「相当」という語だけで程度の高さ・量の大きさを表すようになっていった。こうして「相当に」「相当φ」の形の程度副詞としてより純粋なものへと進行していった。

　つまり、「相当」は、意味変化して程度・量性のあるものとの結びつきができたことが、程度的意味を発生させる契機となったと考えられる。さらに、具体的な量の大きさを表す連用修飾用法で使用されていくことによって、そこ

から、抽象的な程度の高さとも結びつくようになっていったのである。

「相当」の程度副詞化過程は、以上のように、具体的な量的意味をもとにして抽象的な程度的意味を発生させたものとして、まとめることができる。このように見てくると、先行研究での「相当」の意味変化に関する捉え方には問題があることがわかる。前述した通り、播磨(二〇〇〇)、前田(一九八三c)に「相当」の程度副詞化に関する言及があり、いずれも、中立的な意味を持つ語が「プラス」の方向へ意味変化する例として「相当」を捉えているといえる。しかし、価値的に「プラス」「マイナス」両方の意味を表し得る「分限」のようなものと、そもそも程度の高さしか表さない「相当」のようなものは、区別して扱う必要があろう。つまり、価値的な「プラス・マイナス」と、程度の高低とは別の問題といえる。(6)

また、程度的意味の発生の初期の特徴として、量的なものから使用され始めていることを指摘したが、現代語の副詞論では、程度と量の関係についていくつか指摘がある。

工藤浩(一九八三)は、「程度の概念に近いもの」として、「(数)量の概念」があり、「量副詞」(「たくさん」「いっぱい」など)、「概括量副詞」(「ほとんど」「ほぼ」など)、「数量名詞」(「全部」「全員」など)があるとする。そのうえで、「程度とは状態の量だという面もあり、両者の交渉は当然ある」とし、例として、「かなり」「大分」「随分」などの程度副詞が「ごはんを――食べた」のような量副詞の用法にも立つ現象を指摘している。「相当」も現代語では、程度副詞でありながら量副詞でもある、これらのような例に含まれるであろう。

また、仁田義雄(二〇〇二)では、「純粋程度の副詞」(非常に、とてもなど)「量程度の副詞」(うんと、よほどなど)、「量の副詞」(たくさん、いっぱいなど)は、「段階的な相互関係を有している」とする。そして、「相当」を、「お酒を相当飲んだ」「相当歩いた」のように、「主体や対象の数量限定が表されたり、動きの量の限定が行われたりする構文に挿入可能」であり、「量程度の副詞である」とする。

いずれも歴史的な変化の問題ではないが、副詞において、「程度」と「量」が意味的に近接しており、「程度副詞」と「量副詞」が移行し得る概念であることの指摘といえる。これらの研究では現代共時態の分析から、語別にそれぞれの副詞が分類されている。しかし、程度・量的意味の歴史的変化という観点からいえば、本章で扱った「相当」という同一の語でも、両者の間の移行はあり得るということである。本章で扱った「相当」は、そうした、副詞用法の発展において、量から程度へと意味が移行・拡大したものといえる。

「相当」は、中世から近世にかけて、まず、具体的な量の大きさと結びつき、それが、近代以降、抽象的な程度の高さへと使用範囲を拡大していった。したがって現代でも、量副詞としての用法も持つ。変化の方向としては、「量から量・程度へ」とまとめることができる。「相当」の場合は、原義が〈釣り合う、当てはまる〉という動詞的なものであったため、程度に関して抽象的な高さを表すものと直接結びつくことは難しいだろう。しかし、量の大きさという側面から結びつくことで、物理的・具体的な量から抽象的な程度へと進行していくことができたのだと考えられる。それによって、純粋な程度副詞としての用法を獲得していったのである。このような「相当」の事例によって、量的な側面から程度的意味を獲得していったものとして、程度副詞化の一つのパターンを指摘できる。

また、前述したように、森田（一九八〇）は「「相当」に「たくさん」の意味が含まれているところにも、「相当」の程度の高さがうかがい知られる」と指摘するが、これは「相当」の程度的意味の高低の問題ではなく、「相当」が純粋程度とともに量の大きさをも表し得る歴史的経緯によるものであろう。また、浅野（一九八四）では「もともと「相当」は……中略……二つのものが釣り合いの取れた状態にあることを表す語である。数量的に計量し得る程度、段階的に刻みを付け得る程度という含みをもっている」とする。これも、本当にそのような「含み」を持つかについては考察を要するものの、「相当」が量の大きさを含み持つのは、抽象的な程度を表すようになる前に、中世後期に先ず量の大きさと結びついたことによるものであろう。

第六節　おわりに

本章は、「相当」が漢語の原義から意味変化し、程度副詞化していく過程を記述した。それによって、量的な側面から程度的意味を獲得していったものとして、程度副詞化の一つのパターンを指摘した。これによって、程度的意味がどのようなところから発生するのかということに関して、通時的な面での、量的意味との関わりが明らかになったと考えられる。このようなものは他にもあるのだろうか。次章では、同じく量的意味から程度的意味を獲得したものとして、「随分」の程度副詞化の事例を考察する。

注

（1）漢籍は唐代までの主要な資料を調査した。漢籍・仏典はともに、漢語の日本語への受容という点で重要なものを選んだ。なお、「相当」は、中華電子仏典協会のCBReaderで全文検索すると、「大正新修大蔵経」に一一二八例得られるが、概ねここに述べた通りの傾向といってよい。

（2）なお、現代中国語には、「相当」に程度副詞的用法がある。『漢語大詞典』には、郭沫若(一八九二～一九七八)の作品の用例が挙がっている。日本と似たような程度副詞用法が見られる点が興味深いが、日本の程度副詞との間に影響関係があったかどうかは未詳であり、今後の課題とする。

（3）佐藤進一編(一九六五)『中世法制史料集3』(岩波書店)には、武家文書「六角氏式目」に見える「相当」に関して「相当(アイトウ?)」とあるが、「アイトウ」と読んだ確例が管見の限り見られないので、このように読む可能性はひとまず考慮の外におく。

（4）関(一九七九)によれば、「あひなる」は「法華義疏長保四年点」が最も古い例であり、「あひつぐ」は「宇津保物語」などに見られる。

（5）調査対象作品は以下の通りである。テキストは『明治文学全集』（筑摩書房）によった。ここで挙げた他に、「頑執妄排の弊」「復讐・戦争・自殺」（北村透谷）に「相当の」1例、「相当なる」1例、「それから」「坊っちゃん」「現代日本の開化」（夏目漱石）に「相当の」6例が得られた。いずれもここで挙げたような程度的意味を持つものといえる。
・仮名垣魯文…安愚楽鍋　・二葉亭四迷…あいびき、小説総論、余が翻訳の標準、余が言文一致の由来、予が半生の懺悔　・山田美妙…武蔵野　・尾崎紅葉…金色夜叉　・幸田露伴…風流佛、五重塔　・森鷗外…舞姫、うたかたの記、文づかひ、普請中、花子、食堂、妄想、かのやうに、ヰタ・セクスアリス、阿部一族、即興詩人、冬の王、鷗外漁史とは誰ぞ、仮名遣意見、Resignationの説、夏目漱石論、歴史其侭と歴史離れ、なかじきり　・北村透谷…楚囚之詩、厭世詩家と女性、熱意、想断々、哀詞序、鬼心非鬼心、粋を論じて伽羅枕に及ぶ、伽羅枕及び新葉末集、徳川氏時代の平民的理想、各人心宮内の秘宮、秋窓雑記、三日幻境、心機妙変を論ず、処女の純潔を論ず、他界に対する観念、賤事業弁、罪と罰、「罪と罰」の殺人罪、富嶽の詩神を思ふ、人生の意義、人生に相渉るとは何の謂ぞ、復讐・復讐と戦争・自殺・自殺と復讐、内部生命論、頑執妄排の弊、国民と思想、「平和」発行之辞　・樋口一葉…うつせみ、大つごもり、十三夜、すゞろごと、たけくらべ、にごりえ、軒もる月、ゆく雲、わかれ道　・泉鏡花…義血侠血、夜行巡査、外科室、海城発電、湯島の境内、愛と婚姻、醜婦を呵す、いろ扱ひ　・島崎藤村：若菜集、家、藁草履、千曲川のスケッチ　・田山花袋…少女病、蒲団、一兵卒、朝　・夏目漱石…坊っちゃん、草枕、夢十夜、それから、人生、倫敦消息、自転車日記、長谷川君と余、博士問題とマードック先生と余、現代日本の開化

（6）「分限」の意味変化は小野正弘（一九八五）を参照。

第九章　「随分」の意味変化と程度的意味・評価的意味の発生

第一節　はじめに

前章の「相当」に引き続き、日本語の中で独自に意味・用法を変化させ、程度副詞化した漢語として、「随分」を取り上げる。

漢語「随分」の原義は字義通りの〈分に随う、分相応〉というものであったが、現代語の「随分」は、そうした意味では使用されず、「これは随分長い鉛筆だね。」「彼は随分勉強したようだね。」のように、程度副詞としての用法を持つ。これは、漢語「随分」を受容した後、日本語の中で意味・用法が変容を被り、程度副詞として定着したものと考えられる。

このように、もともと副詞用法を持たない漢語が副詞用法を発生させるにあたっては、一定の道筋があるように思われる。たとえば、前章で扱った漢語「相当」も、本来は副詞用法を持っていなかったが、「随分」と同じように現在は程度副詞用法を持っている。そのことを見ると、程度副詞用法の発生には一定のパターンがありそうだと考えられる。さらに「随分」は現代語では単に程度の高さだけでなく、評価的意味を持っている。そしてそういった評価的意味は、他の副詞にも認められるもののように思われる。そうであるならば、本来は副詞用法を持たなかった漢語がどのような過程を経て程度副詞用法を獲得するのか、そして、程度副詞が、どのように評価的意味を獲得するのか、そのパターンを明らかにすることが必要であると考えられる。

そこで本章では、漢語「随分」の受容と変容を例として、どのような過程を経て程度副詞用法を獲得し、どのような過程を経て評価的意味を発生させるのかを明らかにすることを通じて、程度的意味の変化の一つのパターンを示すことを目指す。(1)

「随分」に関しては、これまでにも、原義から離れて日本で独自に意味変化していったということの大まかな指摘がある。播磨桂子(二〇〇〇)は、平安時代から江戸時代までの「随分」の用法の変遷をたどったものである。そこでは、「「随分」と意味用法の上で、類似する語」として「相当」「涯分」「かなり」などの語を挙げ、「ちょうどつりあう程度を表すものであったが、程度的にプラス方向の意味を表すようになり、さらに程度副詞の用法を持つに至ったもの」とする。また、前田富祺(一九八三c)では、「随分」の意味変化について、「相応するという意の「相当」が程度のはなはだしい意になり、身の程を示す「分限」が身の程を越えて金を持つ金持ちの意になるなど、類似の例が多い」とする。

いずれも、程度的意味の発生について、類似の語群があることを指摘するものであるが、程度的意味発生のパターンとしての分析は不十分といえる。具体的にどのようなところから程度的意味を発生させるのかという点での考察を深め、程度的意味の発生と変化のプロセスをパターン化して示すことが必要であろう。

第二節　中国文献における「随分」の原義

　さて、前述の通り「随分」は漢語であり、中国文献に用例が見られるものである。それらの用法を確認しておく。「随分」は、中国文献には、歴史書に数例[2]、「白氏文集」に16例見られる他は、仏典に多数見られる[3]。次に挙げるようなものである。

1　草木叢林随分受潤　（妙法蓮華経、巻第二）

2　此非獨菩薩法、三乘共有、各随分學。（大智度論、巻五七）

3　雨露施恩無厚薄　蓬蒿随分有栄枯　（白氏文集、巻第一六）

4　笙歌與談笑　随分自将行　（白氏文集、巻第五五）

1・2は仏典の用例である。1は、草木がそれぞれの分に応じてめぐみを受けることを、2は、三乗のそれぞれについて学果を得ることを表している。いずれも〈分に随う、分相応〉といった意味である。3・4は「白氏文集」の用例である。3は、蓬などの茂みには天分に応じて栄枯の差があることを表し、仏典の1・2の用法に準じると考えられる。これらの例の「分」は、生来のものとして天から与えられた才能・性質を表すものと考えられる。しかし4は、笙歌と談笑を、それぞれの持ち前の許す範囲内で、それなりに楽しみながら旅行して歩くことを表している。この場合の「分」は、自分の持ち分、分け前といった程の意味であり、1～3のような仏教的な意味での天分を表すものではない。このようなものは中国文献でもこれ以外の資料には見られず、唐代漢詩文特有の俗語的用法と思われるが、用例は多くない。1～3のような仏教語としての用法が「随分」の原義と考えられる。

　中国文献における「随分」は、連用修飾用法であるが、動作・行為の様態を修飾するものであり、〈分に随う、分相応〉という実質的意味を持つ。その点で、後節で見るような程度の高さを表す日本の用法とは異なる。また、いずれも「分」を持つ対象が複数あるという点も、日本の用法との違いとして指摘できる。中国文献のものは、草木（1）、学果を得る人物（2）、蓬（3）、旅行者（4）といった複数の対象が、それぞれの天分に応じて動作・行為をすることを表している。

　このように、中国文献における「随分」は、〈分に随う、分相応〉といった意味の仏教語が原義と考えられる。天からわけ与えられたものとしての分を持つ複数の対象が、それぞれの分に応じた動作・行為をすることを表すものであり、日本におけるような程度副詞用法は見られない。

第三節　日本語への受容と量的含意の発生

　それでは、漢語「随分」は、日本語へどのように受容され、その意味・用法はどのように変容していったのか。平安初中期の漢字文献には、次のような例が見られる。

5　毎度無失藉、随分知因果之理、　（治安四年、九条家本延喜式巻十二裏文書（「平安遺文」））
6　磯絶四方蹤　随分短枝老　任天細葉濃　（菅家文草、巻第三、舟行五事）
7　随分管弦還自足　等閑篇詠被人知　（和漢朗詠集、巻下）
8　是以大小諸寺。毎有擅越。田畝資財。随分施捨。累世相承。　（日本後紀、大同元年八月）

5は、分に応じて因果の理法を知ることを表したものである。6は、松の枝が短いまま年を経ていることを分に随っているとしたものである。いずれも仏教語としての〈分に随う、分相応〉といった意味であり、中国文献の2や3の例とほぼ同じものである。また、7は、時に応じた管弦によって自分で満足する、という意であり、漢詩文集である

「和漢朗詠集」に見られるこの例は、唐詩に見られた4のような用法を踏襲したものと考えられる。

これに対し、同時代の漢字文献のものである8は、5～7とは異質である。8は、施主が田畝や資材を応分の量だけ喜捨することで、恵みが得られるということを表している。2や5のような仏教に関わる文脈での使用であり、動詞に係る連用修飾用法である点で中国文献のものと共通する。しかし、財産を喜捨するという作用の様態を修飾すると同時に、喜捨する財産の分量をも含意するものとなっている。つまり、自分のできる範囲内での、天分に応じた最大量という量的含意を持つといえる。中国文献のものや、本邦文献の5～7の例が、量的含意を全く持たないのに対し、8の例は、こうした量的含意を持ち得る用法となっており、実際にこの例では量的含意があるという点で、中国文献に見られたものや、他のものとは異質である。

そして、同時代やそれ以降の和文資料などに見られる次のような例は、そうした量的含意を持つ「随分」の例と考えられる。これらは、「随分」に「に」が付いて連用修飾用法として使用されている。

9　三條らも、ずゐぶむに栄えて、かへり申しつかうまつらむ」と、ひたひに手をあてゝ、念じ入りてをり。（源氏物語、玉鬘）

10　「亡せにし女子の代りに」と、思ひ喜び侍りて、随分に、いたはり、かしづき侍りけるを、（源氏物語、手習）

11　「たゞ、うはべばかりの情に、手、はしり書き、をりふしのいらへ、心えて、うちしなどばかりは、随分によろしきも多かり」と見給ふれど、（源氏物語、帚木）

12　亦、真言ヲ持テ年来行フ間、随分ニ其ノ験有リ。（今昔物語集、巻第一四、第二五）

9は、三條らが出世・繁栄するさまを、10は、尼が女の子を大切にかわいがるさまを表している。11は、文字を書くことや消息の返答をよく理解している人が多くいることを、12は、仏道修行をした効験があるさまを表している。

漢字文献以外のこうした用例は、「分」を持つ対象が、いずれも複数ではなく、特定の人・ものであるという点で前述の中国文献のものと異なる。また、「随分」の意味にも相違がある。〈分に随う、分相応〉といった仏教語としての原義から離れ、動詞が含意する量的意味を修飾するものとなっている。つまり、栄える程度(9)やいたわる度合い・かしづく度合い(10)、存在量[4]の度合い(11)が、それぞれ大きいことを表しているといえる。

これらは、量的含意を持つという点で、現代語の量副詞に通じる用法であるといえる。現代語のいわゆる程度副詞の中に、量を表すものがあることについて、たとえば、工藤(一九八三)は、「量副詞はまず、形容詞と組み合わさらない点で、程度副詞と区別しうる」とする。また、仁田(二〇〇二)は、「程度量の副詞のうち、「形容詞の表す属性・状態の程度限定というあり方で、形容詞に係ることが出来ない」ものを「量の副詞」とする。この時代の「随分」は、現代語に関するこれらの指摘と同じように、形容詞に係って抽象的な程度の高さを表すものが見られない[5]ことから、量副詞的用法ということができる。また、これらの例で「随分」が係る動詞は、「栄ゆ」「いたはる・かしづく」といった変化動詞である。これらは、変化の大きさ・変化の結果の状態に分量の含意があるものである。

このように、中国文献から受け入れた「随分」は、平安時代の本邦文献の例では、〈分に随う、分相応〉という本来の具体的な意味を薄め、より一般的・抽象的といえる量的意味を伴ったものとして使用されている。

こうした分量の多さの含意があることは、次のように、「随分の」の形の連体修飾用法の場合によりはっきりする。

13　妻子、此レヲ聞テ泣キ悲ムデ、随分ノ貯ヲ投棄テ、心ヲ致シテ法華経一部ヲ書写供養シ奉リツ。

(今昔物語集、巻第一三、第四四)

13は、持てる限りの貯えを投棄することを表している。これも、分に応じることから来る「貯え」の量を表している。

以上のような平安時代の用法別の用例数を表1に示す。連用修飾用法・連体修飾用法ともに、漢語の原義としての

表1　平安時代の「随分」

	連用修飾		連体修飾	
	I	II	I	II
日本後紀		1		
続日本後紀		1		
三代実録	1			
菅家文草	3		1	
小右記		1		1
「平安遺文」	9	11	1	6
源氏物語		3		
和漢朗詠集			1	
今昔物語集		1		2

〈分に随う、分相応〉という意味のものをI、量的含意を持つものをIIとした。[6] IIの用法が平安時代から見られることがわかる。

以上のように「随分」は、平安時代の段階で、漢詩文学における限られた場合などを除いて、原義とは異なり、仏教的含意を希薄化し、量的意味を含むものとして使用されている。このことは、仏教語としての原義を離れ、量という一般的・抽象的意味で受け入れているといえる。そのことが、後に程度的意味を発生させる契機となったと考えられる。

第四節　量の大きさから程度の高さへ

鎌倉時代になると、前代には見られなかった新たな意味・用法のものが見られるようになる。

14　伊藤六はや射おとされ候ぬ。奴にも随分さねよき鎧をきせて候つるものを。（保元物語、中）

15　申ムヤ、家嫡ト云、位階ト云、方々理運左右ニ及候ハザリシヲ、引替ラレマヒラセ候シ事ハ、随分無本意御計カナトコソ存候シカ、（延慶本平家物語、第二本）

14は鎧の材料となるさねが良質ということであり、15は、昇進が本人の希望通りにならないのはとても不本意で残念な取り計らいだ、ということを表している。いずれも、前代のような分量の大きさではなく、抽象的な程度の高さを表している。

これらの例のように、「随分」に「に」の付かない単独の形で副詞用法として使用される例が、漢字文献以外ではこの時代にはじめて現れる。前田(一九八三a)が、「「に」が落ちることによって、漢語副詞としてはもっとも副詞的である単独で副詞として用いられる形にな」るとするように、こうした「随分」単独の用例は、より副詞として熟した形といえる。

それとともに、「よし」「本意無し」という形容詞に係っている点が、前代との違いとして指摘できる。前代のものは動詞及びそれに準ずるものに係り、量的含意を持つものであった。ここに至って、形容詞に係り程度性を修飾する用法が発生したのである。

一方、動詞に係る量副詞用法には、次のような用例が見られる。

16　父大納言随分秘蔵して、私ニハ州浜殿ト名テ造置レタリシ亭也トテ、少将、彼の州浜殿ニ指入テ見給へバ、

（延慶本平家物語、第二本）

17　僧心地よげに思て、ちとゐなをりて、「これは随分に孝道にならひて候しなり」といひたりけり。

（古今著聞集、巻第一六）

16は、父大納言が大変に秘蔵して作り置いたということである。17は、孝道朝臣に沢山習って知識を身に付けたということである。これは、前代からある量副詞的用法といえる。しかし、係り先が前代のように変化動詞ではなく、動作を表すものとなっている。ただし、動作のみを表したもの(「食べる」「走る」など)ではなく、主体動作客体変化動詞というべきものである。これらは、主体の動作を表すだけでなく客体の変化をも表し、変化の大きさとしての分量を含意すると同時に、変化の結果の状態としての程度の高さを表し得るものである。その点で、変化動詞と動作動詞の中間的存在といえる。前代の量副詞的用法は、変化動詞を主に修飾するものであったが、主体動作客体変化動詞を修飾するようになることによって、さらに後の時代に、動作動詞を修飾する用法が現れるまでの過渡期的段階と考え

表2　鎌倉時代の「随分」

	副詞			連体修飾		
	Ⅰ	Ⅱ	Ⅲ	Ⅰ	Ⅱ	Ⅲ
宇治拾遺物語		1			1	
保元物語			3			
延慶本平家物語		6	2		1	2
愚管抄	2	4		1	1	
正法眼蔵随聞記	2	4		1		
古今著聞集		1				
沙石集	1	1	1	3	5	2
「鎌倉遺文」	24	65	55	34	20	
民経紀	1	7	8	4	4	
経俊卿記				2		

ることができる。

また、前代からある「随分の」の連体修飾の場合にも、「随分」の意味に変化が見られる。

18　スベテ憍慢ノ人多キガ故ニ、随分ノ天狗トナツテ、六十余州ノ山ノ峰ニ、或ハ十人計、或ハ百人計、カケリ集ラザル峰ハ一モ候ハズ。（延慶本平家物語、第二本）

19　嵯峨ニ能説坊ト云説教師アリケリ。随分ノ辯説ノ僧也ケリ。（沙石集、巻第六）

18は、ある僧侶が、驕慢の心が強かったために、日本一の大天狗になったという場面である。19は、弁説が巧みな説教師ということである。「の」の付いた形は前代から見られるが、この場合は、量的意味を表したものとはいえず、いわば「天狗」としての程度の高さや、「説教師」としての程度の高さを表したものである。

以上のような、鎌倉時代の用法別の用例数を表2に示す。副詞・連体修飾ともに、程度の高さを表すものをⅢとする。表2から、鎌倉時代にはⅢの程度の高さを表す用法の例が見られ出すことがわかる。このように「随分」は、前代は量的意味を表していたのが、当代において程度的意味をも表すようになっている。

ここまで見てきたように、「随分」は、変化動詞に係る量副詞用法から、形容詞に係る程度副詞用法を発生させ、それと並行して、主体動作客体変化動詞に係る量副詞用法も発生している。副詞としての用法が広がり、そのことが、係り先の種類が多くなっていることに表れているといえる。

この時代に見られる、量副詞から程度副詞へという変化・用法の拡大は、どのような過程を経て起こったのだろうか。それは、程度的意味と量的意味の近接性によるものと考えられる。工藤（一九八三）は、「程度の概念」と「（数）量の概念」について、「程度とは状態の量だという面もあり、両者の交渉は当然ある」とする。また、仁田（二〇〇二）も、「純粋程度の副詞」（非常に、とてもなど）「量程度の副詞」（うんと、よほどなど）、「量の副詞」（たくさん、いっぱいなど）は、「段階的な相互関係を有している」としたうえで、「量」と「程度」とは近接しており、同一語が文中で程度副詞と量副詞のどちらの位置にも立ち得ることを指摘している。

このような、「量」と「程度」の意味的な近接性をもとに、「程度」を、「状態の量」（工藤一九八三）と捉えることによって、平安時代の量副詞用法から、鎌倉時代の程度副詞用法が発生したと考えられる。「程度」を「状態の量」と捉えるに当たっては、平安時代のものが主に変化動詞とそれに準ずるものに係っていたことが、状態性の含意を持つという点で有利に働いたと考えられる。たとえば9の例では、「栄える」という事態について、変化の分量の大きさとして捉えることも、栄えた結果の状態の程度の高さとして捉えることもできる。このように、変化動詞においては、変化の結果に状態的な含意を持ち得るために、変化の分量を結果の状態の程度の高さとして捉えることが可能になる。それによって、形容詞のような、状態の程度を修飾することができるようになったと考えられる。

また、鎌倉時代には、形容詞に係って抽象的な程度の高さを表す用法が発生するとともに、量副詞用法も使用されている。このことから、この段階で「随分」は、現代語の量程度副詞と同じものになっているといえる。森山卓郎（一九八五）は、「量的概念を内包せず、純粋に程度だけをあらわす」ものである「純粋程度副詞」に対して、「量的概念も内包する程度副詞」を「量的程度副詞」とする。また、仁田（二〇〇二）は、同一語が文中で程度副詞と量副詞のどちらの位置にも立ち得ることを指摘し、「相当」「少し」などは、「この本は――古い」「今日は――暑い」などのように形容詞にも係るが、「お酒を――飲んだ」「今日は――寝た」などのような構文にも立つことから、程度量副詞とすることができるとする。「随分」も、鎌倉時代の段階で、動詞とともに形容詞にも係るようになっている点で、量程度副詞となったといえる。

以上のことから、「随分」における程度的意味は、量的意味を起点にして展開していることがわかる。漢語「随分」を受容する際に、量的含意のあるものとして受け入れることが、程度的意味を発生させる契機となった。そして、量的意味から、意味的近接性によって程度的意味を発生させ、量程度副詞用法となっていったと考えられる。

そして、ここまで見てきたような「随分」の程度副詞化から、現代語における副詞の分類や、それら相互の関係を、通時的な変化という観点から捉え直すことが可能となる。つまり、量的意味と程度的意味とは、現代語において意味的に近接するだけでなく、歴史的にも一方から他方への移行が起こることがわかるのである。「随分」のように、量的意味をもとにして程度的意味を発生させ、程度副詞として成立したものには、前章で扱った「相当」の例もある。「相当」は、20のように、〈当たる、相応する〉といった意味であったが、21では、分量の点で〈対応する、釣り合う〉ことを表すようになり、その後、22のように、抽象的な程度の高さを表すようになったと考えられる。

20　芸人の時機音、時の調子の五音、相當せずは、當気和合あるべからず。（拾玉得花）

21　俺が内に居れば、家賃から米代木代、相當に銭をやらにゃ掛ける者が無い。（歌舞伎・韓人漢文手管始）

22　身装から見ても、自用の自動車に乗ってるところから見ても、相当身分ありげな人たちに対して、警官の方でも丁寧な取り扱いをしてくれた。（『婦人倶楽部』一九二五年6号、中村武羅夫「女人群像」）

このように、程度副詞における程度的意味発生の仕方に関して、本来程度的意味を持たなかったものが、具体的意味を表す量副詞的用法を介して、抽象的な程度の高さをも表すようになるということは、程度副詞化の一つのパターンと考えることができる[7]。

なお、「随分」における程度的意味の発生について、前述の播磨（二〇〇〇）や前田（一九八三c）は、いずれも、中立的な意味を持つ語が「プラス」の方向へ意味変化する例として捉えているが、ここまで見てきたように、程度・量的意味の発生は、価値的な「プラス・マイナス」の方向へ意味が傾く現象とは異なる。小野正弘（一九八五）が挙げる「分限」のように「プラス」「マイナス」いずれの意味も表わし得るものがプラスの方向へ意味が傾く現象と、程度的意味の発生とは、ひとまず区別して扱う必要があるだろう。

第五節　具体的な量から抽象的な量へ

室町時代以降「随分」は、前代から引き続き、状態性の語に係る程度副詞用法が一定数見られる。これらは、そのまま現代につながるものといえる。以下のようなものである。

23　愚句之事随分當年ハ晴がましく、京大津のもの共耳をそろへ目をそば立て申候。
（芭蕉書簡、元禄三年正月五日）

24　其身持それとはかくれなく、随分つらのかわあつうして、人中をそれず、
（好色一代女、巻五）

23は「晴がまし」を、24は「(面の皮が)厚い」を、それぞれ修飾しており、現代とほとんど変わらない、程度副詞用法といえる。

そして、こうした程度副詞用法の他に、次のような用法が見られるようになる。

25　先祖の恥を清め、亡魂の憤りを休め奉る事は本意なれども、随分二位殿の気色に相協ひ奉らんとてこそ身を砕きては振舞ひしか。
（義経記、巻第四）

26　さて自然辻喧嘩なぞに出合うとも、まづは随分逃げさしませ。とかく逃ぐるに及くはないぞ、

（謡曲・夜討曾我）

27　随分孝行にしてたも。

（心中宵庚申）

25は、できるだけ頼朝の気に入られようと身を砕いたということ、26は、町で喧嘩にあっても、まずは全力で逃げなさい、ということ、27は、できる限り親を大切にしてほしいということである。いずれも〈自分にできる限り、せいいっぱい〉と解釈できる。

これらの用法は、前代までの量副詞的用法のものと同じように動作性の語に係っており、量副詞用法の一種と考えられる。しかし前代までのものと異なりいずれも主体動作動詞に係っている。前代の主体動作客体変化動詞と異なり、状態性の含意は無く、動作・行為の分量を表すものである。その点で、現代にもあるいわゆる量副詞と同様のものがこの時代に発生したといえる。しかしこれらの場合は、依頼・命令や意思の表現を伴っている点が大きな特徴である。(8)量的意味の内実としては、確定した具体的・物理的な分量や動作・行為の量だけでなく、まだ起こっていない未確定の動作・行為に対する抽象的・心理的な分量にまで広がったものと考えられる。それは自分の主観・意思の面での分量ともいえる。そして、このような命令・依頼や意志に係る用法は、江戸時代を通じて多数使用される。

室町・江戸時代の用法別の用例数を表3に示す。この時代に見られるようになる命令・依頼や意思の表現を伴う用法をⅣとする。室町時代以降、Ⅲの程度副詞用法が、一定数使用されるとともに、Ⅳの命令・依頼や意思の表現を伴う用法が多数見られる。

この時代の「随分」は、程度副詞用法とともに量副詞用法にも立つ点で、前代から引き続き量程度副詞といえる。また量副詞用法において、主体動作動詞にまで係り先が拡大しているが、それらは、現代には無い命令・依頼や意思に係るものに限られる。そうしたⅣの用法が多数使用される点で、現代の量程度副詞「随分」へとつながる過渡期的

時代と位置付けることができる。

第六節　評価的意味の発生

前節で見たように、室町時代には、動作性の語に係る量副詞用法において、未確定の行為・動作に対する抽象的・心理的な分量にまで「随分」の係る対象が広がった。しかしその後、近代以降、そうした依頼・命令や意思に係る用法は使用されなくなっていく。[9] それとともに、次のような例が見られるようになる。

28　是等に関する英書は随分蒐めたもので、殆ど十何年間、三十歳を越すまで研究した。
（二葉亭四迷「予が半生の懺悔」）

29　寝てゐる所を御覧になつたんですか、先生も随分人が悪いな。
（夏目漱石「それから」）

30　「随分僕も長いこと田舎で暮しました。」
（島崎藤村「家」）

これらの例の「随分」は、28は「集めた」分量の大きさを、29は人の悪さを、30は田舎で暮らした長さを、程度の高さとして直接的には表している。しかし実際にはそれだけでなく、そのような様子であることを発見・認識した話者の驚き・意外さをも表しているといえる。28は、蒐集した英書の量が多いということだけでなく、それだけ多くの量を集めたことに対する驚き・感嘆の意味を伴っている。29は、寝ているところを見るという人の悪さを発見した驚きをも表しているといえる。また、30は、単に田舎で暮らした年月が長いということを表すだけでなく、長く田舎で暮らしたことを今改めて認識して意外さとともに想起しているといえる。この例では、「随分」が、「長い」の直前ではなく文頭にあることからも、単に長さの程度のみを表すものでないことがわかる。つまり、これらの例の「随分」は、事態に対する評価的意味を伴った程度副詞となっているのである。

表 3　室町・江戸時代の「随分」

	副詞				連体修飾		
	I	II	III	IV	I	II	III
太平記		2	3	1			
神皇正統記				1		1	
義経記			1	1			
曾我物語		2		2			
夜討曾我				1			
毎月抄				1			
正徹物語			1				1
風姿花伝		1	1				
湯山聯句抄		1					
中華若木詩抄		1		1	1		
天草版平家物語		1	1				
【虎明本狂言】		8	10	22			
【芭蕉書簡】		7	4	17		3	3
【西鶴浮世草子】		6	7	16	1	2	
【近松浄瑠璃】		4	5	10			
鹿の子餅			1	1			
根南志具佐			1	1			
根無草後編				1			
風流志道軒伝				3			
神霊矢口渡				1			
去来抄				1			
辰巳之園				1			
傾城買四十八手				1			
東海道中膝栗毛			2	2			
浮世風呂		1	1	2			
浮世床		3					
春色梅児誉美		1	2	2			

こうした評価的意味は、現代語の「随分」にもある。たとえば渡辺実(一九九〇)は、程度副詞を「発見系」と「比較系」に二分し、「発見系」に含まれる「とても類」(はなはだ、すこぶる、たいへん、きわめて、ひじょうに、ずいぶん)を、眼前の客観的な状態を〈発見〉し、それに対して〈驚嘆〉するという表現性を持つとする。[10]また、浅野百合子(一九八四)は「随分」について「程度の極端さを問題に」し、「極端さに対する驚き、感動意外感など、話者の感情が含まれている」とする。これらは、現代語の程度副詞に、単純な程度の高さ以外の含意があり得ることの指摘であり、こうした用例が、明治期から見られるということになる。

それでは、程度副詞はどのような過程を経て評価的意味を獲得するのだろうか。工藤(一九八三)は、程度副詞とその周辺的なものには「すこし・うんと」のような(数)量性の濃いものから、「ひどく・おそろしく」「けっこう・意外に」のような評価性の濃いものまであることを示し、「コトに対する評価副詞と、サマについての程度副詞」は、「〝サマに対する評価〟を媒介として交渉し隣接する関係にある」とする。つまり、具体的な数量的意味を一方の極とすれば、もう一方には、事態に対する評価的意味があり、程度副詞と評価的意味とは親近性があるという指摘である。

先の例でいえば、「サマ」としての、「集めた量の多さ」・「人の悪さ」・「田舎で暮らした長さ」の程度の高さを表すとともに、そのような程度性を有する「サマ」に対する評価的意味があるということである。つまり、「サマ」を、そのような程度性を有している「コト」として捉えることによって、英書を大量に集めたこと・先生が人が悪いこと・田舎での暮らしが長いこと、に対する評価的含意を持つようになったということである。

つまり、程度副詞「随分」は、程度の高さそのもの(だけ)を表さなくなり、程度が高いということを表す副詞へと変化したということである。それによって事態に対する評価的意味が含まれると考えられる。30のように直接修飾する形容詞「長い」の直前でなく文頭に「随分」が現れていることも、「サマ」だけでなく「コト」全体を修飾し評価的意味を伴う副詞の特徴といえる。[11]

そして、こうした評価的意味を伴った用法の例が、明治以降多数見られるようになる。そしてそのことは、前代に使用の多かった命令・依頼、意志に係る用法が、この時代以降使用されなくなっていくことと関係があるだろう。それは、評価的意味と、命令・依頼・意思といった文末表現とはそぐわないからである。工藤(一九八三)は、「評価を下すためには、その対象が実現している(さいわい晴れた／ている)か、少なくとも実現が予定されている(さいわい晴れそうだ)必要がある」とする。つまり、未実現の事態、あるいは結果が未定の事態を評価することはできないのであり、事態に対する評価的意味を伴う「随分」を、命令・依頼、意志には使用できないのである。[12] こうして命令・依頼、意志に係る用法が、この時代以降使用されなくなっていくことの背景には、「随分」が、程度の高さだけでなく、評価的意味を獲得し、そうした用法が拡大していくことで、既に実現した事態に対するものに使用が偏り、それとともに、命令・依頼、意志といった未実現の事態や結果が未定の事態を表しにくくなったという事情があると考えられる。

さらには、「随分」を形容動詞的に使用した次のようなものも見られるようになる。

31　お前にもさういふ手紙が来たことがあるだらうツて、随分だわねえ、叔父さん。私は投書なんかしませんからねえ。

（田山花袋「手紙」）

32　モデル(無理に微笑む。)それは随分ね。

画家　え。

（森鷗外・訳「戯曲　家常茶飯」）

31は、叔父さんの発言を「随分」だと評したものであり、32は、相手(画家)の発言内容に対して、「随分」なことであると言ったものである。こうした用法も、事態に対する話者の心理的な驚き・意外さといった評価的意味を獲得したことで、「随分」自体を形容動詞的に使用する用法が生まれたものと考えられる。

このような、評価的意味の発生と形容動詞的用法の成立の関わりについては、小野正弘(一九八六・一九九九)にも言及がある。小野は、「しあはせ」「因果」「分限」などの例から、中立的な意味を持つものがプラスまたはマイナスの意味を持つようになる際に、形容動詞的用法が発生することを指摘する。程度性以外の、話者の心理的な驚きといった評価的意味は、小野のプラス・マイナスの意味に通じると考えられ、「随分」の場合もこの評価的意味を持つことで、形容動詞的用法が発生したものであろう。また、現代語の例でも、工藤(一九八三)が評価を表す副詞として挙げるもののうち、「あいにく」「さいわい」「親切にも」などは、いずれも形容動詞的用法を持つ。「随分」にこのような用法が生まれたのも、この時期に評価的意味を獲得したことによるものであろう。

以上述べたように、明治時代以降「随分」は、単に程度の高さを表すだけでなく、評価的意味が発生した。評価的意味も、量的意味と同様に、程度的意味の周辺的なものとされるが、共時的に近接するだけでなく、程度副詞が評価的意味を獲得するというように、通時的な変化のパターンとして位置づけることができる。

第七節　おわりに

本章では、「随分」が、具体的な分量の意味から抽象的な程度的意味を発生させ、その後評価的意味を獲得するという変遷を経てきたことを見てきた。この「量的意味」・「程度的意味」・「評価的意味」は、工藤が、程度的意味とその周辺的なものとして挙げるものである。この三者は、意味的に近接していると同時に、「量的意味」→「程度的意味」→「評価的意味」というように、通時的な変化の道筋でもあるといえる。そしてそれは、程度副詞の成立とその程度的意味の変化のパターンであるということもできる。他に、量的意味から程度的意味が発生したと考えられるものとして、「相当」(前章)、「大分」(市村太郎二〇一二)があり、また詳しい検討は今後おこなう必要があるが、「十分」

などもそのようなパターンを持つものである可能性が考えられる。また、程度的意味から評価的意味が発生した可能性があると考えられるものには、やはり今後の詳しい検討が必要であるが、「相当」「結構」「かなり」などが挙げられるだろう。

このような、程度的意味がどのようにして発生し得るかということについては、また本章で述べたもの以外にもパターンがあると考えられる。たとえば、第十一章で取り上げる「むげ」は、「無下」という漢字表記と結びつくことで程度的意味を獲得したと考えられるものである。「無下」を文字通りに〈それより下が無い〉と解釈することから、それ以外のものと比較して程度が高いことを表すようになったものであるが、これは工藤(一九八三)が程度副詞の周辺的なものの一つとして挙げる「取り立て性　比較性のもの」に当たる。「この上なく」「とりわけ」などがこの例である。あるいは、〈それより下が無いほど悪い〉という形容語「むげなり」の持つ程度性から程度的意味が発生したと考えれば、同じく工藤(一九八三)が程度副詞の周辺的なものとして挙げる「感情形容詞から」という項目に近いと考えられる。「おそろしく」「たまらなく」等が程度副詞的に使用されることが例として挙げられる。このように、程度的意味に近接するものが、程度的意味へと通時的に移行するということは大いに考えられることであり、そのことの詳細は第十四章で論じる。

注

(1)　本章では、「随分」の副詞用法と連体修飾用法のみを扱い、それ以外のたとえば接尾語用法や、「随分顔」「随分めく」といった表現は考察の対象外とした。

(2) 「魏史」1例、「北史」1例、「旧唐書」1例、「宋史」2例、「明史」1例、「清史稿」1例が見られる。

(3) 用例の検索に使用したものは「調査資料」に示した。なお、中華電子仏典協会のCBReaderで検索すると「大正新修大蔵経」に620例見つかるが、ここに述べた通りの傾向といって良い。

(4) 11の場合、「よろしき」の直前にあるが、ここは、その場に応じた消息の返答を適当に行う者は多くいるが、本当にそうした面でのすぐれた人を選び出すという段になると、絶対に選に漏れまいというほどの者は滅多にない、というように、存在量の多寡の対比が問題になっている文脈であることから、内容的にこの「随分」は「多かり」に係るといえる。なお、「多し」は形容詞であるが、ここの例では「多く」に「あり」が結合した「多かり」となっており、そのような者が多く存在している分量を表したものである。平安時代の「多かり」が「数量の多いこと」を表すということの指摘は、坪井美樹(二〇〇七)にもある。

(5) 11の例は形容詞「多し」に係ってはいる。しかし、注4で述べたように、ここは「多かり」という形であり、他の形容詞とは異質である。また、現代語の分析であるが、佐野由紀子(一九九九)では、「―がある」という形式の状態性述語は、一般に程度性が無く、数量詞とは共起するが程度副詞と共起しにくいとする。このことからもここの例では、後代に見られる、抽象的な程度性を持つ形容詞とは異質であるといえる。

(6) 古記録・古文書等の漢字文献では、「随分之」という形の連体修飾用法もあるが、「之」がなくても意味的に連体修飾になっていれば「連体修飾」の欄に含めた。

(7) またその他、市村太郎(二〇一一)でも、「だいぶ」を例に、近世上方資料において、「金銭等の量や規模が大きなさま」を表すものが多いことの指摘がある。「大分」が量を表す例として、次のような例を挙げる。

・與次兵衛殿に難儀を見せ金銀大分取ったな　(山崎與次兵衛壽の門松)

同時に次のように程度の高さを表すものもあるとする。

・今夜はでへぶはださむいばんだ　(傾城買四十八手)

(8) こうした用法について、佐伯(一九八〇)は「ムードに係る用法」「主観的ないしは主体的表現」とし、「「できるかぎり」などの意義を持って、話し手の意思や命令・依頼などのムードに係る用法」「「大いに、十分」などの意義を持って、話者の予測に関わっている用法」などとする。それをうけて播磨(二〇〇〇)もこれらを「依頼・命令、意志の表現に係るもの」とする。

(9) 佐伯(一九八九)でも、明治以降そうした「主体的・主観的なものへ係っていく意義用法」が衰滅し、「客観的なものへ係っていく意義用法」に限定されていくと述べられている。

(10) ただし渡辺は「とても類」を「非評価系」とする。しかし渡辺のいう「評価」とは、主観的な内面の価値尺度に基づく意味の偏りを表したものであり、本書の評価的意味とは異なり、本書の評価的意味は渡辺の「非評価系」にもあると認めてよい。

(11) 佐野(一九九八)は、「程度限定における主観性」に、「内的感情の程度」「客観的状態に対する評価的程度」の二種類があり、後者は客観的状態・事柄に対する評価を表す「文副詞」に連続していくと述べる。

(12) このほか、川端元子(二〇〇〇)も、現代語の程度副詞の中で、「結構」「ずいぶん」「なかなか」「わりと」などの「期待値基準程度限定」をするタイプの副詞は、「程度性の表示から逸脱し、また、話し手の発話における心的態度を表すという点で、よりモーダルな評価副詞的側面を強めて」おり、「未実現の事態について情報を共有するのが最も困難なタイプ」と述べる。また、林奈緒子(一九九七)も「評価性の意味素性を持つ程度副詞は、命令のモダリティを持つ文に出現しにくい」と述べる。

第十章 「真実」とその類義語の意味変化と程度副詞化

第一節 はじめに

前章までで、量的意味から程度的意味を発生させる事例を見てきた。しかし、程度的意味には、中心的なものから周辺的なものまでさまざまなものがあり、一般に程度副詞と言われるものの中にも、さまざまな性質のものがある。純粋に程度の高低を表すと思われる、「少し」「やや」「かなり」などの典型的なものの他に、「心底うれしい」「恐ろしく忙しい」「無性に悲しい」のように、周辺的なものが多く存在する。「真実」もそのような、広義程度副詞として使用されるものの一つであろう。

1 それも松江演じる真実心配してくれる女房あってのことで、政五郎が、せっぱつまったおたつの話を聞いて、泣きながら改心するところがいい。
（朝日新聞一九九七年十一月十一日夕刊）

このような場合に使われる「真実」は、述語を連用修飾して、程度の高い様子を表している。漢語「真実」の原義は

〈嘘いつわりのない、ありのまま〉というものであるが、現代語の「真実」は、1のように、広義程度副詞としての用法を持つ。これは、漢語「真実」が、日本に受容された後、日本語の中で意味・用法が変容を被り、程度的意味を発生させ、広義程度副詞としての用法が定着したものと思われる。[1]

「真実」の副詞的用法と似たような意味を表すものの例としては「まこと」「本当」が挙げられる。

2　今回の件はまことに遺憾です。
3　彼はまこと尊敬すべき人物だった。
4　彼には本当にすまないことをしたと思っている。
5　慣れない仕事なのでほんと大変だった。

「まこと」「本当」はいずれも本来〈嘘や偽りがない、間違いがない、誇張や隠蔽がない〉といったように「真実」と似た意味を持ち、やはり2〜5のように広義程度副詞としての用法を持つ。

このように、似た意味を持つ語が程度副詞用法を発生させるにあたっては、一定の道筋があるように思われる。前章までに扱った漢語「相当」「随分」も、ともに量的意味を獲得し、そこから程度的意味を発生させたものであった。このことから、「真実」などの場合も、類義語間で、程度的意味を発生させる過程に共通性が認められるのではないかと考えられる。

そこで、本章では、漢語「真実」の受容と変容を例として、どのような過程を経て程度的意味を発生させるのかを明らかにする。さらに、類義の語群を併せて検討することで、程度的意味を表し得る、あるいは表すように変化し得る一つの類型として、《真実性》という意味があることを示すことを目指す。

第二節　漢語「真実」の受容と副詞用法

さて、前述の通り「真実」は漢語であり、中国文献に用例が多く見られる。それらの用法を確認しておく。「真実」は、中国文献には、「全唐詩」や、歴史書に数例見られる他は、仏典に多数見られる。[2] 次に挙げるようなものである。

6　善男子。菩薩摩訶薩如是應知。有其十法。能解如來應正等覺真実理趣。說有究竟大般涅槃。（金光明最勝王経、巻第一）

7　十者。不實之法。是從緣生。真実之法。不從緣起。如來法身。體是真実。名為涅槃。（金光明最勝王経、巻第一）

いずれも〈嘘いつわりのない、ありのまま〉といった意味である。仏教的な意味における、永久に変わらない究極の真理を表すものといえる。また、仏典の名称に「真実」という語を含むものも多い。このように、中国文献における「真実」は、〈嘘いつわりのない、ありのまま〉といった意味の仏教語としての使用が圧倒的に多く、日本語へ受容した漢語「真実」としてはこうした仏教語としての意味が原義と考えられる。管見の限り、名詞として使用するのが一般的であり、後代の日本に見られるような程度副詞的用法のものは見られない。

それでは、漢語「真実」は、日本語へどのように受容され、その意味・用法はどのように変容していったのか。平安初中期の漢字文献には、次のような例が見られる。

8　其一人先所談是漫語也。一人後所乃真実也。而信先談。不容後說。（続日本後紀、巻一三、承和十年七月庚戌）

9　心入鷲窟。報恩雖說真実之理。至孝皆忘白花之篇。（本朝文粋、巻六）

8は、二人の内一人が語ったつまらない妄言は信じるが、もう一人が語った本当のことは容れない、ということであり、9は、真実の理を説くということである。9の例は仏教に関わる文脈のものであり、このようなものは例も多い。それに対し8の例は、「漫語」は信じても「真実」は容れないという、道理を知らない無学なもののことを言っているという点で、仏教的内容が全く無いわけではないものの、仏教教義上の究極の真理を表したものでは必ずしもなく、〈偽りない〉といったほどの意味で使用されているともいえるものである。その点で、漢語「真実」を日本に受容する段階で脱仏教的な方向へと意味変化していると考えられる。そしてそのことが、後に仏教的な文脈以外での使用が広まり、ひいては程度的意味を発生させる端緒となったと考えられる。

その後、こうした漢字文献以外の、脱仏教的な文脈において、「真実」の用例が見られるようになる。以下のようなものである。

10　親あはてにけり。猶思ひてこそいひしか、いとかくしもあらじと思ふに、真実に絶えいりにければ、まどひて願たてけり。（伊勢物語、四〇）

11　「たが物したまふならむ。いとあやしきこと。たしかにとひたてまつりて来」となむのたまひつる」といへば、「真実には、下つ方よりなり。身づから聞えむとを聞えたまへ」といひければ、（大和物語、一七一）

12　かの、おとゞ、ありし事はかけてものたまはで、「いとおかしくあやしかりける事どもかな。このはべるものは、かのきみならぬ人に、たゞいまはまだいとをさなくはべれば、たてまつらんとも思ふ給えぬものを。しんじちにあるやうにものたまひけるかな。あやしき事」とてわらひ給ふ。（宇津保物語、嵯峨院）

10は、こうして全く息が絶えてしまうことはないだろうと思っていたが、本当に息が絶えてしまったので、うろたえて、神仏に願を立てたということである。11は、誰が来たのかわからなくて不審だったが、本当のところは、下々の者からである、ということである。12は、今はまだ幼いので、さしあげようとは思っていないのに、本当であるかのようにおっしゃるのは不思議なことだということである。

いずれも「真実に」という連用修飾の形になっている点が注目される。仏教的な文脈ではない場面で、〈偽りなく、本当に〉といった意味で使用されている。前述したように、漢語「真実」の受容の段階で、仏教的な意味からやや離れた〈偽りない〉という意味を獲得したことによって、連用修飾用法で使用することが可能になったと考えられる。そしてさらに、漢字文献以外の、仏教的内容に限らない、ごく一般的な場面でも使用するようになっている。

ただし、ここには、後代に見られるような、程度的意味は無いといってよいだろう。これらは、「絶えいる」(10)、「下つ方よりなり」(11)、「ある」(12)といったように、程度的含意を持たない表現を修飾している。程度的含意の無い、漢語「真実」の〈偽りない〉という意味をそのまま利用したものであり、連用修飾の機能としては、様態修飾用法である。

連用修飾用法の他には、名詞や、「の」が付いた連体修飾用法の例が多数見られる。

13　春宮ののたまはするにもいだしたてられぬむすめ、とらせんとのたまふぞありがたき。さばあめのしたの人の、きもたえてまどふきみを、しんじちにはあらねど、うれしくこそあれ。（宇津保物語、俊蔭）

14　太子ノ云ク、「我レ若シ此ノ事ニ於テ欺誑ノ言ヲ致サバ、我ガ身全ク不可平復ズ。若シ真実ノ言ヲ致サバ我ガ身本ノ如ク可平復シ」ト。（今昔物語集、巻第五、第七）

13は、名詞としての用法の例であり、本当のことではないとしても、ということである。14は、連体修飾用法の例であり、嘘いつわりの無い本当のことを言えば、ということである。

このように、「真実」は、元来仏教語であったと考えられ、本邦文献においても、漢字文献において、比較的仏教的な意味合いのある文脈で使用されだした。しかし、意味としては〈偽りない〉といったほどの脱仏教的な意味で受容している。そのことによって、〈偽りなく、本当に〉という意味の連用修飾用法が発生したと考えられる。

第三節　副詞用法における程度的意味の発生

前節で、平安時代に「真実」の連用修飾用法が使われ出したことを述べた。その後鎌倉時代に至ると、「真実」に「に」の付かない単独の形での副詞用法がいくつか見られるようになる。そうした「真実」単独での用例は、より副詞として熟した形と考えられる。

15　兵衛佐の返事には、「今こそさ様にはの給へども、慥に頼朝討べきよし、謀反のくはたてありと申者あり。それにはよるべからず」とて、土肥・梶原をさきとして、既に討手をさしむけらるゝ由聞えしかば、木曾真実意趣なきよしをあらはさんがために、嫡子清水の冠者義重とて、（平家物語、巻第七）

16　御手を取て引立て、南面の戸びらのもとに行きて申けるは、「持ち給へる太刀の真実欲しく候に、それ賜び候へ」と申ければ（義経記、巻第三）

17　おほしめしより候尊慮之至、真実々々畏悦、外聞実儀無申計候、（晴富宿禰記、文明十一年七月五日）

15は、本当に、真実心から、恨み心を持っていないことを表そうとするということであり、16は、相手の持っている太刀が、本当に心から欲しいということであり、17は、相手の取り計らいに対して、心から畏まるということである。

これらは、前節に見た連用修飾用法の用例とは意味が異なり、単に〈偽りない〉さまそのものを表しているのではない。〈偽りない心であること〉を表しているといえる。そうであるから、「意趣なし」(15)、「欲し」(16)、「畏悦」(17)といった感情を表す述語を修飾しているのである。言わば〈天地神明に誓って、心底〉とでも言いかえられるものである。

さらにその後は、「真実に」というように「に」の付いた形でも同様に、〈偽りない心であること〉を表しているものが見られる。

18　我等がつみ科を真実にこうくはひして今より後科をおかすまじきと　（ばうちずもの授けやう）

19　そのかこつけにわよるまいと言うて、討手の一陣をさし向けられたれば、木曾真実に意趣のないとをりを表さうずるために、嫡子の義ともと言うて、生年十一にならるる人に歴々の侍どもをそえて、（天草版平家物語、巻第三）

20　いまだしんじつにへりくだる心も／なく、（こんてむつすむん地、巻第三）

これらは、中世末期のキリシタン資料に見られるものである。15〜17と同様に、〈偽りない心で、天地神明に誓って〉といった意味で用いられている。

ここで挙げたような「真実」の連用修飾用法は、前代までの単に〈偽りない〉ということでなく、〈偽りない心であること〉というように、主観的な感情・実感を表すように意味が変化している。それに伴って、連用修飾の機能としては、被修飾語の表す事態に対する評価を表すものになっている。

そして、そのような用法は、結果として、程度的含意を持ち得るものだと考えられる。「意趣なし」(15・19)、「欲し」(16)、「畏悦」(17)、「後悔する」(18)、「へりくだる」(20)といった、程度性を持つ語を修飾する場合には、その語の程度性を修飾する側面を持つともいえるからである。

さらに、中世末期以降、近世に入ると、「真実」は、程度性を含意しつつ主観的に評価する用法として使用されるようになる。

21　真実そなたは左近殿の子ではない。母こそは夕霧父御はそれ藤屋伊佐衛門。（夕霧阿波鳴渡）

22　ム、思合うた夫婦合。誠らしうは思はねど嘘に涙は出ぬもの。真実去るが定ぢゃの。ハテお前を騙す程なれ

ば此の御訴訟は申しませぬ。　（心中宵庚申）

23　イヤこればかりは実ぢゃ、真実ほんまの事ぢゃ。　（浮世床）

24　控へて。さてはお前は今の事御耳に入ったるかや。勿体なや恐しや彦九郎といふ男を持ち。真実にいふべきやうはなし当座の難を遁れんため。　（堀川波鼓）

いずれも、嘘偽りの無い心で考えたことに関して使用されている。しかし、たとえば形容詞のような程度性を持つことが明確なものを直接修飾するものではなく、「そなたが左近殿の子ではない」(21)ことや「去るが定」(22)であることなどに対して、主観的に確信を持って断定するような用法であるといえる。特定の語でなく、文全体にかかっているものが多い点からも、程度副詞的であると同時に、文副詞・評価副詞的性質の強いものであることがわかる。これらは、事態全体をそのようなものとして主観的に評価・断定する用法であるといえる。

そして、このような用法は、広義程度副詞的意味を持つといえる。眼前の事態をそのようなものとして主観的に確信を持って評価・断定するということは、事態がそのようなものとして存在していることの度合いを強調するものともいえるからである。一般の程度副詞のように、程度の高低を表すものではないが、事態に対する主観的評価に伴う強調の含意があり、それによって程度副詞と似た意味を持たされるのだと考えられる。

この広義程度副詞的意味という点については、市村太郎(二〇〇九)や川端元子(一九九九)の指摘もある。たとえば、市村は「まことに」の程度的意味を例に「文脈によって、後に続く事柄について偽でないことを表し、また偽ではないことを意識的に主張する必要のない場合には、後に続く事柄内容を強調するという性質を持っている」とする。また、川端も、「本当に」「実に」を例に、「広義程度副詞の程度修飾は、実質的な概念を脱落させ、相対的な属性を修飾する点では程度副詞と共通している。しかし、スケール全体を見通した相対的な段階の指定ではなく、認定した段階の強調を行うという意味で、一般的な「程度指定形」程度副詞とは区別して、「程度強調型」程度副詞と位置づけることができる」とする。このように、「真実」の程度的意味も、事態が成立する度合いを強調するものと考えることができる。

なお、「真実」の副詞用法がこのように評価的・程度的意味を表していることは、中世から近代にかけての以下のような辞書の記述からもうかがえる。

25　Xinjitni. シンジッニ(真実に)副詞。真実に、あるいは、ほんとうに。（邦訳日葡辞書、770r）

26　SHIN-JITSZ, シンジツ、真実、True, sincere, faithful, honest. real. ——ni, truly, sincerely, indeed.（和英語林集成、初版、408r）

27　Loyally, adv. 真実ニ（470）
Sincerely, adv. 真実ニ（745）
Singly. adv. 単一ニ．別々ニ．唯ニ．真実ニ（746）
Substantially, adv. 真実ニ．独立シテ．威勢ヨク（794）（英和対訳袖珍辞書、初版）

このように、「真実」は、平安時代後期以降、「に」の付かない漢語単独の形で副詞用法として使用されるようになるとともに、漢語「真実」の実質的概念を離れた、広義程度副詞用法として使用されるようになる。〈心から、うそ偽りなく〉といった意のSincerelyや、〈かなり、大幅に〉といった意のSubstantiallyに対して「真実（に）」があてられている。

第四節　「真実」における程度的意味発生の過程

ここまで、「真実」の副詞用法を中心に、どのようにして程度的意味が発生したのかについて、考察してきた。こ

表１　近世までの「真実」

	連用修飾 ㋐	連用修飾 ㋑	連用修飾 ㋒	連体修飾	名詞	その他
続日本後紀					1	
伊勢物語	1					
大和物語	1					
宇津保物語	1				1	
源氏物語				1		
【平安遺文】	1				18	
小右記				1		
中右記					1	
後二条師通記				1		
殿暦				1		
本朝文粋					1	
大鏡				1		
今昔物語集				3		1
法華百座聞書抄						1
梁塵秘抄				1		
水鏡				1		
保元物語				1		
海道記				1		1
平家物語		1		1		1
歎異抄					2	1
とはずがたり				1		1
【鎌倉遺文】	91	10		80	12	
岡屋関白記					1	
民経記	20	20		9	10	
経俊卿記		5		3	2	
建内記	2	2		1	1	
薩戒記		1				
晴富宿禰記		1				
土井本太平記				4	1	
義経記		1		1		
曽我物語				2	1	
ばうちずもの授けやう	3	8				
天草版平家物語		1				
エソポのハブラス				2	1	
おらしよの翻訳					1	
こんてむつすむん地	1	9		6	1	
コリャード懺悔録				2	1	1
【虎明本狂言】		13			18	
きのふはけふの物語		1		1		
甲陽軍鑑					2	1
【西鶴浮世草子】						1
【近松浄瑠璃】			3	5	6	
浮世床		1	1			

こで改めてその過程をまとめて、程度的意味が発生する過程の類型を考える足がかりとしたい。

「真実」は本来仏教語であり、仏典に多数の用例が見られるものであった。仏教的な究極の真理としての意味で〈嘘いつわりのない、ありのまま〉を表すものであった。それを、平安時代には、仏教的な意味合いを離れ、単に〈偽りない〉といった意味で受容し、「真実に」という連用修飾用法で〈偽りなく、本当に〉という意味で使用されるようになった。しかし、その段階では、後代に見られるような広義程度的意味を表したものではなく、「真実」の原義・実質的意味を生かした様態修飾用法といえるものである。

そして、うそ偽りがないさまを表すことから、眼前の事態をそのようなものとして主観的に確信を持って評価・断定する用法が発生した。それは、様態修飾ではなく、主観性の強い評価的意味を伴った連用修飾用法であるといえる。さらに、そうした主観的評価に伴う強調の含意を契機として、事態がそのようなものとして存在していることの度合いを強調するようになった。こうして「真実」は、広義程度副詞的意味を持つようになったのである。

「真実」を例とした《真実性》の意味からの程度的意味発生の過程をまとめると次のようになる。

㋐真実性〈偽りない〉

→　㋑真実であると評価する（主観性・実感性）

→　㋒事態成立の度合いの強調（一般化・脱個別化）

さらに、近世までの「真実」の用例集計表を表1に示す。表中、連用修飾の中の㋐㋑㋒は、今述べた《真実性》の意味からの程度的意味発生の過程の三段階を示す。この表から、古くは㋐の段階にとどまっていたのが、中世に㋑の用法が発生し、近世に㋒の段階にまで至ったことがわかる。

このように、漢語「真実」における程度的意味の発生は、評価性の獲得と、それによる度合い強調の含意の発生という過程として考えることができる。それでは、度合いの強調という広義程度的意味は、評価性と、どのような関係にあるのだろうか。

副詞における程度的意味と評価的意味の関係については、工藤浩（一九八三）の指摘がある。工藤は、程度副詞とその周辺的なものに、「すこし・うんと」のような（数）量性の濃いものから、「ひどく・おそろしく」「けっこう・意外に」のような評価性の濃いものまであることを示し、「コトに対する評価副詞と、サマについての程度副詞」は、

「〝サマに対する評価〟を媒介として交渉し隣接する関係にある」とし、「本当に」「実に」は「多くの場合に文頭(句頭)に位置して、後続のことがら内容全体に対する真偽や予想との異同といった話し手の評価・コメントを表す用法をもつもの」であり、「形容詞と組み合わさり、とくにその直前に位置する場合、程度性の意味をもたされることが多いようである」とも述べる。つまりこれは、評価的意味と程度的意味とは意味的な親近性・近接性があるという指摘である。(3)

「真実」の連用修飾用法の場合、〈偽りない〉という単に事実を認定する《真実性》の意味から、眼前の事態を主観的に評価する意味が生じた。そこから、眼前の事態がそのようなものとして存在・成立していることの度合いを、主観的に強調する意味が生じた。ここに、「真実」の場合の、「程度性」と「評価性」の意味的な近接性があるといえる。つまり、評価の対象になるコトそのものの程度(度合い)を強調することによって、程度的意味が発生したと考えられる。工藤の「サマに対する評価」という表現にならえば、「コトについての程度」とでもいえよう。

また、評価性から程度性が発生することについて、宮島達夫(一九九四)は、「主観性がうすれて、評価の主体がアイマイになることがある」とし、「主観的な側面が、まったくなくなったわけではない」ものの、評価の主体が「一般化されていて、特定のものにきめることが、むずかしい」場合に程度副詞にちかづくとする。宮島は、以下のような「案外」「意外」の例を挙げ、(4)

28　そこで、物持ちの家に婿にはいるというのが案外に条件がいいんだ。　(人間の壁・上116)

29　日本は、意外に狩猟のさかんな国である。　(高崎山55)

のような場合は、話し手にとってだけでなく「世間一般のひとにとってそうなのだ、ともいえそうである」し、評価の「主体をきめなければならない理由も、うすい」ために、程度副詞に近付いているとする。

これを、「真実」の場合にあてはめると、主観的確信という評価的意味を獲得した後、そのように評価する主体が曖昧になり、特定の個人でなく、一般の人にとってそのように評価され得るものであるという場合に、程度修飾的意味に近付くことになるといえる。

30　松枝　なに止めにせう、ほほ、戯談云やんな。
　　静緒　いや、真実、妾は嫌になつた。（『太陽』一九〇九年1号、三七信孝(禁無断興行)、山崎紫紅）

31　思ふに彼等の中には真実、之を以て永く彼我両立の基礎と為すを得べしと信ずるものあらんも、眼光深く形勢の前途を射り、且少しく露国宿世の対東亜策を解するものは、直ちに之を以て我国の独立、平安、利益に対する一大危険と為さゞるを得じ。（『太陽』一九〇一年2号、輿論一班）

30のような場合は、単に嘘でないというだけでなく、そのように断定する評価的意味があり、そのように評価しているのは、その場面では話者であるが、しかし、誰にとってもそのような場面になればそのように感じ得るものであるともいえる。31の場合も同様に、「之を以て永く彼我両立の基礎と爲すを得べしと信ずる」度合いの強さを表しており、そのように評価している主体は、話し手(書き手)であるか、「之を以て永く彼我両立の基礎と爲すを得べしと信じている「彼等」の中の誰かであるか、必ずしもはっきりしない。このように、程度的意味の発生に際しては、評価の主体の一般化・脱個別化が起こっていると考えられる。

ただし、そのような意味での一般化・脱個別化は、「真実」の場合完全にはしきれなかったと考えられる。「真実」の広義程度副詞用法は、30の例のように、実際の場面での話者の実感に即したものにほぼ限られ、31のように一般化・脱個別化したものは少ない。つまり、「真実」は一般性を完全には獲得できず、そのために、後述する「ほんとう(に)」のようには、(広義)程度副詞としての用法が広まらなかったのではないだろうか。

第五節　類義語との比較

前節までで、漢語「真実」が程度的意味を発生させる過程を見てきたが、「真実」と類義の語群で、同様の程度副詞的用法を持つものがいくつか見られる。そこで本節では、そうしたものの程度的意味を、「真実」と比較し、程度的意味が発生する過程について、一つの類型を示すことを目指す。

5・1 「まことに」

《真実性》の意味をもとにして程度的意味を発生させたと思われるものとして、「まことに」を挙げることができる。「まこと」は、漢語「真実」を受容する時点からあった和語であり、以下のような用例がある。

32 葛飾の真間の手児奈をまことかもわれに寄すとふ真間の手児奈を　（万葉集、巻第一四、三三八四）

33 男のもとより「かのたのめたまひしこと、このごろのほどにとなむおもふ」といへりける返り事に、わがやどのひとむらすゝきうら若みむすび時にはまだしかりけりとなむよみたりける。まことに又いと小きむすめになむありける。　（大和物語、一一五）

34 まことにうとましかるべきさまなれど、いと清げに氣高う、わづらはしきけぞ異なるべき。　（堤中納言物語、虫めづる姫君）

35 天下を保つ程の人を、子にて持たれける、誠に、たゞ人にはあらざりけるとぞ。　（徒然草、一八四段）

36 わつちはまことにこまりはてる　（東海道中膝栗毛、五編上）

37　仇吉さんの事を思ふと、誠にかはひそうでならないヨ　（春色辰巳園、四編）

32は、葛飾の真間の手児奈と私は良い仲というのは本当かと噂しているということである。このように、「まこと」は、〈事実としてそうであること、現実にそうであったこと〉といった意味であるが、古くから連用修飾用法の用例が多数見られる。33は、実際のところ、まだとても幼いということであり、「まこと」の原義を生かした様態修飾用法と考えられる。これは、四節で述べた㋐「真実性〈偽りない〉」の段階の用法と考えられる。34になると、「うとまし」という形容詞の直前に位置し、その程度性を修飾する含意もあると考えられる。35は、天下を治める程の人を子として持つということに対して、凡人ではないことであるということを主観的に実感を持って評価するものといえる。これは、㋑「真実であると評価する（主観性・実感性）」の段階のものといえる。さらに、36や37になると、「こまりはて」たり「かはいそうでならない」ことの度合いを強調する広義程度副詞用法ということができ、もはや評価の主体は一般化している。これは、㋒「事態成立の度合いの強調（一般化・脱個別化）」の段階の用法といえる。

　このように、「まことに」も、《真実性》の意味を元に、真実であると主観的に断定する評価副詞用法を生じ、さらに、一般化・脱個別化を経て、事態成立の度合いを強調する用法が発生しているといえる。その点で、前節で述べた「真実」における程度的意味の発生と同様の過程を経ていると考えられる。「真実」が完全には一般化・脱個別化しきれなかったと考えられるのに対し「まことに」は近世以降も用例が多いことから、一般化・脱個別化がより進行しており、度合い強調の程度副詞としての用法は広いといえる。

　ただし、市村（二〇〇九）によると、近世後期にはそのように幅広く用いられていた「まことに」が、近代以降、感謝・謝罪・挨拶・祝辞・ねぎらいなどと結びつきを強め、丁重な態度の表明に使用が偏っていくという。「まことに」は、程度副詞化は進行したものの、その後、使用範囲を狭めていったものと考えられる。

5・2 「ほんとう（に）」

前述したように、近世後期以降「真実」の副詞用法の用例は必ずしも多くないが、それに代わって多く使用されるようになるのは、「ほんとう」である。「ほんとう」は近世後期に現れる[5]。

38　さては狐ではねへ。ほんとうの北八か　（東海道中膝栗毛、四編上）

39　此ごろはほんとうに、呂律が廻つて來たぜ　（浮世風呂、第四編巻之下）

40　本当にお客様が皆一番さんのやうだと、下宿屋も如何様に助かるか知れないッてね、始終下でもお噂を申して居るンでございますよ……　（二葉亭四迷「平凡」）

41　奥さんが、あの時はほんとに呆れたと云つて、気が附いて僕にあやまる。　（森鷗外「ヰタ・セクスアリス」）

38は、《真実性》の意味を表した連体修飾用法の例である。39は、《真実性》の意味をもとに連用修飾する様態修飾用法㋐の例といえる。40になると、事態を真実であると評価する連用修飾用法㋑といえる。「お客様が皆一番さんのようだと下宿屋も助かる」ということを、実感を伴って評価する用法である。さらに、41は、呆れた度合いを強調するものといえる。そして、ここまでくると、「まことに」と同様に、評価の主体は一般化・脱個別化している㋒といえる。

このように、「ほんとう」の場合も、「真実」や「まことに」における程度的意味の発生と同様の過程を経ていると考えられる。前述の通り、「真実」は、心情的確信という評価的意味が比較的残っており、「まことに」が近代以降使用に偏りが生じるのに対し、「ほんとう」の場合は一般化・脱個別化がより進行し、近代以降現代語においても広い用法で使用されているといえる[6]。

5・3 「事実」「実際」

その他、《真実性》の意味を持つ類義語として、「事実」「実際」を挙げることができる。これらも、明治以降に、副詞用法が使用されるようになるが、「真実」や「まことに」「ほんとう」と同じような程度修飾機能は、基本的には持たないといってよい。

「事実」には以下のような用例がある。

42　人生は事実、空理に非る也。漫に主義を標榜し學説を糊塗す、畢竟何の關する所ぞ。
（『太陽』一九〇一年12号、文藝時評、高山樗牛）

43　併しそれが悪いからお止しなさいと云ふのではない。事実已むを得ない、涙を呑んで上滑りに滑つて行かなければならないと云ふのです。
（夏目漱石「現代日本の開化」）

42は、人生は、現実のところ確かに、空理ではない、ということである。43は、個人の主張だけではなく、現実の問題としてやむを得ない状況である、ということである。いずれも、ある物事を、〈確かに存在する、現実に起こる〉ものであると判断・評価する意味の副詞用法㋑といえる。その点で、《真実性》の意味を元に、真実であると評価する連用修飾用法が発生するところまでは進行している。しかし、主観性・実感性は弱く、あくまでも客観的な評価に限られるため、主観的な度合い強調の用法を発生させるには至っていない。

「実際」の用例は以下のようなものである。

44　詩をはなれて、事實上のあらをさがさば、『林際遙指金剛山』は、詩の上には、至極適切なれども、実際、こゝより金剛山は見えず。
（『太陽』一九〇九年8号、近畿の旅、大町桂月）

45　実際文章の意味は、黙読した方がよく分るけれど、自分の覚束ない知識で充分に分らぬ所も、声を出して読むと面白く感ぜられる。　（二葉亭四迷「余が翻訳の標準」）

44は、詩のうえでの問題ではなく、実際問題として、ここから金剛山は見えないということであり、45は、理論上の問題だけでなく、実際のところ、文章の意味は黙読した方がよくわかる、ということである。いずれも、ある物事を、〈理論や推測ではないあるがままの様子〉であると判断・評価する意味の副詞用法㋑であり、程度の高さを表すものではない。

ただし、次のような場合には、程度的意味があるともいえる。

46　それは白熱火中で鍛へられた鋼のやうなものである。これは実際面白い比喩です。
（『太陽』一九二五年11号、「新時代の貞操観」本間久雄）

ここでは、「面白い」という形容詞を修飾し、面白さの程度の高さを表しているとも考えられる。前で述べている比喩が面白いものと判断・評価できるという評価的意味から、実際のところ事態がそのようなものであるという度合い強調の含意が発生㋒していると考えられる。ただし、「真実」「まことに」「ほんとう」ほどそのような広義程度副詞用法が広く使用されているとは言えないだろう。

「まことに」「ほんとう」に比べ、「事実」「実際」は、客観性の強い評価的意味を持つものであるといえる。事態をそのようなものとして評価する副詞用法は発生しているものの、客観的な評価にとどまり、主観性・一般性は獲得していない。そのため、事態成立の度合いを強調する広義程度的意味の発生には至っていないのだと考えられる。ただし、「実際」の場合は、「事実」に比べて、より主観性・一般性を有するために、度合い強調の用法もいくらか使用されるようになっているといえる。しかし、十分に一般化・脱個別化するには至っていないため、そのような広義程度副詞用法が広まっているとはいえない。

5・4　類義語間における、程度的意味発生の過程

ここまで述べてきた「真実」と類義語の、程度副詞化の過程と、その進行の様子をまとめると、次のようになる。四節で述べた、㋐「真実性〈偽りない〉」→㋑「真実であると評価する（主観性・実感性）」→㋒「事態成立の度合いの強調（一般化・脱個別化）」の過程を経て広義程度副詞化しているとみてよいだろう。したがって、これが、《真実性》の意味をもとにして程度的意味が発生する過程としてまとめることができる。

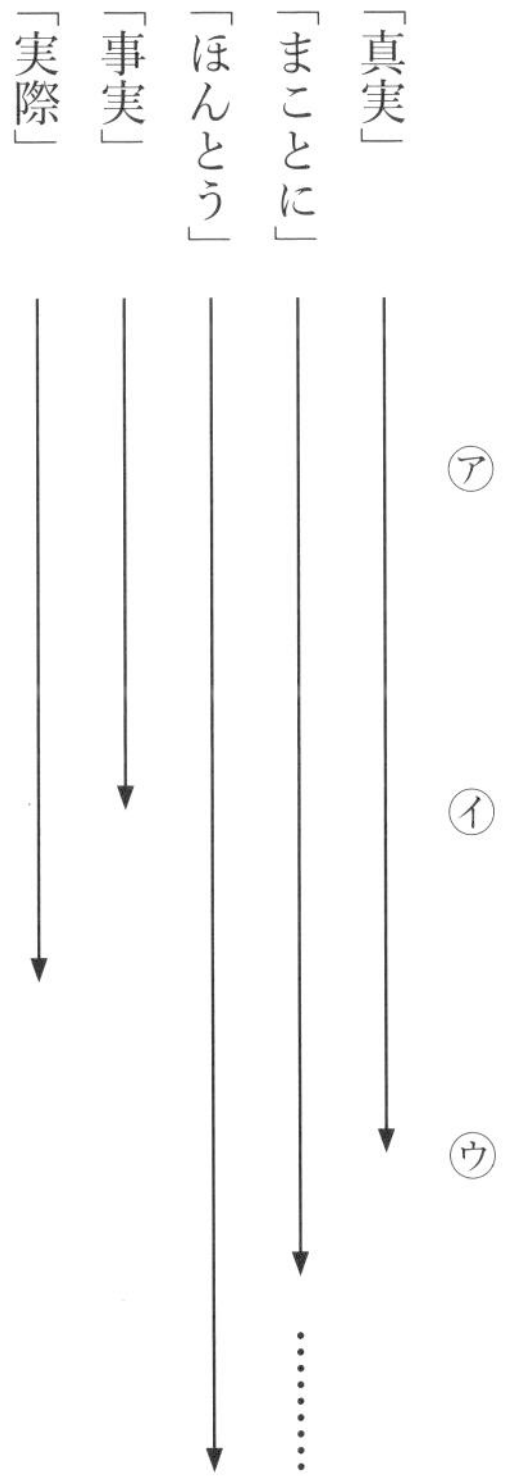

このように見ると、類義語の間にも、程度副詞化の進行の度合いの違いがある。概ね、「真実」「まことに」「ほんとう」は㋒の段階まで進んでいるのに対し、「事実」「実際」はほぼ㋑の段階にとどまり、広義程度副詞化にはいたっていない。

さらに細かく見ると、「真実」は、真実であることを主観性・実感性を伴い評価する用法から、度合い強調の用法を発生させたものの、一般化・脱個別化しきることができずに、用法を広げられなかった。それに対し、「まことに」「ほんとう」は一般化・脱個別化を経て広い用法で使用されるようになった。ただし、「まことに」は、特定の表現と

結びつくことで、「ほんとう」が現代でも広い場面で使用されるのに比べると、丁重なニュアンスを伴うものとして使用場面は限られていった。「事実」「実際」は、《真実性》の意味をそのまま利用した客観的な評価としての用法は持つものの、主観性・実感性が比較的弱く、度合いの強調が定着するには至っていない。ただし、「実際」は、「事実」に比べ、程度的意味を表す用法の使用が見られるようになっている、といえる。

第六節　おわりに

本章では、「真実」とその類義語が、《真実性》の意味をもとに評価的意味を獲得することによって、広義程度副詞としての用法を獲得する過程を見てきた。これは、《真実性》の意味をもとにした程度的意味発生の一つのパターンということができる。

程度性と評価性との関わりについては、前章でも「随分」をもとに述べた。そこでは、程度的意味をもとに評価的意味を獲得するという流れを述べたが、本章で述べたのはそれといわば反対の流れといえる。評価的意味を獲得することによって、程度的意味を発生させる場合があることを示したといえる。これによって、程度性と評価性との通時的な関わりはより明らかになったと考えられる。

また、今回取り上げた類義語には、同時代において使用例が共存している語もある。それらの間での、用法の異同や、相互関係の有無などといった点については、今後の課題とする。現代語の分析であるが、藤原浩史(二〇一二)では、「真実」「実は」「本当」「事実」「実際」などの副詞をもとに「真の情報を導く副詞」という枠組みが示されている。程度的意味との関わりを述べたものではないが、共通する意味を持つこれらの語群が相互に関連を持つ可能性について示唆するものと言えよう。

注

（1）従来これらの副詞は、さまざまに分類されてきた。たとえば、工藤浩（一九八三）は、「程度副詞の周辺的・過渡的なもの」として、「f　真実味・実感性」のグループに分類し、「ほんとに他愛ない人」「まことに不思議な作用」「実に烈しい牛涯」を、「全く」「心底」「無性に」「痛切に」「身にしみて」などとともに一括している。また、中右実（一九八〇）は、「本当に」を「強意・程度の副詞」の中に含めている。

（2）「全唐詩」には4例見られる。正史には、「史記」1例、「漢書」2例、「宋書」1例、「南斉書」1例、「梁書」1例、「魏書」3例、「旧唐書」3例、「新唐書」1例、「宋史」3例、「金史」1例、「元史」2例、「清史稿」1例が見られる。これらには、漢訳仏典より時代的に遡るものもあるが、このように漢訳仏典以外の用例はごく少数である。そのことから、日本語への受容という点で影響力が大きかったのは、仏典のものと考えてよかろう。そこで、ここでの挙例は、仏典のなかでも、平安時代以前に日本にもたらされたことが確実なものによることとする。また、中華電子仏典協会のCBReaderで全文検索すると、「大正新修大蔵経」に三〇六六八例得られる。これらは、概ねここに述べた通りの傾向といってよい。

なお、以下では「シンジツ（シンジチ）」以外の確実な付訓が無い限り、「真実」という表記の語は、「シンジツ（シンジチ）」を表したものとして扱う。

（3）同様に、評価と程度の関係については、渡辺実（一九四九）の指摘もある。渡辺は、陳述副詞が程度副詞へ移行する場合があることを、「まことに」を例に示している。「「かくかくの状態である」という事実について注釈や批評を下す場合は、問題は程度の差だということがある為、それが程度性の概念の代入に移りやすい」とする。ここでいう「注釈」「批評」は、本書の「評価」に当たるものと考えられる。また、現代語を対象とした分析であるが、佐野由紀子（一九九八）は、程度限定における主観性に「内的感情の程度」「客観的状態に対する評価的程度」の二種類があり、後者の中でも、「実に」「まことに」などの副詞は、「客観的状態・事柄に対する評価」を表す「文副詞」に連続すると述べている。このことからも、評価性と程度性の、意味的な近接性が伺われる。

（4）以下の2例はいずれも宮島（一九九四）508頁からの引用である。

（5）ただし、「本当」の語源・出自については不明のようである。田島優（一九九二）は、『日本国語大辞典』掲載の初出はともに仮名書き表記であり、その後、意読的表記を経て字音的表記が明治の後半以降ひろがってきて次第に漢語として意識されてきたものとする。米谷隆史（一九九三）は、安永期以降の洒落本『大通秘密論』『一事千金』などの用例が早い時期のものとし、『浄土勧化文選』に見られる「本ト」の例を挙げ、ここに「ほんとう」の語源を見ておきたいとする。

（6）　ただし、片山きよみ・舛井雅子（二〇〇六）では、日本語教科書における「本当に」の例文には「ごちそうさま」「ありがとう」「申し訳ございません」といった「聞き手に対して直接自分の心情を伝える表現に係」る例がよく見られ、「本当に」は「直接的なお詫びやお礼の表現に多用される」とする。その点「まことに」が感謝・謝罪・挨拶・祝辞・ねぎらいなどと結びつきを強めることと類似する。しかしこれは、「本当に」が、「程度を指定する「とても」と異なり、強調の機能に重点がある」からだとし、そのようなものに用法が偏っていると主張しているわけではない。「ほんとう（に）」の場合は、近現代においても「まことに」のように使用範囲が限定されることは無いと認めてよいと思われる。

第十一章 「むげ」の意味変化と程度副詞化

第一節 はじめに

前章までで、量的意味から程度的意味が発生するというものと、真実性をもとにして程度的意味が発生するというものについて、程度副詞化のパターンを示した。しかし程度副詞化には、その他にもたとえば本章で扱う「取り立て性」「比較性」のような、複数の語に共通するようなパターンを持つものがあると考えられる。これもやはり、程度的意味の周辺的な意味と考えられるものである。そのようなものの例として、本章では「むげ」という語を取り上げる。ただし、「むげ」は、程度副詞化という側面以外についても、漢字表記を獲得することによって意味変化するという注目すべき特徴を持つ。そこで、程度副詞化という側面に加えて、漢字表記の獲得による影響という点も見ながら「むげ」の変化の過程について考察する。

現代語で「むげに断るわけにもいかない」などと使う「むげ」という言葉がある。飛田良文・浅田秀子(一九九四)

では「むげに」について「十分な配慮をしない様子を表す」とするように、「むげ」という言葉は、〈容赦なく、遠慮なく〉といった意味であり、「むげに」という形で主に用いられる。

しかし、中古・中世の「むげ(に)」には、現代とは用法の違うものが見られる。次のようなものである。

1　くだ物、ひろき餅などを、物に入れてとらせたるに、むげになかよくなりて、よろづのこと語る。
(枕草子、八七)

2　信連申けるは、「只今御所へ官人共が御むかへにまいり候なるに、御前に人一人も候はざらんが、無下にうたてしう覚候。
(平家物語、巻第四)

1は、親しくなった様子に使用されており、後述するように〈全く、すっかり〉といった意味と考えられる。現代のような、マイナスの意味合いはない。2は、残念に思われる様子に使用されている。マイナスの意味合いが認められるという点で現代と共通するが、この例では、残念な程度の高さを表す程度副詞的な用法といえる。現代には1のような良い事態を表すものは無いし、2のような程度副詞的なものも無い。

「むげ」はまずある時点でマイナスの意味を獲得したことになる。それとともに、2のような程度副詞的用法を獲得している。では、このようなマイナスの意味や程度的意味はどのように発生したのであろうか。

ところがまた、その後、現在のような〈容赦なく、遠慮なく〉といった新たな実質的意味を獲得し、それ以前に見られた程度副詞的用法は見られなくなる。これはどのような変化だと考えたらよいのであろうか。

「むげ」は通時的に、マイナスの意味や〈容赦なく、遠慮無く〉といった実質的な意味を獲得する意味変化をしてきたといえる。しかも「むげ」の場合は、マイナスの意味の獲得とともに一度程度副詞化した後に、さらに〈容赦なく、遠慮無く〉という実質的意味を獲得している点に注目できる。しかし従来、たとえば文法化の理論においては、語の意味について実質的意味を失う方向での変化が指摘されている。たとえば実質的意味を弱めたり、なくしたりすることは「漂白化」(bleaching)と呼ばれる。また、文法化の過程は一定の方向性に従い、逆行しないという「一方向性」(unidirectionality)の仮説も提示されている。[1]「むげ」に起こった程度副詞化というのは、実質的意味を失う方向の意味変化であると考えられる。したがって、一度実質的意味を失う変化が起こったあとに、再び別の実質的意味を獲得するような変化は、内部の要因だけで起こることは考えにくい。

「むげ」における程度的意味は、八・九・十章で述べたような、意味変化の自然な流れによるのではなく、「むげ」が外部からどのような意味を獲得してきたかということと関わると考えられる。外部との関わりで起こってきたと思われるこのような変化は、果たしてどのような要因によるのだろうか。

そこで本章では、「むげ」の歴史的変遷をたどり、程度的意味発生の過程を明らかにすると同時に、実質的意味を外から取り入れることによる意味変化の過程を明らかにすることを目的とする。

第二節　先行研究

「むげ」は、漢字で表記するとすれば、「無下」という字が一般にあてられる。桜井光昭(一九八九)は、この「無下」について「よくないイメージを有するものについて、これ以上、下がない程、程度が極端であるさま。お話にならないさま」という規定をするが、この規定に典型的に表れるように、「無下」は従来、字面通りの〈それより下がない〉という意味で解釈されてきている。しかし前述した通り、現代の用法には、単に悪いというだけではない別の実質的意味、すなわち〈容赦なく、遠慮なく〉といった意味がある。そのためであろうか、「無下」という表記に原義を求めるのは妥当でないという指摘が少なからずある。「むげ」に関する先行研究は、「むげ」をどう漢字表記すべきか、つまり「むげ」が漢語の何に当たるかという点に関心が集中しているといえる。

たとえば『岩波古語辞典』の「むげ」の項には、「『無碍に』の意。『無下』は当て字」との注記がある。また、Miyake Takeo（一九五八）は、仏語の「無価」が語源だとしている。その他にも、「無碍」（雅言集覧）、「無限」（言泉）、「一向け」（倭訓栞）を語源とする説がある。

ところが、いずれも、そのような表記がなされた実例が示されてはおらず、根拠が不明確である。また、考察の対象も、近現代の用法か、もしくはそれに通じる中世以降の用例に偏っている。まるで、現代の用法に似つかわしい漢語を探し出してくるという状況になっているのである。

管見の限り、「無碍」「無価」「無限」を、本章で述べるような用法で使用した例は無い。[2] また、「一向け」に関しては、そのような語形自体見られなかった。このことから、「むげ」に漢字をあてて語源のように考えるのは妥当でないといえる。「むげ」がどのようなものであるかは、いたずらに漢語と結びつけるのでなく、歴史的変遷や実例に基づいて考察する必要があるといえる。

第三節　「むげ」の原義

「むげ」は、他の文献に先立って、中古の和文資料にまとまって出現する。そこでまず、それらに見られる「むげ」がどのような用法のものであるかを明らかにする。

中古の和文資料に見られる「むげ」は、ほとんどが「むげに」の形であり、他に「むげの」の形が少数見られる。中古の用例集計を表1に示す。

3　例の便なかめれば、中納言殿の御車遅れんとて立てれば、中将殿、後にも思ひあはせよ、むげにしるしなくはかひなしとや思しけん、　（落窪物語、巻之二）

表１　中古の「むげ」

	「むげに」	「むげの」	名詞
大和物語	1		
かげろふ日記	3		
宇津保物語	8		1
落窪物語	5		
源氏物語	23	3	
和歌九品	1		
枕草子	15		
堤中納言物語	2		
夜の寝覚	5		
更級日記	1		
浜松中納言物語	14		1
狭衣物語	30		1
栄花物語	29		1
大鏡	7	2	
今昔物語集	1		
梁塵秘抄	2		

4　かの、夕顔のしるべせし隋身ばかり、さては、顔むげに知るまじき童一人ばかりぞ、率ておはしける。（源氏物語、夕顔）

5　かの、むげに息も絶えたるやうにおはせしが、ひきかへし、（源氏物語、葵）

6　耳おしそへつゝ、まねさゝめきまどはせば、我がひとりのをれ物にて、むかひゐたれば、むげにくんじはてにたりとみえけむ、またの日もひぐらしいふこと、（かげろふ日記、中）

7　かくて、「事の心知る人は少なうて、疎きも親しきも、むげの親ざまに思ひ聞えたるを。……後略……（源氏物語、胡蝶）

8　水つきもせず出来て、御腹たゞしゐれにしゐれて、例の人の腹よりもむげにならせ給ぬ。（栄花物語、巻第五）

3は、全く何のしるしもなくてはつまらないという意味である。4は、顔を全く知らないだろう童を連れて行ったという意味である。5は、かつては全く死んだようでいらっしゃったという意味である。6は、すっかり参ってしまったという意味である。このように「むげ(に)」は、ある状態が生じたさまや、ある状態であるさまを修飾し、〈物事が完全にある状態になること、またはある状態であること〉を表しているといえる。後代の程度副詞用法に対し、これらは情態副詞的なものといえる。いずれも〈全く、すっかり〉などと言い換えることができるものである。また、「むげの」の7は、全くの本当の親のように思うという意味である。つまり、親のようであるさまが完全だということである。名詞的な用例の8は、病で腹が縮んで、普通の人よりも全く平らになってしまったという意味である。このように名詞の場合も、完全に何かの状態であるさまを「むげ」で表しているといえる。これらも3〜6の「むげに」と同じように解釈することができる。

これらの特徴として、3・4のように後に打消しを伴うものが多いことが挙げられるが、「むげ」自体の意味は変わらず、打消しの有無で意味・用法を分ける必要は無いと考えられる。打消しを伴うという点に関して、辞書によっては、一項目を立て、打消しを伴った場合に、「全然、全く」といった意味になると説明するものもある(3)。しかしこれは、「むげ」の原義を後代の「無下」という表記に引きずられて否定的な意味に解釈したために、打消しを伴ったものをそれとは別の用法と捉えてしまったものであろう。5・6のように、打消しの形式を伴わないものも見られるが、これらも同様に、〈全く、すっかり〉という意味を表すと見て問題ない。打消しを伴っても伴わなくても、基本的に〈全く、すっかり〉と捉えれば、全ての用例を説明できるのである。さらには7の例のように、特に否定的な意味合いを含まない場合にも「むげ」は使用される。また、このような打消しを伴う用法が多く見られるのが、ほぼ中古に限られることからも、打消しの有無で意味・用法を分ける必要は無いと考えられる。

このように、中古の和文資料において「むげ」は、主に「むげに」の形で用いられ、〈物事が完全にある状態になること、またはある状態であること〉を表すものだといえる。「むげ」は、古記録・古文書などの漢字文献にも見られず、表1に挙げたものが、日本においてまとまって「むげ」が見られる最古の例である。このことから、後代の

「無下」の用法は、これらの用法をもとにして生じたと考えられる。しかし、中世以降の用例に見られるようなマイナスの意味合いは、「むげ」自体には含まれていないと言って良い。

ただし、全体的に、あまり良くない事態に使用されているということはいえる。事態を肯定的に捉えたものはほとんど見られず、どちらかといえば、何かが無くなる方向で〈物事が完全にある状態になる〉場合に使用されていると見ることができる。このことは、後述するように「むげ」が「無下」という漢字表記と結びつくきっかけとなったと考えられる。

第四節　「むげ」の出自に擬せられるもの

前述した通り、「むげ」には数種類の漢語の語源説が提出されている。しかし、中古以前の文献には、和文資料以外に「無下」「無碍」は見られない。果たして「むげ」は、漢語なのであろうか。漢語であるとすれば、それは何という語なのであろうか。次に、中古の「むげ」の用例を踏まえ、漢籍・仏典の「無下」「無気」と「むげ」の関係を考えてみる。

「類聚名義抄」「色葉字類抄」において、次のように「無下」「無気」に「ムケナリ」という読みが見られる。

9　無下《ムケナリ》　（観智院本類聚名義抄、佛上七四）

10　気……略……無ー《ムケナリ》　（観智院本類聚名義抄、僧下一一二）

11　無気《ムケナリ》　無下同　（黒川本色葉字類抄、中四五ウ、畳字）

これらは「むげ」に対する漢字表記の可能性のあるものとして最も早い例である。このことから、「むげ」の元になったものが漢語であるとすれば、「無下」「無気」がまずその候補となる。そこで、「無下」「無気」が漢籍・仏典でどのように使用されているものであるかを見てみる。

「無下」は、後代に「むげ」の表記として多く現われるものであるが、この「無下」は仏教語であり、仏典には次のような用例が見られる。[4]

12　乗幽控寂。弘済萬品。典御十方。挙威霊而無上。抑神力而無下。（大慈恩寺三蔵法師伝、巻六）

13　精進有五。謂被甲加行無下無退無足。…中略…次為證得不自輕蔑亦無怯懼名無下。（妙法蓮華経玄賛、巻第二）

12は、直上の「無上」とともに〈最上、最高〉といった意味を表している。13は、五種類の精進の一つとして、あなどりやおそれの無い状態を指すとしている。つまり、「それより下が無い」のではなく、「それよりさがることがない・それをくだることがない」ということであり、すなわち最上・最高の状態を示すものである。

しかし、仏典以外の漢籍にはそのような熟語としての用例は管見の限り見られない。

14　及伝城、守将営無下三百人、（墨子、第七十篇号令）

15　諸侯日将誅漢賊臣無下、三国将誅中大夫。（史記、斉悼恵王世家第二二）

14は、「三百人を下ることが無い」という意味であり、15は、「(敵方に)下る、つまり降伏するな」という意味である。「無下」は、仏典以外に広く一般的に使われるものとは言い難い。また、その表す内実も、文字通りの「下ることが無い(無かれ)」ということであるから、和文資料に見られた「むげ」とは異なる。したがってこの「無下」が和文資料の「むげ」のもととなったものとは考えにくい。また、「類聚名義抄」「色葉字類抄」に見られた「無下」も、中国文献に見られる主に仏教語としての「無下」を採録したものではあっても、和文に見られるような「むげ」を採録したものとは考えられない。

続いて「無気」は、次のように使用される。[5] 16は、そもそもの始めには、生命も形も、形を作る元素の気も無かった、ということを表したものである。17は、気が有れば生き、気が無ければ死ぬ、ということを表したものである。

16　其始而本無生、非徒無生也、而本無形、非徒無形、而本無気。（荘子、至楽）

17　有氣則生、無気則死、生者以其氣。（管子、樞言）

このように「無気」は、生命の根源、万物の存在のもとを表す「気」が無いことを表すものであり、一般的に広く使われるものとは言い難い、哲学・思想的な用語といえる。

以上のことから、「類聚名義抄」「色葉字類抄」には「無下」「無気」が見えるものの、この「無下」「無気」という中国語を起源とする漢語が、中古の和文資料に見られる「むげ」のもととなったものとは考えにくい。中古の和文資料に見られた「むげ」は、〈全く、すっかり〉といったように主に副詞的に用いられるものであるが、漢籍・仏典の「無下」「無気」にそのような用法は見られない。したがって、漢籍・仏典の「無下」「無気」を見る限り、これらと積極的に結びつく要素を見出すことはできないといえる。(6)

また、中世以降「無下」という表記と結びつくのだが、それ以外の「無気」「無碍」等が、ここで問題にしている「むげ」の用法で使用された例は見られない。それゆえ、中古の和文資料に見られた「むげ」が、何か特定の漢語をもとにしているとは考えられない。仮にそのような漢語があったとしても、当初からすでに語源が不明になっていたのではないかと考えられる。

第五節　「無下」という漢字表記との結びつき

中世になると、古記録・古文書にも、「無下」の例が見られるようになる。次に挙げるようなものである。

18　政孝申云々、無下に不知子細之申状也、（出雲千家家文書、嘉禄元(一二二五)年七月一九日）

19　御所御八講之旨申領状候云々、無下無人候、

（民経記、寛喜三（一二三一）年六月一八日）

18は「全く子細を知らない」という意味、19は「全く人がいない」という意味である。用法としては、前代までの〈全く、すっかり〉という意味のものである。中古には、和文資料以外に、「無下」は見られなかった。そのため、前節で述べたように、中古の「むげ」が「無下」という漢語をもとにしたものであるということはできない。しかし、この時期から「無下」という表記の例が見られることから、中古の「むげ」を、「無下」と漢字表記する語として継承したといえる。「無下」という漢字表記と結びつくことで、これらの漢字文献にも使用が広がったということである。ただし、前節で述べた「無下」の漢籍・仏典に見られる用法とは異なる。したがって、「無下」という漢語を受容したのではなく、中古に見られた出自不明の「むげ」に対して「無下」という漢字表記を改めて与えた、ということである。

そして、これまでとは違う用法のものが現れる。次に挙げるようなものである。

20　さこそ世をわづらうといひながら、無下になさけなかりける物かな」とぞみな人慙愧しける。

（平家物語、巻第一二）

21　没ノ鐘ヲマガフ事ハニタレドモ、食ニマガヘルハ、上人ノ物語ニワスレタルヨリモ、無下ニマサナクコソ覚ユレ。

（沙石集、巻第三）

20は、無情であるさまがひどいということであり、21は、悪い意味で程度が甚だしいことを表している。いずれも、中古のように、〈完全にある状態になる〉ことを表したものではない。〈それより下が無い（ほど悪い）〉ことを表している。つまり、これらの例では「むげ」自体がマイナスの意味を帯びて「なさけなし」「マサナシ」に係り、形容詞「なさけなし」「マサナシ」が含意する程度性を修飾するものとなっている。その結果、悪い程度が甚だしいことを程度副詞的に表現している。このような、悪い程度の甚だしさを表す用法は中古には見られなかったものであり、「む

げに」という形は共通していても、中古と中世では用法が異なるといえる。

中世の用例集計を、表2に示す。①は中古に見られた古い意味のもの、②は中世に新しく生じた意味のものである。

「むげに」の、中古と中世の性質の違いは、修飾する対象の品詞に表れる。表3に、中古・中世の「むげに」が動詞にかかっているか形容詞にかかっているかを示した。これを見ると、中古は、主に動詞を修飾していたが、中世には形容詞を修飾するものが大多数になっていることがわかる。中古のものは、動詞を修飾し〈完全にある状態になる〉ことを表していた。しかし、中世には、程度性を持つ要素を修飾し、物事の程度を問題にする場面で使用されるようになったといえる。

このような用法の変化の要因として、「無下」という漢字表記との結びつきが考えられる。中古の「むげ」や、漢籍・仏典に見られる「無下」は、それ自体で悪い意味を表すものではなかった。しかし、中世になると、いずれも悪い意味で程度の高い様子を表していることからもわかるように、「むげ」自体が悪い意味を表している。つまり、「無下」の字面通りに〈それより下が無い(ほど悪い)〉という意味を持ったものとして使用されているといえる。つまり、もともとは持っていなかった意味を漢字表記とともに獲得したということである。そして、「むげに」の形で形容詞を修飾する形になったときに、結果的に、物事の様子をひどいものと捉える程度副詞的な用法となるのである。これは、中古の「むげに」が、独自に意味変化したというよりは、「むげ」を「無下」と表記するものとして継承することに伴って生じた用法である。つまり、「むげに」の内在的な意味のみから生じた内発的な変化ではなく、漢字表記を獲得することでその字面通りの意味を持つものと意識されるようになるという、外発的な事情による意味変化といえる。このように、中世の「無下」は、〈これより下がないほど悪い〉という意味であるといえる。

「むげ」自体にマイナスの意味が含まれていることは、次のように「むげの」の形の場合に、より明瞭になる。中

表２　中世の「むげ」

	「むげに」		「むげの」		「むげなり」		名詞	
	①	②	①	②	①	②	①	②
宇治拾遺物語		2		2		1		2
山家集		1						
無名抄		2						
毎月抄			3	1				
保元物語	1	2						
平治物語	1	5						
愚管抄	1	3				1		
後鳥羽院御口伝			1	1				
古今著聞集								
沙石集	4	9		2		2		3
徒然草			1	2		1		
平家物語	3	8						
太平記	1	4						
筑波問答		1						
増鏡		5		1				
義経記						2		
曽我物語		1				2		
申楽談儀		1						
正徹物語		1						
さゝめごと			2	2				1
吾妻問答	1	1						
論語抄						1		
天草版平家物語		4				1		
エソポのハブラス		1						
連理秘抄				1				
中華若木詩抄		1						
【平安遺文】	1							
【鎌倉遺文】	2	12		3				
民経記	1							
上井覚兼日記						1		

表 3 「むげに」が修飾する対象の品詞

	動詞	形容詞	その他
中古	101	31	15
中世	18	56	6

古に比べて中世では、「むげの」の用例数が増えているのだが、これらも中古とは異なり「むげ」自体がマイナスの意味を帯びている。

22 …前略……心ざしあらば、紙袋などに入れて、わがゐたりつる所へ送れ」と、時々云。これを、無下の者は、手をすりて拝む。（宇治拾遺物語、一三三）

23 「背けるかひなし。さばかりならば、なじかは捨てし」などいはんは、無下の事なり。（徒然草、第五八段）

22は、身分の低い下賤なものという意味であり、23は、ひどいことだ、あんまりだ、という意味である。中古の例は、〈完全にそのような状態である〉ことを表すものであった。しかしこれらは、それ自体ではプラスでもマイナスでもない「者」「事」という名詞に直接していることからもわかるように、「無下」自体で、程度が低く悪いことを表しており、中古との用法の違いは明白である。

また、「宇治拾遺物語」や「愚管抄」に「むげなり」が見られるように、前代には無かった「むげなり」という形のものも生まれている点が注目できる。中古には「むげなり」の用例は無かったのだが、「むげ」に「無下」という表記が与えられることで、「むげ」がそれ自体で実質的意味を持った漢語形容動詞的な語として捉えられるようになったことによるものであろう。

このように、中世は、中古の「むげ」に、「無下」という漢字表記を与えることで、それ自体で〈それより下が無いほど悪い〉という意味を表す語として受け継いだといえる。前述の通り、中古の和文資料に見られる「むげ」も、全体として好ましくない事態に多く用いられる表現ではあった。それがこのような「無下」という表記と結びつく原因となったと推測することができる。つまり、中古の「むげ」が、その意味と一部類似する「無下」という漢字表記と結びつき、そのように表記する語として後世に受け継ぐことで、漢字表記通りの〈それより下が無いほど悪い〉という意味を表すものとして使用するようになったといえる。

第六節　程度的意味の獲得

中世において「むげに」が主に程度副詞的な用法で使用されることを前節で述べた。ところで、〈それより下が無いほど悪い〉という意味で解釈された「無下」が、どのように程度的意味を獲得するのだろうか。

形容詞が程度性を持つ場合があることに関しては、井上博嗣(一九九四)に言及がある。「一応形容詞と言い得る諸語にあって、その形容詞としての様相を示す意味であることに於いて、結果として修飾する語句の状態の程度を極度・高度と量っている」ものがあるとする。[7]そして、それらの形容詞の多くが、「たぐひなし」「かぎりなし」「いはむ方なし」などのように、「〜なし(がたし)」という語構成のものであり、「〜が(と、に)ない(がたい)」とする意味が、そもそも極度・高度の程度をもつ一つのありようを示すことから、それが状態を示す語句を修飾する時、そのありようであることに於いて、その状態の程度を極度・高度と量り示していることになる」という。

また、工藤浩(一九八三)は、「程度的意味の周辺的・過渡的なもの」として、「とりわけ」「この上なく」「かつてなく」などのものを、「とりたて性　比較性のもの」というグループとして挙げている。「無下」の場合の、〈それより下が無い(ほど悪い)〉という意味は、他との比較のうえでそのものが最も下であるとする意味であるから、「無下」も、「取り立て性」「比較性」の意味を有するとみてよいだろう。また、工藤(一九八三)が「とりたて性　比較性のもの」として挙げるものには、「かつてなく」「これまでになく」などのように、「〜なし」の形のものがいくつかある。この点は、井上(一九九四)が挙げる「たぐひなし」「かぎりなし」などと共通の特徴である。このことから、工藤のいう「とりたて性　比較性のもの」も、井上(一九九四)の言うように「その状態の程度を極度・高度と量り示」すことにつながると考えられる。

このように見てくると、「無下」の場合も、形容詞ではないものの、「取り立て性」「比較性」の意味を含んでいると考えることができるだろう。それによって、他の形容詞を修飾する際に、〈それより下が無いほど悪い〉という状態の程度が高いという含意が生じると考えられる。またその際、「無下」の場合にも、漢字表記ではあるが「下が無い」という構成であることから、井上(一九九四)や「工藤(一九八三)が挙げるものと同様に、「極度・高度」という意味を生じやすいのだと考えられる。

このように考えれば、前節で述べた「むげ(に)」の程度副詞化の要因を説明できる。「無下」の場合、中古・中世を通じて「むげに」という連用修飾の形で多く使用されているために、単純に中古と中世の用法を比較すると、中古の「むげに」が中世に程度的意味を獲得したように見える。しかしそれでは、動詞を主に修飾していたものが、形容詞を主に修飾するものへと唐突に変化していることを説明できない。そこで、「無下」という漢字表記と結びついたことで、〈それより下が無いほど悪い〉という意味をそれ自体で表すものとして「むげ」を解釈するようになったことによる意味変化と考えるのである。こう考えれば、〈それより下が無いほど悪い〉という意味に含まれる「取り立て性」「比較性」によって、程度副詞化の原因を説明できる。つまり、程度的意味のみを外から獲得したのではなく、「取り立て性」「比較性」を含意する実質的意味を漢字表記とともに受け入れたということである。そして、他との比較のうえでそのものが最も下であるとする「取り立て性」「比較性」の意味をもとに、程度が高いことを表す程度的意味が発生するのである。このように、形のうえでは「むげに」という連用修飾用法であるという点は通時的に変わらないが、その中の「むげ」の部分に漢字表記とともに「取り立て性」「比較性」の実質的意味を取り込むことで、それをもとに程度的意味が発生し、形容詞を修飾する程度副詞用法の用例を増やしていったと考えられるのである。

また、小野正弘(一九九七)にも、形容詞連用形の程度副詞化について、言及がある。現代語の「いたくがっかりした」「おそろしくうまい蕎麦屋」などの表現を例に、形容詞が連用形になると、意味がプラスでもマイナスでもなくなる「意味的中立化」が起こり、程度副詞的な意味になると述べられる。その際、「形容詞に係っていることが目立つ」とする点は、前節で述べた中世の「むげに」の場合と一致する。また、原義がプラスのものよりも、マイナスのものの方が多いとし、「マイナスの意味の語が中立的な意味を持つにいたる」現象であると説明する。

これは、形容詞連用形が程度的意味を持ち得ることの指摘といえる。工藤(一九八三)が「程度的意味の周辺的・過渡的なもの」として挙げるものの中にも「恐ろしく」「たまらなく」などを「感情形容詞から」としてまとめるものがあるのだが、これらの語が程度的意味の周辺的な意味とされるのも、同様の事情による可能性がある。この場合形容詞の中でも工藤の言うように「感情形容詞」に限られるのかそうでないのか、といった点については今後の詳細な検討が必要であろうが、形容詞の持つ程度的意味が、連用修飾用法によって顕在化する場合があるということは言えそうである。ただし、程度的な意味は、連用形の場合にのみ発生するのではない。このことは、先の例を連用形ではなく連体形で「おそろしいうまさの蕎麦屋」としても程度的な意味を表し得ることからもわかる。また、この場合、本来持っていたマイナスの意味が必ずしも全く無くなるわけではないだろう。むしろ基本義がマイナスの場合の方が、程度の甚だしく極端であるという含意を含みやすいのではないだろうか。マイナスのものが多いのはそのためだと考えられる。このように考えると、形容詞の持つ程度的意味は、他の語を修飾するときに比較的顕在化しやすいということが指摘できそうである。

第七節　実質的意味の再獲得

近世になると、現代に通じる新たな用法が使用されるようになる。

24　独ならずあなたこなたの文の数。無下に返すも情け知らずと請取っては置きながら。一通も封を切らぬがいづれも様への立分。（心中宵庚申）

25　且縦彼猴罪ありとも、一たび寺内に入りしものを、無下に殺さんは、法師の忍びざる所なり。（椿説弓張月、前篇巻之二）

いずれも、〈そっけない、薄情だ、冷酷だ〉といった意味で「無下」が使用されている。「むげ」は、中世に、「無下」という漢字表記と結びつき、〈それより下が無いほど悪い〉という意味を獲得した。その結果「無下に」の連用修飾用法の場合には、多くの場合形容詞を修飾し、程度副詞的な意味を表し得るものとなった。しかしこれらの用例のように、近世には再び動詞を修飾するものが大部分になっている。また、「返す」さま(24)、「殺す」さま(25)を〈薄情だ、冷酷だ〉と捉える用法であり、単に〈それより下が無いほど悪い〉という意味ではない。つまり、中世までの「無下」には無かった新たな実質的意味を獲得していることになり、この実質的な意味は、現代の用法とほぼ同じと言って良い。

また、そのような新たな実質的意味の獲得に伴って、この時期には、「無下なし」「無下にす」「無下になる」という形の用例が見られることも注目される。

26　曲輪やこゝの奉公は楽しみなうては勤らず。むげなう堰くではなけれどもそれにさへ猶駆引有り。必ず妻子有る人と末の約束せぬ事ぞ。（重井筒）

27　お前がお帰り遊ばすと今日の私が使の口上。お袋様の御内意を無下になさるゝ同前。イヤサ無下にならふがどふせうが。今の新米乞食が云分。（夏祭浪花鑑）

26は、好きな人との仲を容赦なく裂こうとするのではないが、という意味である。27は、お袋様の内々の意向を無駄にするという意味である。これらも同様に、中世までには無かった実質的意味が「無下」に込められている。つまり、〈薄情だ、冷酷だ〉といった意味を「無下」という要素に読み込むことで、「むげに」や「むげなり」以外の形式をも生み出しているといえる。

この場合も、中世に「無下なり」という程度性を含んだ形容語であったものが、単独で〈薄情だ、冷酷だ〉といった意味へと特化していったとは考えにくい。「無下」という要素に外から新たな意味を読み込んだのである。そして「なし」を付加して形容詞化したものが「むげなし」であり、名詞として使用したものが、「無下にす」「無下になる」などなのである。近世の用例集計を、表4に示す。①は中古から見られる〈完全にある状態になる〉の意味のもの、②は中世から見られる程度副詞用法のものである。そして、近世に生じた新たな意味のものを③とした。なお、「むげない」などの変異形は名詞用法のものとともに「その他」に分類した。また、「噺本」の用例集計は下部に一括した。

ところで、このようなものは近世になって突然見られるようになるが、「無下」に新たにこめられるようになった意味は、どのようにして生じたのだろうか。

そこで、中世後期に、次のような表現が見られることに注目したい。「邦訳日葡辞書」(431r)には、「むげな」「むげに」とともに次のように「むげつけない」「むげつけなう」という項目がある。

28　Muguena　ムゲナ(無下な)あわれな(こと)、あるいは、不憫な(こと)。

29　Mugueni　ムゲニ(無下に)副詞。みじめに、同情の念を催すほどに、また、無法に。例、Mugueni corosareta.(無下に殺された)その人は無法に、残酷に、みじめに殺された。

30　Muguetsuqenai　ムゲツケナイ(むげつけない)残忍な(こと)、または、非道な(こと)。

31　Muguetsuqenŏ　ムゲツケナウ(むげつけなう)副詞。残酷に。例、Muguetsuqenŏ amatano fitouo coroite, &c.(むげつけなう数多の人を殺いて、云々)無慈悲に大勢の人々を殺して。

表４　近世の「むげ」

	「むげに」			「むげの」			「むげなり」			その他		
	①	②	③	①	②	③	①	②	③	①	②	③
好色一代男			1									
戴恩記					1							
新色五巻書								1	1			
奥の細道			1									
松の葉		1										
風俗文選					1							
【近松浄瑠璃】			1									5
徂來先生答問書			1									
夏祭浪花鑑												2
徳和歌後万載集												1
鶉衣		1										
源氏物語玉の小櫛	2											
父の終焉日記			1									
椿説弓張月	1	3	3									
					噺本							
百物語					1							
理屈物語		1										
一休諸国物語		1	1									
杉楊枝					2							
篭耳									1			
初音草噺大鑑			1									
軽口出宝台					1							
鹿の子餅			1									
富来話有智			1									
玉尽一九噺			1									
頓作万八噺			1									
しみのすみか物語		1										

「ムケツケナク」という形の用例は「蒙求抄」にも見られる。(8)

32　師古曰意忌多所忌害人キライヲシテムケツケナク殺人シツナントスルソ　（蒙求抄、六）

「むげつけない」という語形から直ちに想起されるのは中古から見られ〈不気味だ、おそるべきだ〉といった意味を表す「むくつけし」「むくつけなし」である。「むげつけない」という語形は、形態的には「むくつけし」「むくつけなし」から直接つながるものと考えられる。「むくつけし」「むくつけなし」と、同じく前代からある「むげ(に)」の混交形として、「むげつけない」という語形が生じた、と想定できる。

また、このような新語形の発生に、「むげに」の意味変化も関わっていると考えることはできないだろうか。〈恐ろしい、気味が悪い、無骨だ〉といった意味の「むくつけし」「むくつけなし」が、〈それより下が無いほど悪い〉といった意味の「むげ(に)」を意味的・形態的に取り入れて、〈非道だ、無慈悲だ〉といった意味の「むげつけない」が生じた。その「むげつけない」の意味を、改めて「むげ(に)」に取り入れたのである。さらにその際、〈ひどい、無慈悲だ〉という意味を表す「むごい」からの意味的・形態的な連想が働いた可能性も指摘できる。結果として、それらの語形に共通の「むげ」という要素が、〈残酷だ、薄情だ〉といった実質的意味を持ったものとして解釈され、それが「むげに」という従来からあった連用修飾用法に取り入れられたと考えることができる。「むげつけない」の用例が少なく、「むげ(に)」の意味変化と、「むげつけない」の発生の先後関係や、両者の意味・用法の詳細な異同は明らかにできない。しかし、「むげ」という共通の要素に、それまで無かった意味が含まれるようになっていることは指摘できる。したがって、この場合も中古から中世にかけての変化と同様に、「むげに」という形で多く使用される点は共通しているものの、「むげに」が独自に意味変化したとは考えにくい。「むげ」という要素が、それまで無かった新しい意味を持つものとして解釈し直されることで、「むげつけない」その他の新語形の発生とともに起こった意味変化と考えられる。

近世には、「むげの」はほとんど使用されなくなっている。さらに、「むげない」「むげにす」「むげになる」も、浄瑠璃に使用が偏っており、現代には受け継がれない。「むげつけない」その他も使用されなくなる。つまり、前代までと同様に、「むげに」の形が大多数を占めている。現代まで使用されるのも「むげに」のみである。〈残酷だ、薄情だ〉という、新たな実質的意味を「むげ」という要素に読み込んで、それを前代から続く「むげに」という形の用法に及ぼした、といえる。

また、ここに至って、単に悪いというだけの意味ではなくなったために、「無下」という表記と似つかわしくなくなったということがいえる。そのために、先行研究に見られるような、「無碍」その他との関係が推測されるようになったのではないだろうか。しかし管見の限り、これまで述べてきたような「むげ」の用法を「無碍」その他で表記したものがあるというわけではない。漢字表記も基本的には「無下」を前代から受け継いでいるようである。ただし、それでは近世以降に生じた新たな用法との意味的な関わりが薄いために、「無下」という漢字表記はされなくなっているようである。それによって、現代にまで続く新たな意味に似つかわしいさまざまな漢字表記が結び付けられるようになったのだろう。これは一種の語源俗解と考えられるが、あたかもそれらの漢語の持つ意味が、「むげ」の古くからの原義であるかのように捉えられたのである。その結果、「無下」という表記は正しくない、当て字である、といった意識を生むこととなったのであろう。

第八節　おわりに　――意味変化の要因――

本章では、「むげ」について、外発的事象との関わりで、実質的意味を獲得して意味変化する過程を記述した。ここで「むげ」の歴史的変遷を振り返り、意味変化の要因を考察する。「むげ」の意味変化は、大さく二段階に分けて考えることができる。

一つ目の変化は、中古から中世にかけての時期に起こった。中古の「むげ」は、〈物事が完全にある状態になること、ある状態であること〉を表す情態副詞的なものであった。比較的好ましくない事態の描写に使用される傾向は見出せるが、「むげ」自体にマイナスの意味は含まれていなかった。ところが中世になると、それまでの「むげ」を、「無下」と漢字表記する形容語として継承し、「むげ」自体にマイナスの意味が含まれるようになった。これによって「むげ」が、〈それより下が無いほど悪い〉という実質的意味を担うものと解釈され、「むげに」以外の形でも使用されるようになった。またそのことで、従来からの「むげに」という連用形は、程度副詞的にも使用されるようになったのである。

ここで起こった一つ目の変化は、出自不明の「むげ」に対して、「無下」という漢字表記を与えることで起こったものである。それによって、「むげ」自体で実質的意味を持つものとして認識され、その表記に沿った意味へと変化したといえる。つまり、漢字表記によって実体が与えられ、それとともに従来持たなかった意味を獲得するという形で意味変化が起こったのである。

二つ目の変化は中世から近世にかけて起こった。中世末期以降に、「むげ(に)」と「むくつけし」「むくつけなし」との混交によって生じた「むげつけない」の意味が改めて「むげに」に取り込まれた。そのような新たな実質的意味を含むものとして「むげ」という要素が改めて解釈され、「むげない」などの形を生んだ。それらの変異形は後世には受け継がれないが、「むげに」の連用形にその含意が残ったまま現代へと続くことになる。

ここで起こった二つ目の変化は、新語形「むげつけない」の意味が「むげに」に取り込まれたというものである。「むげつけない」という語形の発生に伴って、「むげ」という要素が、〈残酷だ、薄情だ〉という意味を持つものとして新たに解釈し直されたのだということができる。このことで、程度副詞的な用法であったものが、実質的意味を再び獲得することとなった。前述の通り、程度副詞化するということは、実質的意味を失う方向の変化であり、一度そのように変化したものが再び実質的意味を獲得するということは、その語単独では考えにくい。「むげ」の場合「むげ」という要素に外から新たな意味を読み込むことで、再び実質的意味を獲得したということになる。

このように、「むげ」は、二段階にわたって、外から新たな実質的意味の獲得を繰り返すことで、意味を変化させてきたことがわかる。全期を通じて「むげに」の形が圧倒的に多く使用されているのではあるが、意味が変化している。文脈的意味を「むげ」自体の中に取り込んで一定の漢字表記と結びつき、それによって程度副詞的用法を発生させ、その後も、改めて外から実質的意味を「むげ」自体に取り込み、新たな用法を発生させている。つまり、通時的に「むげに」という形が多用される点では一定していながら、「むげに」単独では起こりにくい変化を繰り返してきたということである。それには、「むげ」の出自が不明であったことが大きく関わっているであろう。「むげ」がどういう内実を持ったものであるかが不明であったことが、外から実質的意味を読み込みやすい素地であったと考えることができる。「むげ」が漢語であるのか、そうだとすれば何という語なのか、ということはわからない。しかし、漢字で表記するものとして継承することで一つ目の変化が起こり、また、二つ目の変化が起こった後には、従前の漢字表記はそぐわなくなり、改めてさまざまな漢語との関わりが推測されている。このことも、「むげ」という語形が、出自不明であることが大きく与っているといえる。「むげ」という語自体が出自不明であったために、漢字表記を獲得することで意味変化が起こったり、新たに生じた意味に、漢字表記を推測して、その表記で理解しようとする語源俗解といったことが起こったりするのである。

程度副詞化という観点から言えば、漢字表記と結びついて〈それより下が無いほど悪い〉という意味を獲得することによって、連用修飾用法の場合に程度的意味が顕在化したものと考えられる。したがって「むげ」自体に新たな実質的意味が読み込まれると、程度副詞用法も使われなくなったものと考えられる。

注

(1) たとえば、ホッパー・トラウゴット(日野資成訳)(二〇〇三)、秋元実治(二〇〇二)、大堀壽夫(二〇〇二)などに、文法化理論の解説がある。

(2) 「無碍」は〈妨げるものが無く、自由自在なさま〉を表し、中世以降に次のような例があるが、仏教的な文脈での使用に偏っている。

33 三密五智の水四海にみちて、観地をあらひ、六大無碍の月天かゝやき、長夜をてらし給へり。 (『平家物語』巻第十)

「無価」は〈値がつけられないほど貴い〉という意味であり、『鎌倉遺文』に次のように見える他は本邦文献には見られない。

34 信敬慙愧之衣、裏無価宝珠、 (「亀山天皇宸筆勧進敬白文」文永六年三月)

いずれも本章で述べる「むげ」とは用法が異なり、これらを「むげ」の原義として説明するのには無理がある。なお、「一向け」は、そのような語形自体見られない。

(3) たとえば、小学館『古語大辞典』「むげ」の項では、「③(下に打消の表現を伴って)全然。全く。」とする。

(4) 中華電子仏典協会のCBReaderで全文検索すると、「大正新修大蔵経」に720例見られるが、おおむねここで述べた用法といって良い。

(5) 中華電子仏典協会のCBReaderで全文検索すると、「大正新修大蔵経」に126例見つかるが、そのほとんどが「無気力」「無気味」という句の文字連続の一部であり、「無気」そのものの例は19例である。漢籍でも、台湾中央研究院「漢籍電子文献」によると、二十五史に13例、十三経に5例と少ない。

(6) ただし、中国文献の「無下」「無気」はいずれも完全・最良な状態を指すものであり、日本の中世以降に見られる「むげ」のような否定的な意味合いが無いという点で、中古和文の「むげ」と共通してはいる。しかし、以下に述べるように「無下」「無気」を中古和文の「むげ」の出自と考えることはできない。これに関して、「無下」にプラスの意味合いを認める主張は浅野信(一九五七)、石上堅(一九五三)やMiyake(一九五八)にも見える。石上(一九五三)は、「むげ」の項で「無上の趣にも通じ用いる」とし、浅野(一九五七)は「むげ」の項で「亦時に「無上」(語感を異にするが)に通じてこの上ないの意」とする。Miyake(一九五八)は、「「むげ」という語に大きく二つの意味ができた。一つは積極的・向上的な「無上・無二・最高・至極」の意味であり、一つは消極的・向下的ないわば「無下・無二・最低・至極」の意味である。」と述べる。しかしこれらも、漢籍・仏典や、日本の中古の用例が挙げられているわけではなく、実例に基づいた分析とは言えない。「むげ」がプラスの意味を表し得るという指摘は重要だが、これらの指摘が日本の「むげ」の意味・用法と積極的に関わりを持つとはいえない。また、本考察における実際の用例を見ても、漢籍・仏典には「消極的・向下的」な意味合いのものは見られないし、日本の用例には、「積極的・向上的」と認められる用例はほとんど無い。したがって、石上や浅野が述べるようにプラス・マイナスの意味が通じるとはいっても、両方が使用されるわけではなく、「無下」「無気」を中古和文の「むげ」と結びつけることはできない。

（7）具体例として「たぐひなし」「たとしへなし」「たとへむかたなし」「になし」「ふたつなし」「またなし」「よになし」「ありがたし」「かぎりなし」「きはなし」「きはまりなし」「けし」「またし」「こよなし」「いはむ方なし」「いふかぎりなし」「いふかたなし」「いふかひなし」「いふはかりなし」「せむかたなし」を挙げる。

（8）語彙索引には「ムクツケナク」とあるが、影印本文を見る限り「ムケツケナク」である。

第四部　漢語変容の過程と類型

第二部・第三部では、副詞化したものを中心に、漢語の国語化現象の具体的事例を見てきた。また、その際、空間的意味と時間的意味とが関わるもの、程度的意味に関わるもの、といったように、副詞の意味変化の傾向別にまとめて見てきた。そうした個別的な事例の検討を踏まえて、以下では、漢語の副詞化や副詞の意味変化に関する具体的な過程と類型を考察する。

まず、第十二章において、漢語の国語化の全体像を示したうえで、漢語が副詞用法を発生させる過程を検討し、漢語の国語化とその中での副詞化の位置づけについて論じる。さらに、第十三章・第十四章では、副詞の意味変化の方向性として、時間的意味の発生と程度的意味の発生を取り上げ、それぞれの意味変化が起こる過程と類型を考察する。

ここでの議論によって、漢語の副詞化や副詞の意味変化に関する具体的な過程と類型の一端を示すことで、漢語受容史研究や、副詞の意味変化研究に貢献することができると考える。

第十二章　漢語の受容と国語化

第一節　漢語受容の方法としての「国語化」

中国大陸で使用され、漢字表記される語である漢語は、古くから日本語に大きな影響を与える存在であった。日本語は長年月に渡って、中国語から文字・語彙・音韻・文法・文体等の各側面において多大な影響を受けてきており、そのことは、日本語の歴史的展開に極めて大きな意味を持つことであったといえる。このように、日本語が、別の言語体系である中国語から影響を被ることというのは、大きく捉えれば、日本語と中国語との言語接触の問題として考えることができる。

そしてその影響は、特に語彙的な側面において顕著である。中国語の語としての漢語を、日本語の語彙として取り入れるということは、古代から近現代に至るまで絶えず行われてきたことであり、そのようにして日本語の中に漢語が体系的に浸透することで、日本語の語彙体系は豊かなものになったといえる。

ただし、中国語の語彙を常にそのまま取り入れ、そのままの形式や意味で使用し続けたというわけではない。日本語の持つ体系的な性質によって、漢語が何らかの変容の過程を経たうえで受容されたり、受容したものを変容させるという事が起こる。つまり、日本語と中国語が言語的に接触することによって、中国語由来の語が、さまざまな段階でさまざまな種類の変容を被りながら日本語の中に浸透していくということである。

そして、そうした受容の各段階における変容のあり方は、全く区々なものではないだろう。無論、細かく見れば漢語が語ごとに個性を持った変容を見せるというのはいうまでもないことであるが、変容のあり方を大きく把握すると、そこには変化の方向性に傾向が見いだせたり、変化の過程に共通点があるものもあるのである。それは、漢語を体系的に受容するための何らかの仕組みということができるのではないだろうか。それでは、漢語を受容したり、受容したうえで変容させるための仕組みとはどのようなものであろうか。

従来、このような問題について、「漢語の国語化(日本語化)」と呼ばれることがあった。日本語の中で漢語が、音韻・意味・用法等の各側面においてさまざまに変化し、漢語の使用が日本語の中で拡大していく様子を、漢語が日本語の中に馴染み、溶け込んでいった過程と捉えたものと考えられる。それは主に、日本漢字音の問題や、漢語サ変動詞、形容動詞タリ活用などの、いわば規則的な側面についての指摘が多かったといえる。しかし、日本語内での漢語の変容の問題は、そういった規則的な側面には限らない。第二部・第三部で扱ってきたような、副詞や接続助詞用法を発生させたり、中国語としてのものとは異なる意味・用法で使用されるようになる、といった問題がそうである。しかしそのようなものも、全く不規則に変容を被っているのではなく、それなりのプロセスに従っているのであり、それらを一定のパターンとしてまとめることができるのではないだろうか。

そこで本章では、漢語を受容するための方法として、「漢語の国語化」という観点を設定し、国語化にはどのような種類があるのかを示したうえで、「漢語の国語化」がいかに行われるのか、その過程を精細に見ていきたい。そして、変容の過程に類型が見られるとすれば、それはどのようなものか、といったことを考えていくことにしたい。また、それに加えて、本書で述べてきた副詞化の具体的事例が、そうした国語化の中でどのように位置づけられるかを考察する。

第二節　漢語の国語化とはどういう現象か

漢語は、最初は、取り入れやすい名詞として日本語の中に取り入れられたと考えられる。その場合多くは、さまざまな概念そのものを、そのまま取り入れることが可能であった。ところが、さまざまな外来の概念・思想を持つ漢語は、そのままでは特殊な文脈や資料に使用が限られたり、そうした概念・思想を上手く日本語の中で使いこなせないということがある。そうした場合には、次第に使用されなくなっていった語もあるだろう。しかし、さまざまな概念・思想を持った漢語を、それぞれの持つ意味・用法などの性質に合わせて、日本語の体系の中に位置づけられるような規則的な仕組みがあれば、日本語の語彙体系を豊富にすることができる。それはたとえば前述したような、サ変動詞やタリ活用形容動詞を作り出す仕組みといったことである。また、発音の面から見ても、中国語の発音と全く同じ発音を日本語の音韻・音声体系の中ですることはできないので、受け入れ側の日本語の体系に合わせて、それに近い音で代用したり、音を挿入したり削除したりするなどの規則的な改変を加えて使用することになる。

また、外来の思想・概念をそのままの意味で使用することはできなくても、日本人にも、あるいは日本語の中でも理解できるような意味に近づけて受け入れてしまうということも起こってくる。あるいは、一旦外来の思想をそのままあるいはそれに近い形で受け入れた後で、より日本語の中で使いやすい意味に変えて使用していくということも考えられる。表面的な外来語臭を取り除いて、他の和語とも馴染みやすい意味・用法で受け入れたり、そのような意味・用法へと変質させていくということである。

このように、漢語は、受容が続けられるうちに、受け入れ側の言語体系の都合に合わせて、形や内容を変えて取り入れることも行われるようになっていったと考えられる。そのような、自国語の体系の都合に合わせた変質を経た受け入れといったものを「漢語の国語化」と捉えることができる。つまり、漢語を不都合無く日本語の中で使用できるようにするために、日本語の中に受け入れるための工夫・仕組みや、取り入れられた漢語が日本語の中で使用されていくにつれて意味・用法を変化させ、日本独自の意味・用法で使用されるようになっていく過程を、「国語化」の過程と捉えるのである。

そう考えると、日本語に受容され、日本語の中で使用されている漢語というのは、いずれも何らかの意味で国語化の過程を経たものであるということができる。なぜなら、元々の中国語におけるものと全く同じ意味・用法、または音声で使用されるということは考えられないからである。生の概念・思想をそのまま取り入れることが比較的可能であった体言的なものは膨大にあるであろうから、それらは少なくとも意味の点では国語化されていないと見ることも場合によってはできるかもしれない。しかしそのようなものは日本語の中で使用することが、不可能ではないにせよ、前述したように使用機会・場面が限られるため、次第に使用されなくなっていくものも多いであろう。したがって、日本語の中である程度長くあるいは広く使用されるものは、いずれも国語化の過程を経たものと考えることができる。

もっとも、国語化したものでもその後使用されなくなったり、使用機会が限定されるようになるということはあるだろう。しかし、それは漢語や、それを含んだ外来語に限ったことではない。言語一般に起こることであり、日本語の語彙の中でも時代を問わず見られることである。したがって、国語化することによって必ずその後長く使用され続けるというものではないが、日本語の中で使用するためには、必ずあるフィルターを通さなければならない。ここでは、日本語の中に体系的に受容するため、あるいは使用を続けていくことによる一種のフィルターとして「漢語の国語化」ということを捉えることとする。

つまり、「国語化」というのは、外来語である漢語を日本語の中に散発的にではなく体系的に受け入れるための工夫であるということができる。漢語の受容は、体言的なものから始まったが、国語化によって、日本語の中で使用される範囲が体言以外へと広がっていく。また、それに加えて、いったんそうした国語化の手続きを経て中国語由来の一語として確立してしまえば、他の和語に近い形で、あるいは場合によっては和語とほとんど同じようにふるまうことができるようになる。そうなってしまえば、その語は日本語の中に完全に取り入れられたといえるし、また、そのような仕組みを他の漢語にもあてはめることで、同じ方法で漢語の体系的な受容が可能になる。また、漢字・漢語の受容・使用に習熟することで、漢字の音訓や漢語の語構造、または漢字表記を利用して新たな語を作り出す仕組みを獲得し、それによって、日本語の語彙体系を豊富にすることも可能になるのである。

こうした、漢語の受容について、「漢語の国語化(日本語化)」という用語が使われることは従来から少なからずあった。しかし、「国語化(日本語化)」の内実は十分に規定されてはいない。また、漢語の受容の仕方といった観点から大きく捉えられては来なかったように思われる。ここではまず、「国語化」としてどのような現象が指摘されてきたかを見直し、本論で「漢語の国語化」の全体像について改めてどのように考えたらよいかといったことを考察する。

前述の通り、従来「漢語の国語化」といった表現が使用されているが、はっきりした定義は無く、内実ははっきりしないようである。そのような中で、たとえば、『漢字百科大事典』には「漢語の国語化」(佐藤武義執筆)という項目がたてられている。しかしそこでは、「漢語の国語化」の定義的な規定は示されておらず、いくつかの「漢語の国語化」と考えられる例が挙げられるにとどまる。たとえば、漢語の受容の歴史のうえで、重箱読み・湯桶読みの混交語、複合動詞としての漢語サ変動詞の発生、「だつ」「ばむ」などの接尾語を付した動詞の発生、「乞食く」「装束く」など語尾を活用させること、「執念し」「鬱陶し」などの形容詞の発生、「漢語＋なり」の形容動詞の発生、「火事」「返事」などの和製漢語の発生、といった現象があるということが説明されている。「国語化」という用語そのものについて、どのような現象として捉えるかという説明はなされていないが、これらの例を見る限り、ここで「国語化」といっているのは、漢語と和語の混交語が作られたり、名詞だけでなく動詞や形容動詞として使用されるようになっていったというようなことであると考えられる。つまり、漢語が日本語の中でさまざまな用法で使用されるようになっていったということを指摘しているといえる。しかし、前述の通り、どういうことを指して「国語化」というのかということは明確に述べられてはおらず、漢語が用法を広げていくことに関して漠然と「国語化」といっているようにも見える。ただしその場合最後の「和製漢語の発生」に関しては、それらとはやや異質である。和製漢語が作り出されるようになることは、漢語の用法の問題ではない。それは、字音語の運用の問題であり、漢語受容が一般化したことによって、日本人が新たに字音語を作り出すようになる現象であるから、そういったものを単純に同列に並べることはできないだろう。

この他に「国語化」という表現を使用したものとして、たとえば、佐々木峻による一連の研究がある(佐々木一九七六a、b、一九七七a、b、一九七八a、b)。これらは、大蔵流虎明本狂言を資料として、漢語を抜き出し、動詞的用法、形容詞的用法、形容動詞的用法、副詞的用法などの用法別に具体例を列挙したものである。そうした漢語の用法的拡大を「字音語の国語化現象」と述べてはいるものの、各用法について網羅的に用例、語例を列挙することに主眼が置かれており、漢語の国語化そのものについて考察したものではない。

また、この「漢語の国語化」という現象は、概説書などでも取り上げられることがある。たとえば、沖森卓也(二〇一〇)では「漢語の日本語化」という小見出しのもとに、漢語の字音が日本語の音韻体系に合わせて受容される例を指摘している。しかしここでもやはり「日本語化」というものがいかなるものかということについての十分な言及は無い。

このように、従来の「漢語の国語化」という表現でさす内容は、日本語の中での意味・用法の変化・拡大や、音韻変化の事例を含んでいるようである。そこで本論では、前節で述べたように、日本語の中に漢語を体系的に受容するための仕組みとしての「漢語の国語化」といえる現象を広く捉え全体像を把握するために、組織的に示すことを試みる。まずは、平面的な整理ではあるが、以下のようなものが「国語化」の型として示すことができる。なお、「和製漢語」のような、漢語の国語化の現象そのものではなく、国語化の拡大・定着に伴って起こる字音語の再生産と考えられるものについては、後で述べる。

Ⅰ　文法に関わるもの
1、名詞として使用される
2、動詞化
2-1、サ変動詞化(愛す、死す)
2-2、語尾を活用させて動詞化(装束く、乞食く)
2-3、接尾語を付して動詞化(気色ばむ、上手めく)
3、形容詞化(執念し、鬱陶し)
4、形容動詞化(堂々たり、太平なり)
5、副詞化(随分、相当)
6、接続助詞化(～次第、～以上)
7、接頭語化、接尾語化(不～、未～、～的、～性)

8、混種語化（重箱読み、湯桶読み）

II　音韻・音声に関わるもの

9、音声の変化

III　意味に関わるもの

10、意味・用法のずれ、変化

右のうち、1〜8は、I「文法に関わるもの」としてまとめることができるものである。

1の「名詞として使用される」ものとは、もともと中国語で名詞として使用されていたものを、そのまま日本語でも名詞として取り入れたものである。日本語において、外国語を名詞として受け入れるということは、極めて基本的なことと考えられる。仏教語としての「餓鬼」「香炉」や、「琵琶」「笙」といった器物などが含まれる。最初は、それまで日本になかった新たな概念や物の名前を、取り入れやすい名詞として日本語の中で使用するようになったものと考えられる。それ以降も名詞として取り入れられるものが量的にはもっとも多く、漢語受容のもっとも基本的なパターンといえる。ただし、本書では漢語の受容における何らかの変容を経たものを「国語化」としているため、名詞の中には「国語化」に当てはまらないものもある可能性があるが、漢語受容の種類として最も基本的なものであると考えられるので、漢語受容のあり方を広く見渡すために、ここに一項を立てておくことにする。

2の「動詞化」は、動詞として使用されるものである。動詞的な意味を持つ漢語を、日本語の中で動詞として使用したり、漢語を動詞化して使用するためには、いくつかのパターンがある。一つ目（2-1）は漢語にサ変動詞「す」を付して漢語サ変動詞という一種の複合動詞を形成するものである。「す」を付けることで容易に動詞を形成できるので、動詞的な意味を含む語を動詞として使用する場合のもっとも基本的なパターンといえる。二つ目（2-2）は、「乞食く」「装束く」「料理（る）」「問答ふ」のように漢語の語末の最終音節を語尾と見なして活用させることによって動詞を形成するものである。これも動詞的な漢語を動詞として使用する一つの方法であるが、サ変動詞に比べて例も少なく、特殊な用法といえる。三つ目(2-3)は「だつ」「づく」「ばむ」「めく」などの接尾語を付して動詞を形成するものである。これは動詞性の接尾語を付して複合語として動詞を作り出すもので、動詞的でない漢語を動詞化することができるものである。

3の「形容詞化」は、形容詞・形容動詞的な意味を持つ漢語に、「執念し」「鬱陶し」「凛々し」「騒々し」のように、「し」を付して形容詞を形成するものである。また2-3のように語尾を形容詞のように活用させたものと捉えることもできる。しかし、これも例は多くない。現代方言では「笑止い」「無慙い」などの例があることが指摘されているが[1]、漢語の受容の仕方としては特殊な用法といえる。

4の「形容動詞化」は、漢語に「ナリ・タリ」を付して漢語形容動詞を形成するものである。「なり」は漢語・和語ともに付して形容動詞化することができるが、漢語を形容動詞として使用する際には、多くの場合「たり」が使用される。「ナリ・タリ」を付けることで2-1の漢語サ変動詞の場合と同様に容易に形容動詞を形成できるので、形容語的意味を持つ漢語が漢語ナリ・タリ活用形容動詞として使用される場合のパターンといえる。また、3の「形容詞化」が例の少ない特殊な用法であるのに比べても、ナリ・タリ活用形容動詞として取り込むのが、形容語的意味を持つ漢語を受け入れる際の最も基本的な型といえる。

5の「副詞化」は、副詞として使用されるものである。「一旦」「大抵」「元来」などのようなものは、もともと副詞用法であったものがそのまま副詞として使用される場合である。しかし、「非常(に)」「相当」のように、もともと副詞用法を持たなかったものが、日本語の中で独自に副詞化したものもある。後者のものは、後述するように、10で説明する「意味変化」をも伴うものということになる。第二部・第三部で述べてきた個別の事例の多くはこの副詞化の事例である。

6の「接続助詞化」は、漢語が接続助詞として使用されるものである。これも5「副詞化」の一部のもののように、日本語の中で独自に意味・用法が変化することによって、生じたものと考えられる。山田孝雄(一九四〇)に「国語運用の生命たる助詞には外国語の侵入することは一歩も寛假せざるものなる」とするように、日本語の助詞には漢語が取り入れられていないというような指摘もある。確かに、初めから助詞として漢語を受容するということはないが、このように、漢語が国語化し、意味・用法が変化することによって、接続助詞化するものも「〜以上」「〜至極」など、いくつか見られる。またこれも6「副詞化」と同じように、意味変化を経てできたものであり、機能語的になっているという点で、文法化の例ともいえるものである。漢語が文法化することによって、直接は受け入れにくい(接続)助詞という領域にも侵入することができることがわかる。

7の「接頭語化・接尾語化」は、漢語が接頭語・接尾語として使用されるものである。これは、漢語の語構成要素である「不」「的」などを取り出して他の語に付けることによって、自在に新たな語を作り出すことができるというものである。和語に付ければ次の8の混種語の例ともいえる。また、別の漢語または漢字表記語に付けることによって次節で述べる和製漢語を作り出すことも可能である。したがって、漢語を熟語として受け入れるものとは異なり、漢語の構成要素を、新たに語を作る際の語構成要素として受け入れたものと考えることができる。つまり、日本人が漢語使用に習熟することによって、日本人が漢字表記語を新たに作り出すという、運用面での受容現象という側面を持つともいえる。

8は、混種語を形成するものである。「漢語＋和語」「和語＋漢語」というように和語と組み合わせて新たに語を作り出すことができるものであり、いわゆる重箱読み・湯桶読みもこれに含まれる。これも、漢語そのものの問題というよりは、漢語が他の和語の中に馴染むことによって、和語と同じ振る舞いができるようになったものと考えることもできる。また、7と同じように、漢語が新たに作り出された混種語のなかで語構成要素として働くようになったものと見ることもできる。7に含まれる「不」「未」のように元々接頭語的・接尾語的なものと同じように、一旦受け入れた漢語を、和語と組み合わせて新たな語の構成要素として使用しているものである。なお、漢語サ変動詞や接尾語を付した動詞、ナリ・タリ活用形容動詞なども、広義には混種語に含まれるものと考えられる。

以上は文法に関わるものであるが、次の9は、「II　音韻・音声に関わるもの」、すなわち、音声が変化するものである。漢語を日本語の中に取り入れるにあたっては、中国音と全く同じに発音するわけにはいかないので、日本語の音韻体系に合わせるために音声を改変することになる。日本語に無い音であれば、それに近い音で代用する、あるいは、韻尾に母音を付するなどして組織的に改変するといったことが行われる。このような改変は漢語受容にあたっての規則的な改変といえるが、その他、「化粧(けさう)」「悪霊(あくらう)」のような拗音の直音化や、「案内(あない)」「親族(しぞく)」のようなn韻尾の脱落、といったことがあげられる。これらは、同様の改変がおこなわれることはあるものの、常に規則的とは言えず、個別的現象といってよいだろう。このように音声が変化するのは、大きく言えば日本語と中国語の音韻・音声体系の違いによるもので、拗音の直音化や音脱落のように個別的な性格を持つものもあるが、ある程度規則的に起こるものである。また、これは、1~8までのパターンいずれの場合にも、それらの国語化とは別に、起こり得るものといえる。

そして、次に挙げられるものは「III　意味に関わるもの」である。10は、意味・用法が漢語の原義と異なるものとして受容されたり、受容後に日本で独自に意味・用法が変化するものである。「徒然」「沙汰」などのように、その語自体は伝統的な漢語であるが、中国文献に見られるものとは異なる意味で使用されるようになったものがあり、これまでも、そのような語についての個別の指摘がある。(2) これも、1~9までのパターンいずれの場合にも起こり得る。しかも、それらの国語化が起こることに影響を与えるなど、それぞれのパターンの発生に密接にかかわり得るものといえる。

さて、以上のように10種類の国語化の現象を挙げてきたが、これらは単純に並列的に並べられるものではない。右では文法・音韻音声・意味のように分けたが、それぞれの共通点や相違点によって、別のグループにも分けることができる。それは以下のようなものである。

【規則的な現象と個別的な現象】

9の音韻・音声面での変化は、中国語と日本語の音韻・音声体系の相違によるものであり、まったく同じ発音で取り入れることはできない。そういった点で規則的な現象といえる。つまり、同じ音環境にあるものにはほぼ等しくあてはまるものであり、そのような音声の転化を起こすことで、漢語を日本語の中に受容することができた、というものである。また、2-1のサ変動詞化や4のナリ・タリ活用形容動詞化も、そのようにすれば漢語サ変動詞・漢語形容動詞を作り出すことができるという点で、規則的な現象といえる。

それに比べると、5の副詞化や6の接続助詞化のような例は、それぞれ個別の意味変化・用法変化を経たことによる現象といえる。また、2-3の接尾語を付して動詞化するものも、「ばむ」「めく」などの接尾語を付すものは、漢語の原義が動詞的でなくとも、その語を動詞化することができるものである。そうした「ばむ」「めく」は和語にも接するものであるから、このような動詞は一種の混種語であるという点で、サ変動詞のように、漢語を原義を生かして受け入れる際のフィルターの役割を果たすものとは異質である。加えて、2-2や3のように語尾を活用させるものも、規則としてはそのような仕組みを他の語にも適用することは不可能ではないが、実際の例は少なく、特殊な用法にとどまる点で、それぞれ個別の変化といえる。意味に関わる10も当然個別的な現象といえよう。

【語としての漢語に関わるものと、語構成要素としての漢字の問題に関わるもの】

1から6のパターンは、漢語の語としての用法が拡大していく過程に関わる現象といえる。つまり、日本語の体系の中で、漢語がどのような範囲に渡って使用されるかということに関わるものである。すなわち、当初は、あるいは多くのものは、名詞として受容するわけであるが、名詞以外のものへと漢語使用が広がっていき、漢語が、日本語の語彙・文法体系の中へ徐々に進出・浸透していくさまを表しているといえる。それに対して、7の接頭語化・接尾語化や、8の混種語化は、1～6のような漢語そのものの受け入れとはいえないものである。7・8は語構成要素としての漢字(漢語)が日本語固有の語彙とともに語形成を行うことに関わるものである。漢語の受容に習熟することによって、他の和語と漢語を組み合わせて使用したり、新たな漢字表記語を作り出したりすることができるようなメカニズムを獲得したものといえる。その点で、後述する「国語化に基づく再生産」に近いものといえる。

以上はⅠの文法に関わるものであるが、Ⅱの音韻・音声に関わるものは基本的には漢字一字単位の問題であるから、どちらかといえば、語構成要素としての漢字の問題に関わるものに近いであろう。一方、Ⅲの意味に関わるものは、語構成要素としての漢字の問題に関わるものである場合もあろうが、多くは語としての漢語に関わるものといってよいであろう。

このように、ここでは【規則的な現象と個別的な現象】及び【語としての漢語に関わるものと、語構成要素としての漢字の問題に関わるもの】の二つの分類を示したが、他の分類がさらに考えられる可能性もある。ただ、このうち【規則的な現象と個別的な現象】という違いは、漢語受容を考えるにあたっての大きな問題ともいえるので、さらにこの分類に関わって検討を進めていくことにしたい。

第三節　漢語の国語化における副詞化の位置と副詞化のプロセス

3・1　国語化としての副詞化

前節では、漢語の国語化にはどのようなものがあるかを見た。そのうちの規則的現象については、受容の過程における規則性というものは、おおむね明らかであるといってよいだろう。しかし、個別的な現象については、それが「個別的」であるだけに、いかなる過程を経ているのかということは十分考えられてきてはいない。「個別的」とはいうものの、何の脈絡も無く変化するわけではなく、やはりある種の型やパターンといったものがあると考えるのが妥当であろう。そうすると、個別的現象についても、そのパターンを考えておく必要がありそうである。それでは、個別的現象において、漢語はどのように国語化しているのか。その中でもここでは、副詞化に注目し、中国語においては副詞ではなかったものが日本語において副詞になる場合について、どのような過程を経ているのかを検討する。そして、副詞化に関して本論で述べてきた具体的な事例が、漢語の国語化としての副詞化という観点から見た場合どのようなものとして位置づけられるかを述べることにする。

本書で見てきた「次第」「一所（一緒）」「一所懸命（一生懸命）」「相当」「随分」「真実」「むげ（無下）」は、いずれも副詞化が起こったものである。したがって、前述した国語化のパターンで言えば「副詞化」に位置づけられるわけであるが、副詞用法の発生の仕方も一通りではない。また、副詞化に伴ってさまざまな「意味変化」も起きている。「副詞化」という現象は、漢語の国語化の中でどのような位置づけになるのだろうか。

前節で述べたように、国語化現象の10のパターンには、「国語化」としての性質に相違が認められる。特に、本書で問題にしている副詞化との関わりではどのようなことがいえるであろうか。

たとえば、「す」などの形態を付して動詞を作り出すというのは、もともとの原義に動詞的意味があれば、ある程度規則的に作ることができるものである。つまり、漢語を動詞として受容する場合の機械的な手続きといえる。「なり、たり」を付して形容動詞を作るのも同様の事例といえる。それに比べて、語尾を活用させて動詞や形容詞を作り出すという例は目を引くものであるが、いずれも例が少なく、特殊なものといえる。しかしそれらも含めて、そのような語を作ってしまえば、ほかの和語とほぼ同じ資格で、文中でふるまうことができるものである。語の中に漢語由来の要素が含まれているものの、一語全体では、少なくとも文法的には他の和語と同列に扱うことができるものである。つまり、それらの場合は、接辞を付して漢語由来のものを含む一語になってしまうまでの過程が「国語化」ということになる。その点、接頭語・接尾語を付して語を作り出すものや、和語と複合して混種語を作り出すというものも、同様である。このように漢語が用法を拡大していく点に関しては、趙英姫（二〇〇二）が「和語語基より文のいろんな成分に自由に転成できる漢語語基の性質」と述べるように、漢語に特徴的な現象と考えられる。

しかし、それらと比較して、日本語において副詞化した「漢語副詞」というものは、やや異質である。「副詞」として使用されるものは、「に」等のつかない、漢語単独の形で副詞用法を持ち得る点で、接辞を付して規則的に語形を作り出せるものとは若干異なる。確かに、ナリ・タリ活用形容動詞の場合、連用形語尾の「に」を付して「漢語＋に」の形にしたものは連用修飾用法を持つことになる。しかしその場合でも、後に「に」が取れて漢語単独で副詞用法を獲得するに至るものや、「に」の付いた形のままでありながら、漢語の原義から離れて一語の副詞として発展する場合がある。つまり、副詞化というものは、サ変動詞やナリ・タリ活用形容動詞としての語形を獲得するといったものとは、漢語単独で副詞用法として用いられるという点で異質といえるのである。「に」の付いた形のものは、単独のものとまったく同じとはいえないが、それでも、後述するように、「に」の付いた形で、元の「漢語」＋「に」

のものとは意味・用法が異なるものになっている場合には、単独のものに準じて考えることができるように思う。「漢語＋に」という形で一語の副詞としてより熟したものになっていると考えられるからである。

このように見てくると、漢語が副詞用法で使用されるものというのは、漢語が動詞・形容詞・形容動詞として使用されるものとは異なることがわかる。副詞化するものというのは、その語自体が、漢語の原義を離れ、日本で独自の意味・用法を発生させているという点で、それぞれの語がより日本語に同化した結果得た用法ということができる。つまり、もともとの漢語の持つ性質によって機械的に語形を作り出せるものよりも、「国語化」の進んだ段階のものと捉えることができるのである。

また、本書で扱ったような漢語副詞は、副詞化する際には、多くの場合意味の変化が起こっている。漢語の原義に動詞的なものを含んでいればサ変動詞化し、形容詞・形容動詞的な意味を含んでいれば「なり、たり」を付すといった機械的な処理ではなく、原義とは異なる意味に変化することによって副詞用法を獲得するというものなのである。そのような観点から見てもやはり、副詞化というのは、サ変動詞やタリ活用形容動詞などの、漢語がもともと持つ性質によって、機械的に語形を作り出せるものとは異質といえる(3)。

このことをふまえて、以下では、漢語が原義から離れて独自に意味変化した結果、副詞用法を獲得するものを、「漢語の国語化」としての「副詞化」の例として考察する。つまり、ここで問題にしたいのは、意味・用法の面で、中国文献におけるものとは異なった受容の仕方をしたり、その後独自に意味が変化・変遷していくことによって、副詞用法を獲得したものである。

さて、本書で述べた事例に関しては、「次第」の場合は副詞化だけでなく、接続助詞化も起こっている。そこで、以下では、副詞化・接続助詞化のより詳しい過程と、それに意味変化がどのように関わって起こっているかという点に注目して、本書で述べてきた事例を含めて整理しながら、どのような過程・段階があり得るかを考える。

なお、本書で述べてきた副詞化の事例に関しては、意味・用法の変化に、ある特徴や共通した傾向を持つものがある。時間副詞化や程度副詞化といったものがそれである。その点については次章以降で述べる。

3・2　副詞化のプロセス

第二部・第三部で、漢語が日本で独自に副詞化する例について述べ、それぞれの副詞化に際して、意味変化が起こっていることを指摘した。つまり、サ変動詞化や形容動詞化のように一定の仕組みを経ることで日本語の中に取り入れるというものとは異なり、あくまでも個別の意味変化に伴う副詞化であるから、どのような語でも容易に副詞化するというわけではない。それでは、漢語が副詞化する際には、どのような意味変化が起こり、副詞用法を獲得しているのだろうか。

そこには、いくつかの段階があることが考えられる。それぞれの語が全く個々別々に副詞化するのではなく、副詞用法を獲得するに至るための段階的なプロセスが想定できるのである。その副詞化のプロセスを本書で扱ってきた個別の例を元に述べることにする。

3・2・1　連用修飾用法の獲得

その段階の一つとして挙げられるのは、連用修飾用法を獲得するという段階である。たとえば、第三章で見た「次第」で考えてみる。

「次第」は、漢語の原義は〈順番、序列〉という意味であった。それが、日本でも、名詞用法としても使用されているわけであるが、それとともに、次のように、連用修飾用法として使用されるようになる。

1　関白殿をはじめ、この殿ばらは、薬師堂の東のかうらんのしものつちに、わらうだしきてしだいになみゐさせたまへり。（栄花物語、巻第二九）

1の例は、漢語の原義〈順番、序列〉をそのまま利用して〈順番に、順序どおりに〉といった意味の連用修飾用法で「次第」を使用するようになったことを示すものである。

さらに、第八章で見た「相当」を例に考えてみる。「相当」の場合は、中国文献の「相当」を平安時代初期に日本語に受容したのだが、当初は原義を大きく離れず、動詞として〈当たる、相当する、対応する〉という意味で使用していた。それが中世末期から「相当の」という連体修飾用法とともに「相当に」という連用修飾用法でも使用されるようになった。次のような例である。

2　ハテ、俺が内に居れば、家賃から米代木代、相當に銭をやらにゃ掛ける者が無い。そこであいらを倒して道具諸色は賣てしまい、金にして内を出て來たは、コリャ是前先といふ物じゃ。（歌舞伎・韓人漢文手管始）

この例の「相当に」は、漢語の原義を利用した〈何かに相当する様子・状態で〉という意味の連用修飾用法といえるものである。量的意味を持つものについて、それだけの分量を内包したものとして対応することを表す、このような連用修飾用法を獲得したということが、後に「相当(に)」が程度副詞として発展していくための重要なプロセスと考えられる。

このように、連用修飾用法で使用されているということが、副詞化するための重要な階梯と考えることができる。連用修飾用法として使用されなければ、突然副詞用法を獲得するということは考えにくい。形態的に副詞と同じ連用修飾用法で使用されるようになるということが、後に副詞として成立するために必要なプロセスの一つであると考えられる。

3・2・2　動作様態や状態・程度を修飾する意味への変化

また、副詞化のプロセスの一段階として、動作様態や状態・程度を修飾する意味へ変化するという段階を挙げることができる。たとえば、「次第」の場合で見ると、非連続から連続へ対象が拡大し、結果の事態を評価的に表す用法が発生するという国語化が起こり、その影響で、連続的変化の結果を表す副詞用法が発生したと考えられるのである。この連続的変化を表す意味を獲得したことによって、動作や変化の様態を修飾することができるようになったと考えられる。

3　維行二の矢をつがひて、ひやう〳〵どしけるが、肝魂忽にくれ、正念次第に失しかば、矢をばかからりとすて、馬より逆に落かゝりたれ共、矢にになはれてしばらく落ず。（保元物語、中）

1の例のように、漢語の原義をそのまま利用した連用修飾用法ではなく、3の例は、「次第」自体が、動作の様態を連続的変化と捉える意味を獲得したものである。それによって、漢語の原義から離れ、日本語の副詞としての用法が確立したといえる。

第五章で述べた「一所」の場合でも、「死なば一所」などの表現が多用されることで、それまでに無かった意味を獲得することができた。それは、行動をともにする意味であり、次のような用例を挙げることができる。

4　義経を庇ひ、一人峰に留まらんと言ひしを、義経も留めん事をかなしみ、一所にと千度百度言ひしに、侍の言葉は綸言にも同じ。（義経記、巻第八）

同じ場所で死ぬためには、常に行動をともにしていなければならない。つまり、「一所」で死ぬことを誓うということは、死ぬまでのどの瞬間も「一所」にいることを誓うということ、死ぬまで行動をともにすることを誓うことになる。そのようにして「一所」自体に行動をともにする意味が含まれるようになったことによって、4の例のように、〈死ぬまで行動をともにする〉ことを表し、動作様態を修飾する用法が生まれたと考えられる。

さらに「相当」の場合を見ると、「相当」に、〈そのものの持つ程度の高さ・量の大きさにおいて当たる、対応する、ふさわしい〉という含意が生じた点を挙げることができる。次のような用例が挙げられる。

5　しかりといへども、たゞ一つのわづかなる御をんにたいしても、さうたうの御れいを申たつとみ奉る事かなはずとわきまへ、さんげし奉る也　　（こんてむつすむん地、巻第三）

この例は、「相当」が意味変化して程度・量性のあるものとの結びつきができたことによって生じた用法である。「相当」が量・程度的意味を獲得したことで、あるものの量・程度を修飾することができるようになったのである。こうした事情は、第九章で見た「随分」においても同様である。本書で述べてきた「相当」「随分」という程度副詞化したものにおいては、抽象的な程度的意味を獲得する前に、具体的な分量の意味を表すようになっている。そのことで、量・程度を修飾することができるようになったことが、副詞化するために必要な段階の一つであると考えられる。

3・2・3　意味の抽象化

さらに、副詞化のプロセスの一段階として、意味が抽象化するという段階を挙げることができる。たとえば、「次第」の場合で見ると、漢語「次第」の非連続的な〈順番、序列〉といった原義から離れ、日本で独自に連続的な事象へと表す対象が変化した。次のような例である。

6　めんぼくをたうじにうしなふのみにあらず、そしりを後代にのこさむ事、くちおしき次第にあらずや。　　（保元物語、上）

この例のように、「次第」は、その表す対象の性質が、一つ一つの区切りがはっきりした「非連続」的なものから、区切りのはっきりしない「連続」的なものへと変わり、〈事情、顛末〉を意味するようになっている。それによって成立した副詞「次第に」は、連続的な変化を表すようになっている。つまり、〈順番、序列〉といった具体的な意味から、連続的変化という抽象的な意味を表すようになっているのである。

「一所」の場合も同様である。本来は〈一つのところ〉という、具体的な空間的意味を表していた「一所」が、行動をともにするさまを表すものへと抽象化している。

7　トとめる。又兵衛・新造も一所にとめる。このさわぎに橋番聞つけ、六尺棒もって出、

（鐘木庵主人「卯地臭意」、ト書き）

この例では、「一所」がもともと持っていた空間的意味は希薄であり、当事者間の結びつきに焦点が移っている。その結果、行動をともにすることを表すものとなっている。

さらに、「相当」「随分」は、具体的な分量の意味を獲得した後に、そこから、抽象的な程度の高さを表すようになったものであり、意味的抽象化の最たるものといえる。「随分」の例を挙げる。

8　申ムヤ、家嫡ト云、位階ト云、方々理運左右ニ及候ハザリシヲ、引替ラレマヒラセ候シ事ハ、随分無本意御計カナトコソ存候シカ、

（延慶本平家物語、第二本）

それまでのものは動詞及びそれに準ずるものに係り、量的含意を持つものであったが、8の例のようなものに至って、形容詞に係り程度性を修飾する用法が発生したのである。程度副詞化するというのは、もともと持っていた実質的な意味を失い、程度の高さという抽象的な意味をもっぱら担うようになることであるから、程度副詞化したものは、いずれも抽象化の過程を経たものと考えることができよう。

3・2・4　文法化（再分析）

最後に、副詞化のプロセスの一段階として、一語の副詞として再分析されることが挙げられる。これは文法化現象

の一つと考えられる。

「次第」の場合で見ると、漢語「次第」の原義は〈順番、序列〉といったものであったから、平安時代の連用修飾用法の例は、それをそのまま生かした〈順番に、次々に〉という意味であった。つまり、「次第」＋「に」という構造であったといえる。それが時間副詞化した例では、「次第に」という形で一語の副詞として再分析されているといえる。

「一所」の場合も、「一所」が漢語としての原義を残している段階では「一所」＋「に」という構造であった。それが、副詞化した例では、「一所に」で一語の副詞として再分析されているといえる。

「相当」「随分」「真実」の場合は、それぞれ、漢語の原義を残している段階では、「相当」＋「に」、「随分」＋「に」、「真実」＋「に」という構造であったが、（量・）程度的意味が発生した段階では、「相当に」「随分に」「真実に」で一語の副詞として再分析されているといえる。

そしてさらに「相当」「随分」「真実」の場合は、漢語単独で副詞用法を発生させている。つまり、「相当φ」「随分φ」「真実φ」という形で一語の程度副詞としての再分析が起こっているといえる。

このように見てくると、漢語副詞の形態面での文法化（再分析）の方向性として、

漢語＋「に」→「漢語に」→漢語φ

という流れを描くことができる。

以上、「連用修飾用法の獲得」「動作様態や状態・程度を修飾する意味への変化」「意味の抽象化」「文法化（再分析）」の四つの段階を述べた。それぞれの語が副詞化するに際しては、このような変化が起こっており、それらが、副詞化するためのプロセスにおける諸段階の一端であると考えることができる。

ただし、ここに述べたのは副詞化のプロセスの段階の一端である。副詞化のプロセスの段階を全面的に示したものではなく、ほかにもタイプがある可能性がある。また、どの段階を必要とするかといったことや、段階同士の前後関係などは、語によって異なると思われる。それらについては、今後さらに検討する必要があるだろう。

第四節　漢語の国語化に基づく新たな漢字語運用

4・1　国語化に基づく字音語の再生産

ここまでは、漢語が国語化する現象にはどのようなパターンがあるかという点から見てきた。第二節でおよそ10種のパターンにまとめて示したが、そこでは、従来漢語として扱われることのある「和製漢語」などは別扱いすることにした。では、そのようなものはどのように位置づけられるだろうか。

日本人が漢語を受容し、その使用に習熟することによって、日本人による漢字語の運用面でも、新たな現象が見られるようになった。すなわち、日本人が漢字音を利用して、漢語・漢字表記語を新たに作り出す現象が起こるようになった。そのことをここでは「字音語の再生産」と呼ぶことにする。この「字音語の再生産」とは、国語化により漢語が日本語の中に馴染み、同化することによって、日本人が漢字音や漢語の構成法に習熟し、その結果、漢語を受容するだけでなく、日本人が新たに字音語を作り出すようになったということである。漢語受容のためのフィルターとしての国語化とは異質なものであり、国語化とは別に扱うのがよいだろう。それでは、国語化に基づく字音語の再生産と考えられるものには、どのようなものがあるだろうか。以下では、本書で扱った具体的事例の中から、字音語の再生産と考えられるものを挙げることにする。

4・1・1　和製漢語の発生　――「一所懸命・一生懸命」を例に――

「一所」「懸命」自体は漢語であるが、それらを組み合わせた「一所懸命」という語は、和製漢語であると考えられる。中世武士階級が所領安堵に命をかけるさまを表す思想用語として、「一所」と「懸命」を組み合わせた四字熟語が作り出された。さらにその後、近世に入って、所領と関係のない場面で比喩的に転用された用法が使用されることによって、「一生懸命」という別の和製漢語も作り出された。

和製漢語というのは、前述したように、漢語が日本語の中に同化することによって、日本人が漢字表記語を新たに作り出したものである。さらに、「一所懸命・一生懸命」の場合は、意味の比喩的転用が起こることによって表記を変え、さらに別の和製漢語を作り出してもいる。

和製漢語については、従来の研究でもよく述べられているので[4]、ここでは現象の指摘にとどめる。

4・1・2　漢字表記語の擬似漢語化　――「むげ」を例に――

漢字表記を与えることによって、そのような文字通りの意味を持つものとして使用されるようになった例がある。別の意味を持っていたものや、意味が不明となっていたものに、漢字表記が与えられることによって、その漢字に即した意味を持つものとして理解されるようになったものである。

「むげ」は、文脈的意味を「むげ」自体の中に取り込み、「無下」という漢字表記と結びついてマイナスの意味を獲得し、それによって程度副詞用法を発生させた。つまり、出自不明の「むげ」に「無下」という漢字表記を与えることで、「むげ」自体が実質的意味を持つものとして認識され、その表記に沿った意味へと変化したといえる。つまりこの段階で、「むげ」が、「無下」という漢字表記を持つ漢語であるかのように認識されたということである。実際のところは、第十一章で述べたように、「むげ」自体は漢語であるかどうかはわからないし、中国文献における「無下」

という漢字連続にも日本語の「むげ」のような意味・用法は無い。したがって、「むげ」は漢字表記を与えられることによって漢語に擬せられた「擬似漢語」であるということができる。さらにその後、中世末期に、「むげつけない」の意味を「むげ」という要素に取り込み、〈残酷だ、薄情だ〉という実質的意味を改めて獲得した。そこへいたって、単に悪いという意味でなくなったために、今度は「無下」という表記が似つかわしくなくなった。そのために、「無碍」などの、現代の用法に似つかわしい漢語を探し出してくるという形で複数の語源説が提出されるようになっている。これも第十一章で述べたように、「無碍」などの漢語自体は漢籍に典拠があっても、日本語の「むげ」がそのような表記で使用された形跡は無い。しかし、「むげ」という語が漢籍に典拠を持つもの、つまりそれにふさわしい漢字表記を本来は持つものと意識されることによって、「擬似漢語」というべき状態となっている。

4・1・3　表記のあて直し　──「一所・一緒」「一所懸命・一生懸命」を例に──

表記と意味に密接な関係を見出されるために、意味が変化して表記と合わなくなった場合、もしくは漢字表記そのものの意味が理解されなくなった場合には、意識・使用実態に合う新たな表記が求められることも起きた。

「一所・一緒」の場合は、もともとは、同じ空間を共有することを表していたのだが、空間的意味を喪失した用例が現れだしたときに、「一所」という表記がそうした意味にそぐわなかったため、意味変化に対応した新たな表記が模索され、結局「一緒」が採用された。「一緒」の例は、変化した意味に対応した新表記として採用されたという点で、広義「当て字」の一種ともいえる。しかし、この場合は、「一緒」という漢語自体は漢籍に典拠を持つものの、そこでの意味に関わりなく、字音語としてのみ取り入れたものと考えられ、「いっしょ」に対する表記のあて直しといえる。

「一所懸命・一生懸命」の場合は、もともと中世武士階級の思想用語であった「一所懸命」が、比喩的な転用を経て使用されることで、「一所」の表記が現状とそぐわなくなった。それに対応する形で、「懸命」からの連想と、生涯に関わる重大な場面に使用する「一生」との類似から「一生」が当てられ、「一生懸命」という新たな語形を生じたものであり、この場合も「一生」という漢字表記が当て直されたものといえる。

いずれの場合も、その語の現実の使用実態や、変化して生じた意味に応じて、漢字表記が改めてあてられるものである。こういったものを、「表記のあて直し」ということができよう。

4・2　新たな漢字語運用としての字音語の再生産

ここまで述べてきた字音語の再生産にはどのようなものがあるかを整理すると、次のようになるだろう。

1、和製漢語の発生

（例…大根、返事、火事、内々、文盲、情報、目標、推参、尾篭）

2、漢字表記語の擬似漢語化

（例…無下、無駄、滅多、野暮）

3、表記の当てなおし

（例…政治・政事、気象・気性、普段・不断、不便・不憫）

1の和製漢語というのは、中国文献に見られない、日本で作り出された字音語である。字音で読まれるため、見掛け上は中国文献に典拠のあるものと変わらないものである。これも漢語の受容の問題ではなく、日本語の中で新たに字音語を作り出す過程であるから、漢語の国語化そのものとは別の現象といえる。つまり、漢語というものが、日本語の中で体系の大きな部分を占めるようになったために、見かけ上漢語と変わらないものを作り出すことが可能になったということであるから、中国文献に用例があるものの受容、または変容の問題ではない。「大根」、「返事」などは、和語に漢字表記を与え、それを字音で読むことによって生まれた和製漢語である。このようなタイプのものは古来形成されてきたものである。また和製漢語にはそのほかに、主に近代以降に、それまで日本語に無かった概念を日本人が創出した漢字表記語で表したものもある。字音形態素を組み合わせて漢字熟語を作り出したもので、近代以降に西洋の概念を受容する際に生まれた訳語の一部はこうした和製漢語である。

2の漢字表記語の擬似漢語化とは、和語に漢字表記が与えられることにより、その漢字の持つ意味によってその語を理解されるようになったものである。和製漢語とも深く関わるが、まるで中国文献に典拠を持つ漢語であるかのように意識されることにより、同音のさまざまな漢語が語源説明のために持ち出されるといったことも起こる。本書で扱った「無下」以外に、「擬似漢語」の可能性があると考えられるものには、今後の詳しい検討が必要であるが、「無駄」「滅多」「野暮」などが挙げられるだろう。

3の表記の当てなおしとは、同じ(または近い)音の別の漢字表記が新たに与えられるものである。これは、意味変化に対応したものが見られる。意味変化によって語源が不明になった場合や、漢字表記と意味がそぐわなくなった場合に、新しい表記が求められることが起きた。

こうした字音語の再生産が起こる前提には、語を漢字で表記するという行為がある。漢字本来の意味にこだわらない「当て字」という現象もあるが、基本的には漢字の持つ意味に即して字を当てることになる。そのようにして、和語に与えられた漢字表記を音読することによって、1の「大根」「返事」のような和製漢語が生まれる。また、初めから字音を利用して漢字表記を当てることによって、2の「無下」のような擬似漢語が生まれる。さらに、漢字表記の文字通りの意味が実際の用法に合わなくなった場合には、3の「一所・一緒」の場合のように、より意味が近い同音語による表記の当てなおしが行われる。このように、漢字の持つ意味に即して字があてられるという行為が、字音語の再生産の基盤にあるものとして留意しておく必要があるだろう。

国語化に基づく字音語の再生産という現象は、右のようにまとめられる。この現象は、中国文献に典拠のある漢語の受容という観点からは中心的なものとはいえず、漢語受容の周辺的なものということになるであろう。しかし、言語接触によって日本語の語構成法や新語の作成法に体系的な影響を与えた事例と考えられる。また、日本語内の意味変化に対して漢字表記というものが影響関係を持つようになった事例ともいえる。

第五節　他の言語における借用語の事例との比較

前節までで、漢語が副詞用法を発生させる過程を検討し、漢語の国語化、及び字音語の再生産について論じてきた。本章の最後に、他の言語における借用語の実態を概観し、日本語における漢語の国語化、特に副詞用法の発生が、言語接触の問題の中でどのような位置づけが与えられるものであるか、考えてみることにする。

自国語以外の言語から、語彙をある程度大量に借用するということは、日本語以外にも見られることである。たとえば、日本語語彙が英語語彙体系に組み込まれる「同化」過程を論じた早川勇(二〇〇五)では、同化度を次の4段階に分けて示している。

第Ⅰ段階(ほぼ原語のままの段階)アルファベットで表記され英語文献において用いられるが、日本文の引用や日本語語彙の列挙の形で現れたり、きわめて限定された文献(歴史的、専門的など)にしか現れない。

第Ⅱ段階(外来語の段階)日本語から来たばかりの語彙であったり、英語への同化が余り進んでおらず、一部の英米人しか知らなかったり一部の文献にしか現れない。

第Ⅲ段階(借用語の段階)日本語から借りてきた語彙で同化がかなり進み多くの英米人が日常的に用いている。

第Ⅳ段階（本来語の段階）語源は日本語語彙であるがその意識がなく英語語彙として日常的に用いたり、英米人ならだれでも知っている。

そして、それらについて、「The Oxford English Dictionary on Historical Principles（2nd ed. 1989）」「The New Shorter Oxford English Dictionary on Historical Principle（4th ed. 1993）」「The Concise Oxford Dictionary of Current English（8th ed. 1990）」「The Pocket Oxford Dictionary of Current English（8th ed. 1992）」「The Little Oxford Dictionary of Current English（7th ed. 1994）」の各辞書に収録されているかどうかという観点からポイント化し、英語の中の日本語語彙を、第Ⅰ段階から第Ⅳ段階までに分類している。この第Ⅰ段階から第Ⅳ段階までのものは、日本語からの借用語が、英語の中で日常的に広く使用されるようになって行く過程を示したものと考えられる。

そして、接触の際の言語変化として、「日本語の語彙に接辞がつき新たな語を生みだしているか」「日本語の語彙に英語の単語がつき新たな語や表現を生みだしているか」といった「1語構成・語形成」の観点、「品詞を転換して用いているか」「日本語語源の名詞を複数形で用いているか」といった「2文法」の観点、「意味を縮小または拡大しているか」「意味の転化または付加があるか」「比喩的に用いているか」といった「3意味」の観点、「英語の音韻体系に合わせ音を変化させているか」「英語の文字体系に合わせ文字表記しているか」といった「4音声・文字」の観点、という四つを示し、同化度とこれらの観点との相関関係を考察すべきであるとしている。ここで、英語の中への日本語の浸透の度合を計る一種の指標として挙げている、音韻・文法・意味に関わる観点は、本章第二節で述べたものと共通する。

次に、同じく英語における日本語からの借用語について論じたMakimi Kimura-Kano（二〇〇六）では、言語借用の流れの内、借用（borrowing）された語の定着過程（assimilation）として、

・発音の変化　・複合語　・接尾付加　・品詞転換　・意味変化

といった段階を挙げ、さらに、日本語からの借用語が英語の語彙として受け入れられていく経路として、以下の四つの段階(stage)を提示している。

1、まず、強勢付与、母音の強化・弱化など発音・綴りが英語の規則に従った形に変化する

2、次に、名詞が限定用法を獲得し(bonsai tree「盆栽」)、その語を説明する語を伴って繰り返し用いられる(adzuki bean「小豆」)

3、さらには、接辞付加や複合語形成などにより、新たな語を派生する生産性を獲得する

4、最終段階では、比喩的用法、意味の拡大・転換により、多義を持つようになり、英語の語彙として浸透し、広く使用されるに至る

1は、第十二章で述べた漢語の国語化の整理では、「II　音韻・音声に関わるもの」にあたるだろう。2・3は、「I　文法に関わるもの」にあたるだろう。4は、「III　意味に関わるもの」の内容を含むといえよう。これは、日本語からの借用語が、英語に受け入れられ、英語語彙として馴染んでいく過程を、段階的に進行するものと捉えたものといえる。その点は4の「英語の語彙として浸透し、広く使用されるに至る」という部分にも表れている。つまり、1や2の段階ではまだ十分に英語化したものとはいえず、4の段階まで進行することによって、あるいはそれとともに、英語の中で広く使用されるようになるということである。もっとも、意味転換が見られるほど英語化した日本語からの借用語はほんのわずか(2%)であるとしている。

本書では、漢語の国語化過程を、必ずしも段階的に進行するものとは考えていない。また、早川の第I～IV段階や、Makimi Kimura-Kano の「語彙として浸透し、広く使用される」かどうかといった観点は、第二章第三節で述べた「3　日本語の中でより一般的・日常的に使用されるようになること」と同様の観点といえるが、そういった観点は、国語化の中心的なものとは考えなかった。しかし、借用語に起こった変容として、「音韻」「文法」「意味」のそれ

ぞれに関わるものがあると指摘する点は共通する。

また、本書で中心的に扱った副詞化というものを、国語化のより進んだものと考えたが、それは、副詞化が、文法に関わるものであるとともに、意味にも関わるものであり、さらに、接辞を付すなどして規則的に作り出せるものとは異なり、意味変化に伴って、漢語単独で副詞用法を獲得する場合もあることによる。その点で、Makimi Kimura-Kano が、「音韻」「文法」に対して「意味」の変化が起こるものを、英語化の進んだ段階のものとみている点は、本書で述べた副詞化にとっても示唆的である。

これらの先行研究は、いずれも、日本語由来の語が、英語の中に受容されるにあたって、それが英語の中に広くそして深く浸透し、他の英語とほとんど変わらずに日常語として使用されるようになる過程を、それらの語彙に起こっている変化とともに、段階的に示すことを意図したものといえよう。つまり、外来の語彙が日本語の中に完全に溶け込むまでの過程を問題にしたものといえる。

それに対し、第十二章で述べたとおり、本書では、日本語に受け入れられた漢語は、中国語におけるものと意味・用法・音声などの点で全く同じではありえないということから、いずれも何らかの国語化の過程を経たものであると考えた。そのうえで、日本語の中で使用を広げていくかどうかといったことは、別の問題と考えたということである。

その点、本書で示した国語化の過程とは少し考え方が異なる。そのため、単純な比較はできない。しかし、ここまでに挙げた研究に見られる、

・音韻、文法の面での変化の他に、意味面での変化が起こるものがある。
・品詞転換が起こるものがある。

といった指摘は、副詞化を考えるにあたっても、重要な観点といえよう。

原語と同じ発音で取り入れるということは考えにくいため、音韻面での変化はある程度必然的なものといえる。そ

れに対し、意味の変化というものは、現地語により溶け込んだものと考えることができよう。また、借用語において、品詞が転換するということも、音韻変化のような必然的なものとはいえず、原語からの用法の変化を伴う点で、より現地語に溶け込んだものと考えることができよう。ただし、接辞を付すなどして規則的に作り出せるものとそうでないものとは区別する必要があろう。日本語の場合、副詞化するための専用の接辞は無い。「に」が付けば連用修飾することができるようになるが、それだけで副詞と認められるわけではない。本書で述べてきた事例にも見られたように、漢語がそのままの形で副詞用法を獲得するという点が、日本語における漢語副詞の場合、他のものと異質と考えられる。

本書で扱った副詞化の事例は、漢語を受容したあとに、日本語の中で意味変化が起こったことに伴って起こった現象である。「次第に」「一所(一緒)に」は、それぞれ〈順番に〉〈同じ場所で〉という意味であったのが、日本語の中で独自に意味変化して、一語の副詞として熟していったものであった。さらに、副詞用法の発生は、文法に関わる現象のなかでも、接辞を付すことによって規則的に作り出せる動詞化や形容動詞化とは性質が異なる。「随分」「相当」「真実」は、当初「に」の付いた形で使用されていたが、それぞれある時期に、「に」の付かない漢語単独の形でも使用されるようになり、一語の副詞としてより熟したものとなったといえる。つまり、本書で扱った副詞化というものは、

・意味変化に関わるものである(漢語の原義を離れている)。
・接辞を付すなどの規則的な現象でない。

という二つの点に特色を持つ。前述の通り、必ずしも、これらの特色が、漢語が日本語に「同化」した「段階」に直結するものとは考えないが、他の現象とはやはり異質と考えてよいだろう。

ここまで挙げた英語の中の日本語の例以外にも、朝鮮語においても、漢語が副詞として使用される例はあるとい

う。水野義明（一九七二）によると、

一般には形容詞の語幹に -i をつける。（日本語では形容詞〈漢語の場合は形容動詞〉の連用形が用いられる。）

しかし漢語由来の形容詞にはふつう -hi がつく。

として、「確実-hi（確実に）」「勤勉-hi（勤勉に）」といった例を挙げる。

しかし、朝鮮語においても、接辞の付かない形で副詞として使用されるものもあるようである。水野（一九七二）には「漢語語幹だけで副詞機能を果たす場合もある」とし、「突然（突然）」「約（約）」「万若（万一）」「結局（結局）」などの例を挙げる。また、梅田博之（一九九三）にも、

漢語は、ほとんどが名詞として機能するが、…略…「わずか（不過）」、…略…「やむをえず（不得已）」などのように、副詞として用いられるものも若干ある。

といった指摘が見られる。

このように、日本語と同じように借用語としての漢語を多数持つ朝鮮語においても、漢語副詞にあたるものがあるようである。これについては、同様に漢語を受け入れたベトナム語やタイ語などともあわせ、考察する余地があろう。副詞化、特に接辞を付すなどの規則的な仕組みによらないものについて、他のものとどのような違いが認められるかといったことを考えることは、現地語に漢語が溶け込んだことの指標としての副詞化の位置づけを考えることにもつながるであろう。それらは今後の課題としたい。

なお、近代以降日本語においては英語語彙を大量に受け入れているが、その中で、副詞用法で使用されるものというのは、極めてまれといってよい。体言として受け入れることは勿論、動詞や形容動詞・形容詞については規則的な方法によって比較的容易に作り出せる（パスする、ミスる、ナウな、ナウい）のに対して、形容動詞連用形（スピーディーに、ソフトに）はあっても一語の副詞として熟した形で使用されるということが少ないとすれば、やはりこの

ことは、副詞用法を持つということが、他の現象と異質であることの裏付けの一つとなろう。

注

（1）「笑止い」については飯豊毅一（一九八三）、「無慙い」については小林好日（一九五〇）によった。

（2）「徒然」については遠藤好英（一九九九）、「沙汰」については佐藤武義（一九八三b）が挙げられる。

（3）そのような副詞用法に注目して述べたものに、前田富祺（一九八三a）や趙英姫（二〇〇一、二〇〇二）がある。前田は「漢語副詞は漢語の国語化の現象の一つとして考えられる」とし、時代ごとに漢語副詞を列挙している。趙は、言文一致以降一九六〇年代までを対象として漢語副詞を収集し、単独で使用されるか、「に」「と」などの助辞の付いた形で使用されるかといった「出現形態」と、地の文に現れるか会話文に現れるかといった「使用場面」との関連性について、調査、考察し、漢語副詞というものを、漢語の国語化と位置付けている。

（4）和製漢語については、「尾篭」を扱った佐藤武義（一九七〇）や、「焼亡」を扱った浅野敏彦（一九七九）などがある。その他、陳力衛（二〇〇一）などが挙げられる。

第十三章　時間的意味発生の過程の類型

第一節　はじめに

前章では、漢語の国語化の種類を整理したうえで、漢語が副詞用法を発生させるプロセスを検討した。そこで示したように、漢語の国語化の種類の一つとして、意味変化というものが挙げられる。その意味変化には、さらにいくつかの種類があると考えられるが、その一つとして、時間的意味の発生や、程度的意味の発生といった現象を挙げることができよう。そしてそれらはいずれも、副詞の意味変化の方向性として、一つの重要な現象であると考えられる。そこで、本章と次章では、それぞれ時間的意味の発生と程度的意味の発生を取り上げ、どのようにして時間的意味・程度的意味が発生するのか、その具体的過程を検討し、その意味変化過程を類型化して示すことを試みる。

本章では、時間的意味の発生を取り上げる。本書第二部で扱った「次第」「一所(一緒)」の事例は、いずれも歴史上のある時期に時間的意味を発生させている。たとえば、漢語「次第」は「次第に」という形の連続的変化を表す時間副詞として成立し、接続助詞「〜次第」は動詞に下接して〈〜するとすぐに〉という時間的意味を発生させた。また「一所(一緒)」は、空間的意味を喪失するとともに、時間を共有することを表す場面でも使用できるようになった。このように、時間的意味が発生するという現象は、漢語が副詞として使用されるようになることに関しても、一つの重要な現象と考えられる。

さて、時間的意味の発生は、言語における意味変化の一つのパターンとして、ひろく見られるものである。たとえば、「遠い」「長い」という語が、空間的・物理的な遠さ・長さでなく、「遠い過去」「長い期間」といったように、時間的な意味での隔たりや幅の大きさを表すようになったり、「まえ」「うち」という語が、同じく、「学校に行くまえ」「十代のうち」といったように、時間的な意味での前方や内部、つまり時間軸上の前方や内部を表すようになるといったものである。

従来、日本語における時間的意味の発生に関する指摘の中で重要なものに、右に示したような空間表現が時間表現へと転用されるというものがある。これは、時間的意味を表すために、空間を表す表現を転移させて使用するものが多く見られるという指摘である。こうしたものは文献資料に古くから用例が見られ、また言語普遍的に起こり得る現象として注目できるものである。さらに近年のメタファー研究の進展によって、空間から時間への転用をメタファーとして理論的に説明するものも見られる。それによって、空間的意味をもとにして時間的意味が発生しているものが広く見られるということは相当程度明らかになったといえる。

しかしそれらは、空間内での位置関係を、時間軸上の位置関係に対応させることによって時間的意味を把握しようとするものであるから、空間的意味と時間的意味が対応する場合には有効であるが、そうでない場合には時間的意味発生についての必ずしも有効な説明とはなり得ない。したがって、時間的意味に対応する空間的意味を想定できないものの場合には、別の説明が必要となるであろう。実際、空間から時間への転移の例には名詞類あるいは動詞・形容詞類が多いのであるが、たとえば、副詞が時間的意味を獲得する際には、その時間的意味に対応する空間的意味が無いものもある。さらに、副詞には、もともと副詞であったもののほかに、もともと副詞でなかったものが副詞化したものもあり、そのようなものについても空間から時間へという転移を考えるのは難しい場合もあるであろう。

前述したように本書でも、漢語が副詞用法を獲得したものの中で、時間的意味を発生させる事例があることを指摘してきた。たとえば、第三章では、「次第に」という連続的変化を表す時間副詞の成立を示し、第四章では、〈～するとすぐに〉という時間的意味を表す接続助詞「～次第」の成立を示した。また第五章・第六章では、「一所(一緒)」が、空間的意味を喪失し、時間を共有することをも表すようになったことを示した。

このように、時間的意味が発生するというのは、意味変化一般にとっても、一つの重要な現象であると考えられる。しかし、一口に時間的意味と言っても、その内実は一通りではない。先に挙げた形容詞や名詞の例のほかにも、時間のどのような側面を表すものなのかという点でいろいろなものがあり得る。だとすれば、副詞化による時間的意味の発生には、どのような過程があるのか、また、それらは、空間から時間への転用でないとすれば、どのような類型としてまとめられるのか、といったことが問題になる。

そこで本章では、本書で扱ってきた副詞の具体的事例を中心に、その他類似の事例を併せて示しながら、意味変化において時間的意味が発生する過程にはどのようなものがあるのか、その類型を明らかにする。すなわち、これまでよく指摘されてきた空間的意味からの転移以外にどのような時間的意味発生の過程が考えられるのか、そしてそれらにどのような類型があり得るのかということを考察することを目的とする。

第二節　空間的意味から時間的意味への転移
――時間的意味に関するこれまでの研究(一)――

さて、時間的意味の発生に関してはこれまでどのような指摘があるだろうか。時間というものが、どのような手段で表現されているかという観点からの重要な研究には、前述したように、空間的意味から時間的意味への転移という現象の指摘がある。たとえば、「前」「後」「遠い」「短い」といった、本来的には空間的な位置関係を表すものが、時間的意味に転用されている場合があるということの指摘である。

そういったものにどのようなものがあるかということは、横山辰次(一九五二)に詳しい。そこでは、空間表現から時間表現に転用されたものが実例とともに列挙されている。具体的には以下の例が挙げられている。

・「遠い」「近い」「長い」「短い」「深い」
・「程」「間」「ひま」「すき」「まへ」「さき」「あと」
・「以前」「以後」「以往」「以来」「往時」「既往」「古」「昔」「過去」「現在」「未来」「将来」「目下」「折」「折々」「折柄」「折節」「場合」
・「節」「うち」「際」
・「こしかた」「きしかた」「行く」「行く末」「行く先」「行方」「ゆくゆく」
・「さしあたり」「さしづめ」「さしむき」
・「すでに」
・「あいだ」
・「まさか」

・「おくる」
・「すぐ」「すぐに」「直様」「直ちに」「ただに」「ぢきに」「たちまち」「立所に」「間もなく」「その場で」「即座に」「当座」
・「次第」
・「をち」「をちつかた」「をちこち」「こなた」「このかた」「あなた」「はるかに」

横山（一九五一）は、こうした多くのものについて、空間表現が時間表現に転用されたものとして説明している。ただし、歴史的変遷を記述したものではないこともあって、内容的には雑多なものを含んでおり、時間的意味に対応する空間的意味が必ずしも明確でないものなど、中には疑問に思われる例もある。しかし、このように多くのものが指摘され得るならば、空間的意味から時間的意味への転用というのは、時間的意味発生の、重要な過程ということができるだろう。

こうした時間的意味と空間的意味との関係については、近年、メタファー理論によって両者の関係を新たに捉えなおそうとする論も見られる。時間と空間の意味的対応についてそうした立場から概括的・俯瞰的に述べたものに、籾山洋介（一九九二）、砂川有里子（二〇〇〇）がある。籾山（一九九二）は、「ところ」を中心に、その他「とき」「おり」「ころ」「さい」「あたり」「そば」「うえ」「うら」「まえ」「さき」「あと」「あいだ」「かんかく」「さかい」「へん」「きわ」を例に、空間を基本義とする名詞が時間へ転用可能であると述べている。たとえば、次のようなものである。

1　トコロによってはにわか雨が降るでしょう。　〔空間〕
2　このトコロ、いい天気が続いている。　〔時間〕
3　マエへ進め。　〔空間〕
4　マエにも申し上げました通り、　〔時間〕

1の「トコロ」は空間的な範囲を表しているが、2の「トコロ」は時間的な範囲を表している。同じように、3は、空間的な前方の意味であり、４は時間的な前方の意味、つまりこの場合過去を表している。そして籾山は、「より具体的で認知しやすい「空間」を基本義とする語が、より抽象的な「時間」を表現する際の「モデル」として転用されるということは、人間の認知能力という点から見て、自然なことと言えるであろう」と述べる。

また、砂川(二〇〇〇)は、籾山(一九九二)のように名詞の例を挙げるとともに、「にしたがって」「をとおして」などの動詞から派生した表現をも含めて、名詞・動詞の文法化の観点から時間的意味の発生を捉えている。「空間表現が時間概念を表すようになるときに、もとの語とは別の文法カテゴリーに属する語に変化する場合がある」とするように、単に空間表現がそのまま時間表現にも転用されるというのではなく、文法化の過程においてメタファーの作用を捉えている点に特徴がある。たとえば次のような複合助詞の例を挙げる。

５　母が針に糸を通した。

６　５日間を通して話し合いが続けられた。

「通す」という動詞は５のように「対象の移動」を表すものであるが、６のような表現の場合には、移動という空間的意味が希薄化し、時間表現へと変わっている。そしてその際、「通す」という動詞が本来有していた「〜が〜に〜を通す」という格の体制が失われ、「〜を通して」全体で格助詞相当の働きを持つ表現に変わっているとするのである。

時間的意味の発生・展開にとって、こうした文法化の過程が関係しているという指摘は重要であり、時間的意味の発生を伴う「副詞化」を考察するに当たっても、そのような見方は必要であると考えられる。

ここまでのことから、従来の指摘に見られる、空間的意味から時間的意味が生じたと考えられるものは、大きく二つに分けることができる。一つ(Ⅰ)は、空間的位置関係を時間的前後関係に単純に転用したと考えられるものである。[1] すでに述べた名詞・形容詞の例のほかに、動詞の例として「来る」を「もうすぐ春が来る」といったように時間・時期の到来・変化に当てはめたものや、指示詞の例として「あなた」を「あなたの年頃」といったように過去・未来などの時間的に離れた範囲に当てはめたもの、が含まれる。

もう一つ（Ⅱ）は、空間的位置関係から時間的前後関係への転用と文法化の過程を経たものである。たとえば、名詞「うえ」が、「相談した上で改めて連絡する」といったように時間的意味を表す接続助詞となるものや、動詞「かける」が「今晩から明日朝にかけて雪が降る」といったように時間的意味でのある期間であることを表すようになる、といったものである。これらは、文法化することによって、時間的意味を表す用法で使用されるようになっているともいえる。ただし、その構成要素である「うえ」「かける」「通す」などの語は、文法化する以前にもともと空間時間両用のものであり、文法化によって初めて、あるいは新たな時間的意味を獲得したわけではない。その点でⅡは、後述するⅢにまとめたものとは異質である。

以上のことから、従来の指摘に見られる、空間的意味から時間的意味が生じたと考えられるものをまとめると、次のようになる。Ⅰ・Ⅱのそれぞれの内部は品詞別に示した。

Ⅰ　空間的位置関係を時間的前後関係に単純に転用したもの

・名詞…「程」「間」「ひま」「すき」「まへ」「さき」「あと」　など
・形容詞…「遠い」「近い」「長い」「短い」「深い」　など
・動詞…「来る」「行く」「おくる」　など
・副詞…「すぐに」「すぐさま」「直ちに」「ただに」「ぢきに」「たちまち」　など
・指示詞…「をち」「をちつかた」「をちこち」「こなた」「あなた」　など

Ⅱ　空間的位置関係から時間的前後関係への転用と文法化の過程を経たもの

・名詞の文法化…「うえ（で）」「のあいだ」「うち」「そばから」「まえに」「とともに」　など

・動詞の文法化…「にかけて」「にしたがって」「をつうじて」「を通して」など

第三節　時間副詞化における時間的意味
——時間的意味に関するこれまでの研究(二)——

前節で見たように、空間的意味から時間的意味への転用といった考えは重要であるが、これでは捉えられない類型もあると考えられる。たとえば、「突然」「遂に」「既に」などのような時間副詞の多くにとって、時間的意味に対応する空間的意味といったものは想定しにくい。本書で扱ってきた事例は、副詞化することによって時間的意味を獲得してきている語である。これらは、文法化の過程を経て、時間副詞として熟していったと考えられるものであり、時間的意味発生の過程には、空間的意味からの転用とは異なったメカニズムが働いているといえる。また、このようなものは、副詞であるという点で、籾山や砂川が指摘するようなものとは性質が異なるとも考えられる。そのようなことも考え合わせると、副詞の意味変化、あるいは時間副詞化という観点からも、時間的意味の発生という現象を捉えなおす余地があるようである。

空間的意味から時間的意味への転用という過程によらない、時間的意味の発生を考えるにあたっては、注目すべき論がいくつかある。たとえば、「時の副詞」を立てるべきことを主張し、時間副詞の体系性を論じた川端善明(一九六四)が挙げられる。川端は、時間副詞と言われるものにどのようなものがあり、それらの時間的意味のあり方がどのようなものであるかを考察し、「徐々に、やうやく」「だんだん、漸次、次第(次第)に」「いよいよ、ますます」に関して、次のように述べる。

反覆において持続のなかに連続的な変化をきざす場合を意味する。言わば同質的に持続するもののなかに質の程度的な変化が生じ、それが時の流を顕勢的に意識させもする、といった場合である。……中略……「だんだん涼しくなる」のごとく、結果的には「(涼しく)なる」というごとき変化態を述語のありかたに求めつつ、その前提に「涼しく」のような状態の持続的である形式を要素的に必要とする　（川端一九六四、39頁下段）

つまり、「連続的な変化」「質の程度的な変化」を表す場合に、時間の経過を含むようになるという指摘である。川端(一九六四)は通時的な意味変化を論じたものではないが、時間副詞における時間的意味の内実を検討したものとして重要なものといえるだろう。

また時間副詞における「変化」ということに関しては、工藤浩(一九八五)も、次のように述べる。

時間表現といえば、「速度」もその一つではないか？　じっさい「すぐに」とか「急に」などは、変化の速度でもあるだろう。では、動作の速度を表わす「ゆっくり・急いで」も時の副詞に入れるべきだろうか。どうもそうはしにくい。これらは動作の様子を表わす状態副詞としか見られていない。どうやら、言語的には、等速度のものは時間的と見なされないようだ。やはり、時の認識は〈変化〉の認知に始まる、ということであろうか。　（工藤一九八五、56頁上段）

これも、「変化」と時間の関係を示唆するものといえる。しかし、両者の関係を示唆するにとどまり、時間的意味発生の仕方の内実を論じたものではない。

このように考えると、副詞における時間的意味の獲得ということを検討していくにあたっては、共時的に見た場合の時間的意味の分類という観点だけでなく、川端(一九六四)や工藤(一九八五)の示す右のような視点に基づくことが必要であろう。それでは、これまでよく指摘されてきた、空間的意味からの転移という代表的なパターン以外に、通時的な意味変化としての時間的意味発生にはどのような過程があり、それらはどのような類型としてまとめることができるであろうか。

第四節　時間副詞化による時間的意味発生の類型

以上のような視点をふまえて、本節では、副詞が時間的意味を獲得する事例をもとに、時間副詞化する際にどのような過程を経て時間的意味が発生しているのかということを検討していく。

4・1　連続的変化からの含意によるもの　――「次第」を例に――

まず挙げるべきものは、連続的変化からの含意というべきものであろう。これは、個別の事態が続いて起こることを表すところから、それらが連続的・漸進的に変化することを表すようになることにより、そこに時間的意味が見出されるものである。具体的な例として、「次第」の副詞化の場合を見てみる(「次第」については第三章で扱った)。漢語「次第」の原義は、〈順番、序列〉という意味であった。次の例のようなものである。

7　すべからくは神武天皇をはじめたてまつりて、つぎ〳〵のみかどの御次第をおぼえ申すべきなり。（大鏡、第一巻、序）

8　関白殿をはじめ、この殿ばらは、薬師堂の東のかうらんのしものつちに、わらうだしきてしだいになみゐさせたまへり。（栄花物語、巻第二九）

7は天皇の皇位継承の順序を表したものであり、8は順に並んで座っているさまを表したものである。そのように〈順番、序列〉といった非連続的な意味を表していたものが、次のように、連続的変化を表す副詞用法として使用されるようになる(2)。

9　同日ノ戌時ニハ辰巳ノ方ヨリ地震シテ、戌亥ノ方へ指テ行。此モ始ニハヨモナノメナリケルガ、次第ニツヨクユリケレバ、山崩テ谷ヲウメ、岸ハ破テ水ヲ湛ヘタリ　（延慶本平家物語、第二本）

10　見すごしてなん通りけるに、次第に奥へ行く程、猶更に人小く、（風流志道軒伝、巻之三）

11　午後は次第に雨脚が強くなるでしょう。

9は地震による揺れが強くなったことを表している。連続的・漸進的な変化が起こった後に、変化の結果の事態を描写する表現であるといえる。これによって、変化に時間的意味が含意されるようになったといえる。さらに後の時代には、10・11のように、必ずしも結果の事態でなく、状態の変化が漸進的に進むさまを表すようになった。

このように、「次第」の場合、事態を連続的変化として捉える意味が発生したことが、時間的意味発生の端緒といえるだろう。それによって、漢語の原義を離れ、時間的意味を含意する副詞「次第に」として文法化したものと考えられる。こうした、「変化」を時間的意味と結びつける考えかたは、前述した川端（一九六四）や、工藤（一九八五）にも見られるものであった[3]。副詞「次第に」の場合は、連続的変化を表すようになることによって、それを副詞用法を使用して描写する場合に時間的意味が生じたと思われる。このように、時間の経過を意識させやすい意味として、連続的変化からの含意というものを、一つの類型とすることができるであろう。

「次第」と同じように、変化を含意することによって時間的意味を表すようになったと考えられるものには、たとえば、「徐々に」「だんだん」などが挙げられる。

「徐々」はかつては〈挙動が落ち着いているさま〉を表していたものである。

12　無官ナレバ徐々トメ、左右ノ手ヲ土ニツキテ、犬居ニ居テ、（源平盛衰記、巻第一）

13　少く楽まされし貫一も、之が為に興冷めて、俄に重き頭を花の前に支へつゝ、又夫の愁を徐々に喚起さんと為つ。（続続金色夜叉、第二章）

12は、おもむろに左右の手をつくということである。それが、変化を表す表現を連用修飾する用法で使用されることにより、変化に含意される動作の進行がゆっくりであることを表すようになった。13は、かつての心配が思い出されようとしているということである。

また、「だんだん」は、かつては文字通り段状になっているさまを表していたものである(田和二〇〇八)。

14　御殿御殿ノツマヅマガ段々ト三ッツモ四ッツモツゞイテ　（古今和歌集遠鏡、仮名序俗言）

15　露のをいた草の葉も、だんだん色がかハつて行ハ　（古今和歌集鄙言、440番歌俗語訳）

14は、段階的に階段状になっているさまをあらわしたものである。それが、15のように、段階的な変化を表すようになったといえる。15は、葉の色が少しずつ変わっていく様子を描写したものである。この場合も、変化を表す表現と結びつくことにより、時間的意味が含意されるようになったものと考えられる。

このように、連続的変化を表すようになることによって、時間的意味が生じたと考えられる一群の副詞がある。ここで挙げた他にも、今後の詳細な検討が必要ではあるが、「漸次」「やがて」なども同様の過程を経ている可能性のあるものとして挙げることができよう。このように、時間の経過を意識させやすい意味として、連続的変化からの含意というものを、一つの類型とすることができるであろう。

4・2　ひとまとまり性の含意によるもの　――「一緒」を例に――

次に挙げられるのは、ひとまとまり性の含意によって同時性を表すようになるものである。これは、ひとまとまりに行われる動作について副詞が使用されることによって、ひとまとまりであることからくる同時という時間的意味を、副詞の意味として取り込むようなものである。たとえば、「一緒」というのがその例である(「一緒」については、

第六章で扱った)。

現代語の「一緒」には次のような用法がある。

16　取引先へ請求書と納品書を一緒に送った。

17　鈴木君はいつも田中さんと一緒に帰る。

18　僕は彼と一緒に卒業したい。

16は、複数のものを一つにまとめる様子を表す用法、17は、行動をともにする様子を表す用法である。それに対し18は、同時に行動が行われることを表す用法といえる。18のようなものは「同時的動作」という時間的意味を表しているとも考えられる。

この「いっしょ」は、次のようにかつては、「一所」と表記して〈一つの場所、同じ場所〉を表していたものである。

19　幼少竹馬の昔より、死なば一所で死なんとこそ契しに、ところ〳〵でうたれん事こそかなしけれ。

(平家物語、巻第九)

この例は、死ぬときは同じ場所で死のうという意思を表明する場面のものである。「一所」は、このように、もともとは空間を共有するさまを表していたが、徐々に、空間を共有する人や物の結びつきの方へ焦点が移っていった。[4]

20　トとめる。又兵衛・新造も一所にとめる。このさわぎに橋番聞つけ、六尺棒もつて出、

(鐘木庵主人「卯地臭意」、ト書き)

この例では、同じ空間を共有しながら、その中で同じ行動・動作をするというように、当事者間の結びつきを表すようになっていったといえる。同じ空間を共有し、その中で同じ動作を行うということになれば、当事者間のひとまとまり性が含意されるようになる。結果として、そこで行われる動作は「同時」である可能性が高い。

「一緒」という表記が見られた最初期の例である次の例などは、聞いておくべき事柄を頭の中で一つにまとめるということであるから、物理的な空間はまったく想定できず、抽象的な意味を表す用法といえる。

21　いまでも萬葉とやらの歌よみは、べい詞を遣ふさうさ。この事も一緒《いつしよ》に聞て置て、内へ書付て置たから、その歌や詞を来て見なせへ。（浮世風呂、二編巻之上）

この例は、複数の物を一つにまとめる意味だが、物理的に物を一箇所に集めたものではなく、聞いておくべき事柄を、頭の中で一つにまとめて紙に書き付けた、ということを表している。

たとえば、先に挙げた17のようなものは、同じ(極めて近接した)空間内での動作であるとともに、時間的にも動作が同時に起こっているものである。このようなものが生まれるということは、空間を共有するというところから、動作を同時に行うというところに焦点が移るということが起こったということである。その結果、空間を共有した中での人や物の結びつきをもっぱら表し、「一所」が文字通り示すような、一つの閉じられた空間を想定できないものも現れる。このようなものが、先に見た18のような例である。つまり、物理的な空間を共有していなくても、人や物が動作・行為を共有することによって、動作・行為のひとまとまり性を表すようになると、18の例の「卒業する」のような動作を表す表現と結びついた場合に、同時という時間的意味が表面に表れてくるようになるのだと考えられる。つまり18の例の場合は、空間を想定できない上に、必ずしも同じ動作を表しているわけでもない。そのため結果的には共有しているのは時間(のみ)ということになるわけである。

このように、「一緒」は、ひとまとまりであることを表すことから、同時に行われる動作と結びつくことによって、結果的に時間を共有して同時に起こるさまを表すことができるようになったものであると考えられる。〈ひとつの所〉という意味を離れ、「一緒に」という形で副詞として文法化することによって、時間的意味を含意するようになったのである。

「一緒」と同じように、同時的動作を表すようになったと考えられるものには、たとえば、「一斉」「一遍」などが挙げられる。

22　鏡に対ひ加持する事三遍、君臣一斉《ひとしく》これを見るに、且して鏡の面赫奕と鮮明なる事明月の昇るがごとく、（椿説弓張月、続篇巻之四）

23　幾羽となく空を飛んで来た鳥の群が、急に町の角を目がけて、一斉に舞ひ降りた。（島崎藤村「家」、下巻）

「一斉」は、〈すべてに等しく一様、平等〉という意味であった。22は、主君と臣下が一様に、同じように「見る」という動作を行ったことを表している。それが、23のように、多くの鳥が舞い降りるという動作が、同時に揃って行われる様子に使用されるようになったものである。「一緒」の場合と同様に、動作をする様子がひとまとまりであることを表すようになることで、同時性を含意するようになったものといえる。

「一遍」も同様の例と考えられる。「一遍」は、〈一度、一回〉という意味から、〈はじめからおわりまで、一通り〉といった意味で使用されるようになり、そのことから、〈ある短い時間に物事が集中して起こるさま〉を表すようになったと考えられるものである。

24　無二の懇念をいたして、若は十反、若は一反も唱給ふ物ならば、（平家物語、巻第十）

25　他念なくして泣々涙を押さへて、理趣分をこそ一遍よみ侍りしか（発心集、第七）

26　もういいよ。体の力がいつぺんに抜けちやつて、をかしいやうだよ。（川端康成「雪国」）

24は、経を一度唱えるということである。25は理趣分をはじめからおわりまで読むということである。26は、体中の力が一時にすべて抜けてしまったということである。「一遍」も、一度という回数を表していたものが、ひとまとまり性を含意することにより、複数の物事が時間的なばらつきなく瞬間的に起こるさまに使用されるようになったといえる。瞬間的に起こるということは、ひとまとまりの時間内に起こることのうち、その経過する時間が限りなく短い場合のことであるから、この瞬間性というものも、同時性に準じる性質といえる。

「一斉」「一遍」も、ひとまとまりであることを表すことから、同時に行われる動作と結びつくことによって、結果的に時間を共有して同時に起こるさまを表すことができるようになったものであると考えられる。ここで挙げた他には、「一挙」「一度」なども同様の過程を経ている可能性のあるものとして挙げることができよう。このように、「一緒」等における時間的意味は、ひとまとまりであることを表すことから同時性を含意することによって、結果的であった、時間を共有する意味、同時に起こるという時間的意味を、副詞自体の意味として取り込むようになったものと考えられる。

第五節　文法化により実質的な意味が薄れ、動作・行為の継起性・同時並行性に焦点があたるもの　――接続助詞「〜次第」を例に――

次に挙げるものは副詞ではないが、やはり前節で挙げたものと同様に、空間的意味から転移して時間的意味を獲得したものではない。それは、文法化により実質的な意味が薄れ、継起性・同時並行性に焦点があたることによるものである。本来、概念的・実質的な意味を持っていた形式が、接続を表す位置に用いられることによって文法化し、その結果概念的・実質的な意味が薄れ、その一方で、事態の継起性・同時並行性を表す意味を担うことによって、時間的意味を獲得するというものである。ここでは接続助詞「〜次第」の例で考えることにする(接続助詞「〜次第」については、第四章で扱った)。

室町時代末期以降の、「次第」の接尾語用法には以下のようなものがある。

27　ハテ、代参なれば、兄弟のいたわり、介抱せうが道連に成ふが、心次第さ。(歌舞伎・幼稚子敵討)

28　掛どもをあつめて来たらば、先そなたの寶引銭一貫のけ置て、有次第に払ふて、ない所はまゝにして、

（世間胸算用、巻第二）

29　則ち飛脚の受取証文此の度上せ候間。金子受取次第此の証文忠兵衛に渡し申さるべく候。（冥途の飛脚）

27は、名詞に接続し、〈～に任せられている、～如何による〉という意味を表す用法である。28は、動詞の連用形に接続し、その動詞の表す動作の様子・程度によってさまざまな可能性がある、ということを表している。そして29は、〈～するとすぐに〉という時間的意味を表すものである。

28の用法の場合は、上接する動詞の動作が行われるままにし、その様子・程度によってさまざまな可能性がある、ということを表していたのに対して、29の場合は、上接する動詞の動作・変化が行われるままにし、それを受けて次の動作・行為を行う、という意味で使用されている。つまり、28は、動作・変化の連続性・繰り返しの含意があり、その程度・度合が問題にされるのに対し、29では、動作・変化の連続性・繰り返しが無く、動作・変化の程度・度合の含意が薄れている。それに伴って、次に述べられる動作との継起性が問題となっている。このように、従属節の動作と主節の動作の継起性、すなわち動作が間をおかずに連続的に生起することに焦点が当てられ、そこから、「次第」に上接する動詞が表す事態の終了後、間をおかずに次の事態が起こるということ、すなわち〈～するとすぐに〉というような時間的意味が生じたと考えられる。

このように、接続助詞「次第」における時間的意味の獲得は、名詞に接続していたものから、動詞連用形に接続するようになることで、接続助詞として発展していくという文法化の過程と関わっている。つまり、「次第」が実質的意味を失い、接続助詞化することによって時間的意味を獲得したのである。29の例では「次第」に「に」の付かない形で連用修飾している点からもわかるように、29の「次第」は、接続助詞として主節を導く文法的機能を表す形式となっている。つまり、「次第」そのものの実質的意味は失われていき、「次第」節全体でその後に続く動作・行為へと係っていくことで、両者の動作・行為の時間的関係や連続性が意識され、〈～するとすぐに〉という意味の用法を得るに至ったのである。このような過程を経て接続助詞としての「次第」は時間的意味を獲得したと考えられる。

このような、時間的意味を表す接続助詞的表現には、漢語は少ない。そのため、以下では漢語ではないものからも類例を掲げる。「～次第」と同じように時間的意味を表す接続助詞には、たとえば、「～や否や」というものがある。

30　この両説は、土俗の口碑に伝る所、是不《しかるやいなや》をしらず。（椿説弓張月、残篇巻之五）

31　少し参るやいなや風引き候而ふせりゐ申候。（芭蕉書簡、元禄三年四月八日）

30は、そうであるかそうでないかがわからないということである。このように、もともと「～や否や」は、〈～か、そうでないか〉という意味のものであった。これが31のように動詞に接続して、接続助詞的に使用されることにより、間をおかずに続けて起こるという、時間的意味が発生しているといえる。31は、今いる場所に来るとすぐに風邪を引いたという場面のものである。この「～や否や」も、実質的意味が希薄化して接続助詞として文法化するとともに、上接する動詞の表す動作と次に述べられる動作との継起性が問題となったものといえる。従属節の動作が行われてすぐに主節の動作が起こるという時間的意味を表すようになっている点で、接続助詞「次第」と同様の過程を経ているといえる。

また、「次第」と同じように動詞連用形に接続する接続助詞としては、「～ながら」「～つつ」といったものが類例として挙げられる。

32　旅の御姿ながらおはしたり（竹取物語、仏の御石の鉢）

33　からうじてまちつけて、よろこびながら加持せさするに、この頃もののけにあづかりて、（枕草子、にくきもの）

34　つくしに侍りける時に、まかりかよひつゝごうちける人のもとに、京にかへりまうできてつかはしける（古今和歌集、巻第一八）

35　墨染めの袖を絞りつゝ、泣々罷出られけり。（平家物語、灌頂巻）

32は、旅姿のままでいたということと仏に祈るということが同時並行的に行われていることを表している。このように、「～ながら」は、〈～のままで、～にしたがって〉という意味を表していたが、動詞連用形に接続して、従属節と主節の動作の間に時間的間隔が空かないという時間的意味を表す接続助詞として文法化したものと考えられる。33は、喜ぶということと仏に祈るということが同時並行的に行われていることを表している。34は、ある人のところに何度も通ったということである。35は、袖を絞るという行為と泣きながら退出するという行為が同時並行的に行われていることを表している。このように「～つつ」は、反復的動作を表していたものが、同じく、動詞連用形に接続して、従属節の動作が行われる度に主節の動作が行われるところから、同時性という時間的意味を表す接続助詞として文法化したものと考えられる。

「～ながら」「～つつ」の例はいずれも「同時性」を表す接続助詞として文法化したものとまとめることができる。従属節と主節の動作が間をおかずに起こるという点では、こうした「同時性」も、「次第」の場合の「継起性」に準じるものと考えることができよう。従属節の動作と主節の動作が同時並行的に行われ得る場合には「～ながら」「～つつ」のような同時性の意味となり、「次第」のように、同時並行的には起こりえず、従属節と主節の動作の間に時間的間隔が無いということを表す場合には継起性の意味となると考えられる。

このように、文法化による実質的意味の喪失と、それに伴って継起性や同時性の含意を生じることによる時間的意味の獲得を見ることができる。ここで挙げた他には、「動詞連用形＋ては」「～すなわち」「～がはやいか」なども同様の過程を経ている可能性のあるものとして挙げることができよう。

第六節　時間的意味発生の過程の類型

以上、空間的意味から時間的意味へと転用した事例を整理したうえで、時間的意味の獲得には、空間から時間への転用によらないものがあることを示した。副詞・接続助詞の例のように、文法化の過程を経ることによって時間的意味を獲得したと考えられるものである。これをふまえて、時間的意味の発生にはどのような過程とその類型があるかということを、二節でのまとめを併せて整理すると次のように示すことができる。

Ⅰ　空間的位置関係を時間的前後関係に単純に転用したもの
・名詞…「程」「間」「ひま」「すき」「まへ」「さき」「あと」など
・形容詞…「遠い」「近い」「長い」「短い」「深い」など
・動詞…「来る」「行く」「おくる」など
・副詞…「すぐに」「すぐさま」「直ちに」「ただに」「ぢきに」「たちまち」など
・指示詞…「をち」「をちつかた」「をちこち」「こなた」「あなた」など

Ⅱ　空間的位置関係から時間的前後関係への転用と文法化の過程を経たもの
・名詞の文法化…「うえ(で)」「のあいだ」「うち」「そばから」「まえに」「ともに」など
・動詞の文法化…「にかけて」「にしたがって」「をつうじて」「を通して」など

Ⅲ　文法化の過程を経ることにともない時間的意味を獲得したもの
①連続的変化から…副詞「次第に」など
物事の事情を、漸進的に変化する、連続したひとまとまりの流れとして見ることによって、漸進的・連続的

変化を表す副詞が生まれたもの。

②ひとまとまり性から…副詞「一緒に」など

結果的にひとまとまりで行なわれる動作と副詞とが結びつくことによって、ひとまとまりで行われることからくる同時という時間的意味を、副詞の意味として取り込むようなもの。

③継起性・同時並行性から…接続助詞「～次第」など

上接する動詞の示す様態が希薄化し、次に述べられる動作との継起性・同時並行性が問題となることによって生じたもの。

以上で述べてきたように、副詞・接続助詞の例から、Ⅲ「文法化の過程を経ることにともない時間的意味を獲得したもの」を併せて、時間的意味の発生のパターンとして、現時点でとりあえずⅠ・Ⅱ・Ⅲの三つのものを示すことができる。さらに、Ⅲの例として、①「連続的変化から」、②「ひとまとまり性から」、③「継起性・同時並行性から」の三つのものを示した。

注

（1）これらには、かなり古い段階から、時間・空間両用に使用されているものもあり、文献上の出現順序からは、時間的意味の用法が空間的意味の用法にはっきり遅れて現れるとも限らない。そのため、必ずしも空間的意味をもとにして時間的意味が発生したと断定できない面もある。古代日本語における時間・空間意識について述べた山口明穂（二〇〇四）によると、古代日本語においては、時間的意味と空間的意味とは密接不可分に結びついていたという。山口は、古語と現代語の「やがて」を例に、「片方が、「時間・状態（空間）」の意味を持っていたのに対し、片方が時間に重点をおいた意味であったということである。この古語の表した、時間空間を兼ね備えた意味というのは、言い換えれば、具体的な様子を描いていたということではないだろうか」とする。さらに山口は、「渡る」などの動詞を例に、時間・空間の意味を別個に捉えるのは現代語による捉え方であり、そもそも本来「時間だけの世界、空間だけの世界というのは、この世の中にはあり得ない」と述べる。こうした指摘からも、Ⅰに挙げたものは、もともと時間的意味と空間的意味とを含み持っていた可能性もある。しかし、どちらが基本的な意味であるかということを考えれば、空間的表現の方が基本的であると考えられ、それを時間軸上の位置関係に転用することによって時間表現にも使用されるようになったものと考えることができる。また、空間から時間への転用という方向性が横山(一九五一)や籾山(一九九二)などで指摘されていることを考えると、こうしたものは、空間から時間への転用とみておいてよいだろう。ただし、Ⅰに挙げたものは、横山(一九五一)などの先行研究でそのようなものと指摘されているものであるが、それぞれの語の、空間的意味と時間的意味の具体的な対応のありさまについては、今後個別に検討する必要があろう。

(2) 本書第三章では、副詞用法におけるこのような変化は、名詞用法において、〈順番、序列〉の持つ一つ一つの区切りがはっきりした非連続的なものから、区切りのはっきりしない事情や事件を連続したひとまとまりの流れとして見ることによって、結果の事態に視点が置かれた表現が発生したことが契機となって起こったと考えた。すなわち、物事の事情を、漸進的に変化する、連続したひとまとまりの流れとして見ることによって、漸進的・連続的変化を表す表現が生まれたものということである。

(3) ただし、川端や工藤が言うような「(連続的)変化」の含意を持つだけでは時間的意味を獲得したといえないとも考えられる。「次第に」の副詞化の過程を見ると、副詞化に際して、そうした「(連続的)変化」の描写の仕方には、一つの特徴があるのである。それは、それらの変化が、いずれも過去のものとして描写されており、変化の途中の段階を直接描写したものではないということである。ここで挙げた「地震の揺れが強くなった」という例のように、変化が起こった後に、変化の結果の事態を描写する表現であるという点を指摘できる。このことから、連続的変化からの含意には、変化が連続的に起こるものであるということと、それがある結果の事態へ至る変化であるということの、二つの要素が認められるといえる。この、変化の途中の段階を必ずしも直接問題にしないという点については、田和真紀子(二〇〇九a)にも指摘がある。田和は古代語の「少しずつ」が現代語のような「変化の漸次的進展」を表してはおらず、古代語に漸次的進展を表す表現自体が存在しなかったのではないかという仮説を提示している。このことから、古代語における時間副詞の時間的意味は、現代語のものとは全く同じではない可能性もある。

(4) このように、「一所」は、当初は文字通りの空間的意味を持っていた。それが、時代が下るとともに、その空間的意味を喪失していき、その結果、同時であることを表す用法が生じるまでになっている。このことから、「一所」の原義と後の時間的意味を単純に比較すると、空間から時間への転用と似ている。しかし、「一所」は、空間を共有するという意味を時間を共有する意味へと直接に転用したものではない。空間を共有する人やものの結びつきに焦点が移り、ひとまとまり性の意味を獲得することによって同時性という時間的意味をも表すようになったものである。したがって、空間的意味を直接時間的意味に対応させたものではないという点で、空間からの転用の事例とは異なる。

第十四章　副詞における程度的意味発生の過程の類型

第一節　はじめに

前章では、漢語の国語化としての意味変化の内、時間的意味の発生という現象を取り上げ、どのようにして時間的意味が発生するのか、その具体的過程を検討し、その意味変化過程を類型化して示した。本章はそれに引き続き、副詞における程度的意味の発生という現象を取り上げる。本書第三部で扱った「相当」「随分」「真実」「むげ」の事例は、いずれも歴史上のある時期に程度的意味を発生させており、程度的意味が発生するという現象は、漢語が副詞として使用されるようになることに関して、一つの重要な現象と考えられる。本章では、本書で扱った事例をもとに、どのようにして程度的意味が発生するのか、その具体的過程を検討し、その意味変化過程を類型化して示すことを試みる。

さて、漢語が副詞用法を獲得したものの中には、程度的意味を発生させる事例がある。たとえば、「相当」「随分」

は具体的な分量の大きさを表す副詞から、抽象的な程度の高さを表す程度副詞として発展していった(「相当」については第八章参照、「随分」については第九章参照)。また、「真実」は、主観的評価に伴う度合い強調の含意をもとに、程度的意味が発生した。さらに、「むげ」は、「無下」という漢字表記と結びつくことで〈それより下が無い(ほど悪い)〉という程度副詞的用法を発生させた(「むげ」については第十一章参照)。このようなものは、もともと程度的意味を持たなかったものが、程度的意味を持つようになるものであって、漢語の国語化の一つの類型であると同時に、副詞化による程度的意味の発生という副詞の意味変化のパターンの一つでもある。

このように、程度的意味が発生するというのは、副詞の意味変化全体の中でも一つの重要な現象であると考えられる。また、これまでも、程度副詞化する現象の個別的な指摘は多くある。しかし、一般に程度的意味が発生する際に、それ以前の意味とどのような関係にあるのかといったことや、程度的意味がどのように変化・展開していくかという変化の過程については十分考えられてこなかった。また、その過程はある程度類型的な性格を持つと思われるが、そのような点、すなわち、変化の類型としての検討はなされてきていない(時間的意味発生の過程と類型については前章参照)。だとすれば、副詞化による程度的意味の発生には、どのような過程があるのか、また、それらは、どのような類型としてまとめられるのか、といったことが問題になる。

そこで本章では、本書で扱ってきた漢語副詞の具体的事例を中心に、その他類似の事例を併せて示しながら、副詞の意味変化において程度的意味が発生する過程にはどのようなものがあるのか、その類型を明らかにする。特に、程度的意味の周辺的な意味との関わりで、どのような意味からどのように程度的意味へと変化し得るのかということを通時的視点から理解することをめざす。すなわち、程度的意味発生にはどのような過程があり、そしてそれらにどのような類型があり得るのかということを示すことを目的とする。

第二節　程度副詞の特徴

副詞の中には、程度副詞と呼ばれる一群の語がある。主に状態性の語に係って、その程度を限定する副詞である。しかし、程度副詞には、古い時代から長期間に渡って程度副詞として使用されているものは少ない。また、もともと程度副詞でなかったものが程度副詞として使用されるようになったものがよく見られる。ここで試みに、工藤浩(一九八三)などを参考に、現代語の程度副詞にはどのようなものがあるか見てみる。次に挙げるようなものが、現代語の程度副詞として考えられるものである。

非常に、大変に、はなはだ、ごく、すこぶる、極めて、至って、とても、だいぶ(だいぶん)、随分、おそろしく、ひどく、

相当、大層、かなり、よほど、わりあい、わりと、わりに、けっこう、なかなか、比較的、

すこし、ちょっと、少々、多少、心持ち、やや、いくらか、じゅうぶん、よく、

もっとも、いちばん、もっと、ずっと、一層、一段と、ひときわ、はるかに、よけい、より、さらに、なお

これらを見てわかるように、程度副詞には、他の品詞から転成したものが多い。「極めて」「至って」などは動詞から転成したものである。「おそろしく」「ひどく」などは形容詞から転成したものである。つまり、他の意味を表していた別の品詞のものが、歴史的にある時期に、副詞化するとともに、程度的意味を発生させているということである。

このことは、程度副詞の特徴として、工藤(一九八三)が述べるように「斬新で効果的な表現が求められ」ることが関わっているであろう。程度を表す表現には常に新しいものが求められるということである。たとえば近年でも、

「超」「マジ」「メッチャ」などが見られるようになった。「鬼のように」「死ぬほど」などは、副詞とはいえないものの、その句で程度副詞的に用いられるものである。つまり、程度副詞の体系の中で、歴史的に見て、新しい表現と古い表現の交代が頻繁に行われるということである。そのように新しい表現を継続的に作り出すためには、他の品詞からの転成ということが、有効な手段であったのであろう。

このように、程度副詞には他の品詞から転成したものが多いといえる。そしてそのことから、程度副詞及び程度副詞化について考えることは通時的な問題であるということがいえる。つまり、程度を表す副詞となるにあたっては、どのような過程を経て程度的意味が発生しているのかを考えることが必要になるということである。

第三節　程度副詞への転成の種類

前節では、程度副詞の中には他の品詞から転成したものが多いことを見た。それでは、具体的にどのようなものが程度副詞化しているのであろうか。

工藤(一九八三)には、程度副詞に、他の品詞から転成したものが多いことについての言及がある。そこでは、「用言の副詞形や他の副詞などが、形容詞と組み合わさってその程度を限定する用法に立つ。これらをただちに程度副詞と呼ぶことはできないであろうが、また、こうした段階を経てほぼ程度副詞に移行しおえたと思われるものに「すごく　ひどく／非常に　大変(に)／極めて　至って」などがあるわけで、これらの類も、程度副詞の周辺的・過渡的なものとして、注意しておく必要はあるだろう」としている。つまり、程度的意味の周辺的な意味といえるものがいくつかあり、それらには、程度副詞へと転成する過渡的状態にあるものがあるということである。

また、工藤は、程度的意味の周辺的・過渡的なものとして、次の八種類を掲げている。この工藤が掲げるいくつかの程度的意味の周辺的な意味は、その周辺的な意味のものから程度副詞へ転成するといえるものである。したがって、これらは、程度副詞への転成の種類ということができる。そして、これらについて考えることは、程度的意味というものがどのようにして発生するのかということを考えることにつながっていくであろう。そこで、工藤の挙げる転成の種類をもとに、程度的意味の発生の過程とその類型を明らかにしたい。

以下に掲げるのが、工藤(一九八三)が、程度的意味の周辺的・過渡的なものとするものである。

A　程度量性の形容詞から
　無限に、限りなく、高度に、過度に、極度に

B　目立ち性(主として形容詞から)
　ずば抜けて、際立って、並はずれて、飛びぬけて、目立って、かけ離れて、群を抜いて、とびきり、人一倍

C　とりたて性　比較性のもの
　とくに、殊に、とりわけ、特別に、格段に、殊のほか、何よりも、何にもまして、この上なく、かつてなく、これまでになく、例年になく、たぐいなく、比類なく

D　異常さ　評価的
　いやに、ばかに、やけに、やたらに、むやみに、異常に、法外に、べらぼうに、底抜けに、めっぽう、不自然に、極端に、度外れに、途方もなく、とてつもなく、例えようもなく、なんとも(いえず)、世にも(なく)

E　感情形容詞から
　恐ろしく、たまらなく、耐え難く、おそるべく

F　真実味　実感性
　ほんとに、まことに、実に、全く、心底、無性に、痛切に、身にしみて

G　予想や評判との異同
　案外、意外に、存外、思いのほか、予想外に、さすがに

H　その他
　返す返すも、それは、どこまでも

工藤（一九八三）で挙げられているこれらのものは、必ずしも通時的な変化を念頭においたものではない。現代共時態の中での、程度的意味を表し得るものという枠組みのものではある。しかし、程度的意味というものがどのような意味から発生するのか、またどのような過程を経て程度的意味が生まれるのか、程度的意味発生にはどのような類型があるのかということを考えるうえで重要な指摘と思われるので、これをもとに検討を進めることにする。なお、まさに転成の過渡的状態にあるものだけではなく、「ほぼ程度副詞に移行しおえたと思われるもの」であるものについてもこの枠組みに関わるものは言及する。

まず以下で、工藤（一九八三）のこの枠組みについて、各項目の内容や項目間の類似点などを指摘し、本書で扱った事例を中心に、その他の語例も挙げながら、工藤が挙げるもののほかにどのような語例がそれぞれの項目に含まれるか、といった点を検討する。

Aの「程度量性の形容詞から」というものは、程度量の大きさを含意する形容詞・形容動詞が連用形で用いられるときに程度副詞的になるものである。ただしここで挙がっているのは、いずれも程度としては極度・高度を表したものであり、他の程度的意味とは異質と考えられる。このほかには、たとえば、「大きく」「たくさん」などが挙げられよう。本書で扱ったものの中で「相当」「随分」は、具体的な分量の大きさにおいて程度量的意味と結びついたものと考えられるので、意味的にはこの分類に当てはまると思われる。

Bの「目立ち性」として挙げられているものは、「主として形容詞から」とあるものの、その多くは他と際だって

目立つことを表す動詞的表現をもとにしたものである。確かに程度の高さを表していると考えられるが、これも意味的には結果として極度・高度に近いものになっているといえる。形容詞連用形の例としては、「すばらしく」などがここに含まれよう。

Cの「とりたて性　比較性のもの」として挙げられているものは、B「目立ち性」と似ているが、あるものの特質を他との比較によって表そうとするものである。これらも意味的には極度・高度に近いものが多いが、確かにこれらは「とりたて」という性質を持つものとしてまとめられるものではある。第十一章で扱った「むげ」も、「無下」という漢字表記と結びつくことで、〈それより下が無い〉という意味を獲得したと考えられるので、それは「比較性」の性質を持つともいえる。ここで挙がっているほかには、「極めて」「至って」や「いつになく」「いつにもまして」などが挙げられよう。

Dの「異常さ　評価的」とされるものは、あるものの性質が他と比べて異常なものであるということを、その異常さに対する評価性を場合によっては伴いながら表すものである。形容語的意味を持つものという点で、次のEのものと近接すると思われる。しかし、意味的には極度・高度に偏る傾向はある。また、「不自然に」「世にも」などは、程度副詞としての成熟度は低いと思われる。ただし、第九章で扱った「随分」は、「評価的」な意味を獲得するので、程度的な意味との意味的な近接性という点では「随分」の例がここに当てはまると考えられる。また、その他には、「非常に」「大変(に)」なども ここに含まれよう。

Eの「感情形容詞から」とされるものは、感情形容詞の連用形が、程度副詞的に用いられるものである。一語の副詞としての成熟度という点では問題が残るが、形容詞の連用形が程度的意味を獲得するという点で重要なものと思われる。感情形容詞に限らず形容詞の連用形が程度的含意を持つことが考えられ、第十一章で扱った「むげ」も、程度的意味の発生においては、こうした形容語の持つ程度性と関連がある可能性がある。他には「すさまじく」「いたく」

などが挙げられよう。

Fの「真実味　実感性」は、真実であるということ、またそのことを実感していることを表すものである。他には、「真実」「確かに」などが含まれよう。「真実」については第十章で扱った。

Gの「予想や評判との異同」というものは、主に予想・想定に反していることを表すものである。他には「思ったより」「噂にたがわず」などが句的なものとして含まれよう。

以上のように程度性の獲得に類型があるとすれば、それらの類型について、どのような過程によって程度的意味を獲得していくのかということを見ておく必要があるであろう。前述した通り、転成の仕方と程度的意味発生の過程には関連性があると考えられ、また、同一の類型に含まれるものは、程度的意味の発生について類似した過程を持つと考えられるからである。

さて、このような八類別を示す一方で、工藤(一九八三)は、程度副詞とその周辺的なものには「すこし・うんと」のような(数)量性の濃いものから、「ひどく・おそろしく」「けっこう・意外に」のような評価性の濃いものまであるとし、「コトに対する評価副詞と、サマについての程度副詞」は、「〝サマに対する評価〟を媒介として交渉し隣接する関係にある」とする。つまり、具体的な数量的意味を一方の極とすれば、もう一方には、事態に対する評価的意味があり、程度的意味の周辺的なものには、数量的意味と評価的意味とを両極とした意味的なつながりがあるという指摘である。

工藤の八類別でいえば、A「程度量性の形容詞から」というのは、具体的な数量的意味をもとにした転成の過程を示すものといえる。そして、それ以外のものについては、「評価」という言葉を使っているのはD「異常さ　評価的」のみであるが、いずれも何らかの点で評価的意味と関連があると考えられる。たとえば、B「目立ち性」は、他と際だって目立つことを動詞や形容詞によって表したものであり、「ずば抜け」たり「群を抜い」ていることをそのようなものとして評価するものといえる。C「取り立て性　比較性のもの」も同様に、「特別」「殊のほか」であることをそのように評価するものである。D「異常さ　評価的」は、あるものが異常な性質を持っていることをそのように評価するものである。E「感情形容詞から」も、物事の性質・程度を、「恐ろしい」「すさまじい」と評価することと関係があるであろう。F「真実味　実感性」も、「ほんと」であること、「まこと」であることを実感を伴ってそのように評価するものである。G「予想や評判との異同」も、予想に反した物事に対して「意外」「予想外」であると評価するものである。

このように見てくると、程度的意味とその周辺的なものとの関わりを考えた場合、具体的な数量的意味を一方の極として、濃淡の違いこそあれさまざまな評価的意味が、程度的意味と大きく関連しているようである。このことから、副詞における程度的意味の発生ということを検討していくにあたっては、程度的意味の周辺的な意味として、量的意味・評価的意味との通時的な関わりをまず明らかにすることが必要であるといえる。そのうえで、評価に関わるさまざまな広義程度的意味について、個別に検討していくことによって、類型のあり方がより詳しく明らかになるものと考えられる。

そこで以下では、具体的に本書で扱ったものをもとにして、その周辺的な意味としての量的意味・評価的意味との関わりから、程度的意味の発生のプロセスの詳細を検討していく。そのことで、通時的な意味変化としての程度的意味発生にはどのような過程があり、それらはどのような類型としてまとめられるかということを、明らかにすることができるであろう。その際、まず量的意味をもとに程度的意味が発生するものを取り上げる。次に、程度的意味と評価的意味とが関わるものを取り上げる。それには、評価的意味から程度的意味が発生する場合と、程度的意味が評価性を帯びる場合とが考えられる。評価的意味をもとに程度的意味が発生するものとして、より具体的には工藤の示す「真実性」と「比較性」に関わるものを取り上げる。

第四節　量的意味と程度的意味

以上のような視点を踏まえて、以下では、副詞が程度的意味を獲得する事例をもとに、程度副詞化する際にどのような過程を経て程度的意味が発生しているのかということを検討していく。

まず挙げるべきものは、量的意味と程度的意味が関わりを持つ場合であり、「量的意味から程度的意味へ」というべきものであろう。これは、副詞用法が、具体的・物理的な量的意味と結びついたところから、抽象的な程度の高さを表すようになるものである。工藤(一九八三)は「無限に」「限りなく」などを程度量性の形容詞からの転成として括るが、おそらく、このパターンは形容詞からの転成には限らないであろう。ここでは、例としてまず、「相当」の場合を見てみる(「相当」については第八章で扱った)。

この「相当」の場合は、中国文献の「相当」を平安時代初期に日本に受容したのであるが、当初は原義を大きく離れず、動詞として〈当たる、相当する、対応する〉という意味で使用していた。それが中世末期から「相当の」という連体修飾用法や「相当に」という連用修飾用法でも使用されるようになった。それとともに、「相当」に、〈そのものの持つ程度の高さ・量の大きさにおいて当たる、対応する、ふさわしい〉という含意が生じた。つまり、「相当」が意味変化して程度・量性のあるものとの結びつきができたといえる。

ただしこの段階の「相当」は、抽象的な程度ではなくもっぱら具体的な量の大きさを表していた。また、何に相当するのかが容易に推測できるものであった。1のような例である。

1　ハテ、俺が内に居れば、家賃から米代木代、相當に銭をやらにゃ掛ける者が無い。そこであいらを倒して道具諸色は賣てしまい、金にして内を出て來たは、コリャ是前先といふ物じゃ。(歌舞伎・韓人漢文手管始)

家賃米代木代に釣り合うように銭をやるということであるから、具体的な相当する分量が比較的明確である。つまり、「相当」の場合は、漢語の原義としては動詞であったのが、〈当たる、相当する、対応する〉という意味から、〈分量の大きさにおいて釣り合う〉という意味が発生したことが、後に程度的意味と結びつく第一段階といえる。

そしてこのように分量の大きさと結びついて、量・程度性を帯びた連用修飾用法として使用されることによって、抽象的な程度の高さをも表す程度副詞として発展していったと考えられる。近代の例では、「相当に」とともに「相当φ」の形の連用修飾用法も使用例を多くしていき、それとともに、量的な大きさだけでなく、抽象的な程度の高さを表し得るようになる。つぎのような例である。

2　君の兎角多面多藝多能なる一事は、世間多く其類を見ない、…中略…あらゆる事物に向て夫々の趣味もあり、又多少の研究も重んで居る、俗に所謂間口百間なる語は、君を評するに尤も適切な諺で、其癖奥行も皆相當に深い、自然ドンナことにでも大抵の話が出來るので、種々雜多な方面に其友人知己を有して居る、又和漢學には餘程造詣する所深いが、洋學に對しても相當調査研究を重ねて居る、何は兎も角、一言にして云へば君の人物は『天品』の二字を以て尤も當れりと云ふべきであらう。

(『太陽』一九〇九年11号、川尻琴湖「個人としての犬養木堂君」)

2の例は、「相当に」の形と「相当φ」の形の両方が現れているが、いずれも具体的な分量の意味から離れ、抽象的な程度を表したものである。さらに、何に「相当」するのかが明示されず、「相当」する対象が特に無い場合でも、「相当」という語だけで程度の高さ・量の大きさを表すようになっていった。つまり、分量の大きさと結びつき、抽象的な程度の高さへと変化・拡大していったことによって、何かに「相当」するという漢語の原義から離れて、程度副詞としてより純粋なものへと進行していった、ということができる。

3　租界の外に出ると大ていは支那風の町で、町幅も狭く、あまりきれいでない。唯商業の取引の盛な部分は、

相當に活氣を帶びてをり、西洋風の建物もあつて、趣がやゝ變つてゐる。（国定読本、3期、六年、上）

3の場合も、何に相当するかという基準という点では若干原義を残すものの、活気を帯びているさまという抽象的な程度の高さを表している。

また、「相当」と同じように、純粋程度的意味を獲得する過程で量的意味と結びつく例としては、「随分」を挙げることができる（「随分」については第九章で扱った）。

漢語「随分」の原義は、〈分に随う、分相応〉という意味であった。次の例のようなものである。

4　毎度無失藉、随分知因果之理、（治安四年、九条家本延喜式巻十二裏文書（「平安遺文」））

5　是以大小諸寺。毎有擅越。田畝資財。随分施捨。累世相承。（日本後紀、大同元年八月）

4は、分に応じて因果の理法を知ることを表したものである。それに対して、5は、施主が田畝や資材を応分の量だけ喜捨することで、恵みが得られるということを表している。ここでは、財産を喜捨するという作用の様態を修飾すると同時に、喜捨する財産の分量をも含意するものとなっている。つまり、自分のできる範囲内での、天分に応じた最大量という量的含意を持つといえる。

6　「大悲者には、異事申さじ。あが姫ぎみを、大貳の北の方ならずば、當國の受領の北の方になしたてまつり給へ。三條らも、ずゐぶむに栄えて、かへり申しつかうまつらむ」と、ひたひに手をあてゝ、念じ入りてをり。（源氏物語、玉鬘）

6は、三條らが出世・繁栄するさまを表している。量的含意を持ち、変化動詞に係っている点で、現代語の量副詞に通じる用法といえる。それが、次のように、形容詞に係って抽象的な程度の高さを表す程度副詞用法として使用されるようになる。

7　伊藤六はや射おとされ候ぬ。奴にも随分さねよき鎧をきせて候つるものを。（保元物語、中）

7は鎧の材料となるさねが良質ということであり、形容詞の程度性を修飾するものとなっている。

このように、「相当」「随分」の場合、具体的・物理的な量的意味と結びついたことが、程度的意味発生の端緒といえよう。このように、抽象的な程度の高さへ移行し易い意味として、量的意味と結びつくことからというものを、ひとつの類型とすることができよう。

この他に、「相当」「随分」と同じように、量的意味から程度的意味を獲得したと考えられるものには、たとえば、「大分」「十分」などが挙げられる。

市村太郎(二〇一二)によると、「だいぶ」は、近世上方資料において、「金銭等の量や規模が大きなさま」を表すものが多いという。「大分」が量を表す例として、次の8のような例を挙げる。

8　與次兵衛殿に難儀を見せ金銀大分取ったな　（山崎與次兵衛壽の門松）

同時に次の9のように程度の高さを表すものもあるとする。

9　今夜はでへぶはださむいばんだ　（傾城買四十八手）

このように、近世において量的意味との結びつきが強かったという「大分」であるが、近代に入って次の10のような例になると、気の荒さという、抽象的な程度の高さを表すものといえるものになっている。

10　もとは極々内気の優しいかたが、この頃ではだいぶ気が荒くなって、何だか心配だと源兵衛が来るたびに申します。　（夏目漱石「草枕」）

このように近代以降の「大分」は、量的意味だけでなく、程度的意味を表している。「大分」も、量的意味で使用される段階を経て、「気が荒い」ことのような抽象的な程度の高さを表すようになったものと考えられる。

また、「十分」は、かつては動詞を修飾し、必要に応じた分量であることを表すものであった。次のようなものである。

11　君も男児なら、更に一歩を進めて、妻君に為るやうに十分運動したまへ。（尾崎紅葉「金色夜叉」、前編）

11は、妻君にするに足るだけの分量を運動するということを表したものである。それが、次のようなものになると、「面白い」という形容詞を修飾するものとなっている。

12　時としては招待切符なんか貰つて行つてそして十分面白い芝居を見せられて満腹して歸ることさへもある。（『太陽』一九二五年13号、生方敏郎「傍観人として」）

12は、面白さの程度の高さを修飾するものである。「十分」の場合も、必要に応じた分量であることを表す量的意味から、抽象的な程度の高さを表す用法を発生させていると考えることができる。

以上のように、量的意味から程度的意味が発生したと考えられる一群の副詞がある。ここで挙げた他にも、今後の詳細な検討が必要ではあるが、「渾分」「一杯」なども同様の過程を経ている可能性のあるものとして挙げることができる。このように、程度的意味を発生させ易い意味として、量的意味というものを挙げることができる。そして「分量の大きさと結びつくことが、抽象的な程度の高さを表すようになる契機となる」という過程を、程度的意味発生の一つの類型とすることができよう。

第五節　真実性と程度的意味

次に本節以下で挙げるのは、程度的意味と評価的意味との関わりである。程度副詞が評価的意味と相関することを見ていく。これは、程度性には評価性が隣接するということでもあるから、先の程度性獲得のパターンからすれば、D「異常さ　評価的」と無関係ではないと考えられる。

その中でも、まず本節・次節で挙げるのは、評価的意味をもとにして程度的意味が発生したものである。つまり、評価的意味の中で、特に程度的意味を発生させやすい類型としてまとめられると考えられるものが、いくつかあるのである。本節では、その一つとして、「真実性」という意味を取り上げる。

「真実性」の意味を持つものは、事態の様態を真実性という点で示すというところから、眼前の事態をそのようなものとして主観的に確信を持って評価・断定する用法を獲得する。それによって、〈ほんとうにそうである〉といった主観的な確信という主観的評価に伴う強調の含意を契機として、事態がそのようなものとして存在していることの度合いを強調するものとなる。これは、「評価的意味が度合い強調を介して程度性を帯びる」ともいえるものである。ここでは、例として、「真実」を挙げる（「真実」とその類義語については第十章で扱った）。

「真実」は本来仏教語であり、仏典において多数の用例が見られるものであった。仏教的な究極の真理としての意味で〈嘘いつわりのない、ありのまま〉を表すものであった。それを、平安時代には、仏教的な意味合いを離れ、単に〈偽りない〉といった意味で受容し、「真実に」という連用修飾用法で〈偽りなく〉という意味で使用されるようになった。次の例のようなものである。

13　親あはてにけり。猶思ひてこそいひしか、いとかくしもあらじと思ふに、真実に絶えいりにければ、まどひて願たてけり。（伊勢物語、四〇）

13は、こうして全く息が絶えてしまうことはあるまいと思っていたが、本当に息が絶えてしまったので、うろたえて、神仏に願を立てたということである。この段階では、後代に見られるような広義程度的意味を表したものではなく、「真実」の原義・実質的意味を生かした様態修飾用法といえるものである。

そして、うそ偽りがないさまを表すことから、眼前の事態をそのようなものとして主観的に確信を持って評価・断定する用法が発生した。それは、様態修飾ではなく、主観性の強い評価的意味を伴った連用修飾用法であるといえる。次のようなものである。

14　兵衛佐の返事には、「今こそさ様にはの給へども、慥に頼朝討べきよし、謀反のくはたてありと申者あり。それにはよるべからず」とて、土肥・梶原をさきとして、既に討手をさしむけらるゝ由聞えしかば、木曾真実意趣なきよしをあらはさんがために、嫡子清水の冠者義重とて、（平家物語、巻第七）

15　我等がつみ科を真実にこうくはひして今より後科をおかすまじきと（ばうちずもの授けやう）

14・15は、本当に、真実心から、恨み心を持っていないことを表そうとするということである。これらは、〈偽りない心で、天地神明に誓って〉といった意味で用いられている。

ここで挙げたような「真実」の連用修飾用法は、前代までの単に〈偽りない〉ということでなく、〈偽りない心である〉というように、主観的な感情・実感を表すように意味が変化している。それに伴って、連用修飾の機能としては、被修飾語の表す事態に対する評価を表すものになっている。「真実」の他、「実は」「本当は」などの副詞をもとに「真の情報を導く副詞」という枠組みを提唱する藤原浩史（二〇一二）では、「ほんと」が助詞「に」を伴わずに副詞的に使用される場合を例に、「感覚的・感情的な実感であり、話者にとって疑いようのないこと」を表すと説明している。藤原（二〇一二）は現代語を対象としたものであるが、ここでの「真実」の場合も、話者の心の中での実感に基づく確実性を表すものである点で共通する。

さらに、そうした主観的評価に伴う強調の含意を契機として、事態がそのようなものとして存在していることの度合いを強調するようになった。次のようなものである。

16　思ふに彼等の中には真実、之を以て永く彼我両立の基礎と為すを得べしと信ずるものあらんも、眼光深く形勢の前途を射り、且少しく露国宿世の対東亜策を解するものは、直ちに之を以て我国の独立、平安、利益に対する一大危険と為さゞるを得じ。（『太陽』一九〇一年2号、「輿論一班」）

16のようなものは、たとえば形容詞のような程度性を持つことが明確なものを直接修飾するものではなく、「基礎と為すを得べし」であることに対して、主観的に確信を持って断定するような用法であるといえる。特定の語でなく、文全体にかかっているものが多い点からも、程度副詞というより、文副詞・評価副詞的性質の強いものであることがわかる。これらは、事態全体をそのようなものとして主観的に評価・断定する用法である。そしてそれと同時に、〈ほんとうにそうである〉といったような主観的な確信に伴う度合い強調の含意があるという側面も備えるものであって、このような用法は、広義程度副詞的意味を持つといえる。こうして「真実」は、事態に対する主観的評価に伴う強調の含意を契機として、事態がそのようなものとして存在していることの度合いを強調するものとなることで、広義程度副詞的意味を持つようになったのである。

このように、漢語「真実」における程度的意味の発生は、評価性の獲得と、それによる度合い強調の含意の発生によると考えることができる。

「真実」と同じように、事態がそのようなものとして存在していることの度合いを強調するようになったものには、「真実」の類義語である、「まこと(に)」「本当(に)」「事実」「実際」が挙げられ、これらも同様の過程を経ている可能性のあるものとして指摘することができる。なお、前述の通り、藤原(二〇一二)も、「真実」の他、「本当」「事実」「実際」などの語を、「真の情報を導く副詞」としてまとめている。程度的意味との関わりを述べたものではないが、共通する意味を持つこれらの語群が、相互に関連を持ち、同様の方向へ意味変化を起こす可能性について示唆するものといえよう。このように、評価的意味を獲得することによって、程度(度合い強調)性を帯びるようになりやすい意味として、評価的意味の一つである「真実性」というものが挙げられる。そして、「真実性をもとにして主観的評価性を獲得し、それによる度合い強調の含意の発生を経て程度的意味が発生する」という過程を、程度的意味発生の一つの類型とすることができよう。

第六節　比較性と程度的意味

次に比較性から程度的意味が発生するパターンについて考える。これも、評価的意味をもとにして程度的意味が発生したものであり、評価的意味の中で、特に程度的意味を発生させやすい類型としてまとめられると考えられるものの一つである。このパターンについては「むげ」を例として考えたい(「むげ」については、第十一章で扱った)。

「むげ」は、文脈的意味を「むげ」自体の中に取り込んで「無下」という漢字表記と結びつき、それによって程度副詞的用法を発生させたといえる。これは、漢字表記と結びつくことで程度的意味を獲得するという過程を介してはいるが、比較性という評価的意味から程度的意味を発生させたものといってよい。漢字表記「無下」の文字通りの意味は〈それより下が無い〉というものである。これは先の工藤(一九八三)の分類でいえば、C「とりたて性　比較性のもの」に当てはまると考えられる。そこで、比較性から程度的意味が発生するパターンについてそのプロセスの詳細を見ることにする。中世には「無下」は以下のように使用される。

17　政孝申云々、無下に不知子細之申状也、　(出雲千家家文書、嘉禄元(一二二五)年七月一九日(鎌倉遺文))

18　「さこそ世をわづらうといひながら、無下になさけなかりける物かな」とぞみな人慙愧しける。　(平家物語、巻第一一)

中古には、和文資料以外に、「無下」は見られなかったが、17のように、「無下」という漢字表記と結びつくことで、中古の「むげ」を、「無下」と漢字表記する語として継承し、古記録・古文書などの漢字文献でも使用されるようになっている。17の例は意味的には〈全く、すっかり〉というもので、中古和文資料に見られたものと同じなのであるが、「無下」という漢字表記によって「むげ」は、〈それより下が無い(ほど悪い)〉という意味を獲得した。それを契機として、18の例が生まれるのである。ここでは、形容詞「なさけなし」を修飾して、その程度の高さを表したものである。

前述したように、「無下」の文字通りの意味は〈それより下が無い〉という意味である。これは先の工藤（一九八三）の分類でいえば、C「とりたて性　比較性のもの」に当てはまると考えられる。そこでも挙げられている「この上なく」と近い意味を表すと思われる。それを超えるものが無いということから、それ以外のものと比較して程度が高いことを表すようになっていると考えられる。〈それより下が無い〉ということは、他と比較してそれが最も度合いが大きい・極端な特徴を持っているということである。また、そうであれば、他のものの中でそれが特に目立った様子であるということにもなる。そこから、そのように他との比較の中で特に際立った特徴・様子を持つものとして取り立て・評価をすることになる。それによって、たとえば形容詞を修飾する場合には、その形容詞の表す性質を、特に他と際だったものとして評価することになり、それは結果として、その形容詞の表す性質の持つ程度の高さを修飾することになり得る。このようにして、「比較性」の意味は、他と比較するという評価的意味をもとに、程度的意味を発生させることになるといえる。

19　没ノ鐘ヲマガフ事ハニタレドモ、食ニマガヘルハ、上人ノ物語ニワスレタルヨリモ、無下ニマサナクコソ覚ユレ。（沙石集、巻第三）

20　信連申けるは、「只今御所へ官人共が御むかへにまいり候なるに、御前に人一人も候はざらんが、無下にうたてしう覚候。（平家物語、巻第四）

19の例は、「食ニマガヘル」ことが、「上人ノ物語ニワスレタ」ことに比べて、特に目立った、度合いの大きいものであるというように評価するものである。それはこの場合直接的には形容詞「マサナシ」の性質を評価することにつながる。それによって、結果的に、形容詞「マサナシ」の程度の高さを表すことになるのである。20の場合も同様に、

「御前に人一人も候は」ないことを、極端な特徴を持ったものとして評価することから、結果的に形容詞「うたてし」の程度が極度に高いことを表す意味が生じているといえる。ただし「無下」の場合、「上」ではなく「下」が無いということから、前述の通り良い意味では用いられないという特徴は認められる。

なお、工藤が「とりたて性　比較性」として挙げるものには、「かつてなく」「この上なく」など、「〜なし」の形の形容詞連用形の例がいくつかある。このことに関連して、形容詞が程度性を持つ場合があることについて、井上博嗣(一九九四)に言及がある。井上は「一応形容詞と言いうる諸語にあって、その形容詞としての様相を示す意味であることに於いて、結果として修飾する語句の状態の程度を極度・高度と量っている」ものがあるとする。そして、それらの形容詞の多くが、「たぐひなし」「かぎりなし」「いはむ方なし」などのように、「〜なし(がたし)」という語構成のものであり、「〜が(と、に)ない(がたい)とする意味が、そもそも極度・高度の程度をもつ一つのありようを示すことから、それが状態を示す語句を修飾する時、そのありようであることに於いて、その状態の程度を極度・高度と量り示していることになる」という。工藤が、D「異常さ　評価的」、E「感情形容詞から」とするものの中にも、「途方もなく」「とてつもなく」「たまらなく」「耐え難く」といったように、「〜なし・がたし」の形の形容詞連用形が含まれている。そしてこのことは、「無下」の場合にも「無(なし)」という要素に認められることである。このように考えてくると、「〜なし(・がたし)」の形を持つ形容詞連用形は、取り立て性・比較性と意味的に結びつきが強いという可能性を指摘できる。

またそもそも、形容詞連用形が程度性を持つことについては、小野正弘(一九九七)にも言及がある。そこでは、現代語の「いたくがっかりした」「おそろしくうまい蕎麦屋」などの表現を例に、形容詞が連用形になると、意味がプラスでもマイナスでもなくなる「意味的中立化」が起こり、程度副詞的な意味になると述べられる。工藤の分類でも、E「感情形容詞」として「恐ろしく」「たまらなく」などを挙げているが、これも、形容詞の連用形が程度的意味を持つことの指摘と考えられる。形容詞の持つ程度的意味が、連用修飾用法によって顕在化する場合があるといえよう。

　このように、「むげ」の場合は、「無下」という漢字表記と結びつくことで、その漢字表記から〈それより下が無い（ほど悪い）〉という比較性を帯びた意味を獲得し、他と比較するという評価的意味によって程度的意味を発生させたと考えることができる。「無下」という漢字表記と結びつくことで比較と関わる意味を獲得したことが、程度的意味発生の契機となったと考えられる。

「むげ」と同じように、比較性の意味から程度的意味を獲得したと考えられるものには、たとえば、「格別」などが挙げられる。「格別」には、次のような用例が見られる。

21　弁才妙音二天の名は各別なりといへ共、本地一躰にして衆生を濟度し給ふ。（平家物語、巻第七）

22　それはかくべつちがふたが、何と申事じやぞ（虎明本狂言・仏師）

21は、弁才妙音の二天は、種類が別であるということである。このように「格別」は〈種類や性質が（他のものと）別である〉ことを表していたものである。それが、22のように使用されると、「違う」という語を修飾し、〈他とは異なるほどの性質を持つ〉という意味を表す連用修飾語となっている。それによって、「違う」程度の高さを表すといえるものとなっている。この場合も、「無下」の場合と同様に、あるものの特質を他との比較によって表すことによって、それ以外のものと比較して程度が高いことを表すようになっていると考えられる。

　このように、「比較性」の意味から程度的意味が発生したと考えられる一群の副詞がある。ここで挙げた他にも、今後の詳細な検討が必要ではあるが、「特別」「格段」なども同様の過程を経ている可能性のあるものとして挙げることができる。このように、程度的意味を発生させ易い広義程度的意味として、「比較性」というものがあるということができ、「比較性」を帯びた意味を獲得し、他と際だった特徴を持つと評価する意味を介して、程度的意味を発生させるもの」を、一つの類型とすることができよう。

第七節　程度的意味から発生した評価性

前節までで、評価的意味をもとにして程度的意味が発生したものを見てきた。評価的意味の中で、特に程度的意味を発生させやすい類型としてまとめられそうなものとして、「真実性」と「比較性」を取り上げた。

次に本節で挙げるのは、程度的意味と評価的意味との関わりのうち、程度的意味が評価性を帯びるようになるものである。これは、程度副詞が、単に程度の高さや量の大きさを表すだけでなく、事態に対する評価的意味を含んだ程度副詞として使用されるようになったと考えられるものである。たとえば、「随分」がその例である（「随分」については第九章で扱った）。

「随分」の場合は、次のように、近世までに、抽象的な程度の高さを表す程度副詞用法を獲得している。

23　其身持それとはかくれなく、随分つらのかわあつうして、人中をそれず、（好色一代女、巻五）

この例は、つらのかわがあついことを修飾する程度副詞用法といえる。それに対して、次のような表現は、単に程度の高さ・量の大きさのみを表すものとはいえない。

24　是等に関する英書は随分蒐めたもので、殆ど十何年間、三十歳を越すまで研究した。（二葉亭四迷「予が半生の懺悔」）

25　寝てゐる所を御覧になつたんですか、先生も随分人が悪いな。（夏目漱石「それから」）

26　「随分僕も長いこと田舎で暮しました」（島崎藤村「家」）

それぞれ直接的には「随分」で程度の高さ・量の大きさを表しているといえる。しかし実際にはそれだけでなく、そのような様子であるということを発見・認識した話者の心理的な驚き・意外さの程度の高さを表しているといえる。つまり、評価性を伴った程度副詞となっているのである。

程度副詞と評価的意味との関わりについては、前述したように工藤(一九八三)も、程度副詞と評価的意味とは親近性があると指摘する。24~26の例でいえば、「集めた」分量の大きさ、「人の悪さ」・「田舎で暮らした長さ」の程度の高さを表すとともに、英書を大量に集めたこと・先生が人が悪いこと・田舎での暮らしが長いこと、に対する評価的含意があるということである。それは、そのような程度性を伴った状態(サマ)に対する驚き・意外さといった評価的意味を介して「交渉し隣接する関係」ということになる。

また、「随分」自体が評価的意味を持つことによって、次のような形容動詞的用法を発生させていることも付け加えることができる。

27　お前にもさういう手紙が来たことがあるだろうって、随分だわねえ、叔父さん。私は投書なんかしませんからねえ。　（田山花袋「手紙」）

これは、叔父さんの発言を「随分」だと評したものである。このような用法も、話者の心理的な驚き、意外さの程度の高さといった評価的意味を獲得したことで、「随分」自体を形容動詞的に使用する用法が生まれたものと考えられる。このような、評価的意味と形容動詞的用法の関わりについては、小野正弘(一九八六)にも言及がある。小野は、「しあはせ」「果報」「天気」などの例から、中立的な意味を持つものがプラスまたはマイナスの意味を持つようになる際に、形容動詞的用法が発生することを指摘する。程度性以外の、話者の心理的な驚きといった評価的意味は、小野のプラス・マイナスの意味に通じるものである。また、現代語の例でも、工藤(一九八三)が評価を表す副詞として挙げるもののうち、「あいにく」「さいわい」「親切にも」などは、いずれも形容動詞的用法を持つものである。「随分」の場合もこの評価的意味を獲得したことで、形容動詞的用法が発生したものであろう。

このように、単純に程度の高さだけでなく、評価的含意を伴って使われるようになることから、評価副詞化という（程度）副詞の意味変化が指摘できる。これは、「程度的意味が評価性を帯びる」ものとしてまとめることができる。

このほかに、程度的意味が評価的意味と関わる例として、「結構」などを挙げることができる。「結構」は、〈十分である、良い〉ことを表していた。

28　うん、何時迄もさう云ふ世界に住んでゐられゝば結構さ　（夏目漱石「それから」）

29　新型の洋服か何か着こんで銀座のカフエーでも飲みあるいてゐる所を見ると結構いゝ金をとつてゐるやうに見える連中だつて一皮むいて内幕をお目にかければお話にも何もなつたものぢやない。
（『太陽』一九二五年5号、白雨楼「財界抜裏物語（一）」）

28は、住んでいられればそれでよいということである。それに対して、29は、そうした評価的意味をもとに、「いい（金）」という程度の高さを表すものになっている。現代の「結構」は、評価的意味を含んだ程度副詞となっているといえる。

このように、程度副詞が評価性を帯びることがあるということができ、その場合の、程度的意味と評価的意味との関わり・隣接性については、「程度副詞が、単に程度の高さや量の大きさを表すだけでなく、事態に対する評価的意味を含んだ程度副詞として使用されるようになるもの」として、一つの類型とすることができよう。ここで挙げた他にも、今後の詳細な検討が必要ではあるが、「相当」「大分」「かなり」なども同様に、評価的意味を含んだ程度副詞として使用されるようになっている可能性のあるものとして挙げることができる。

なお、これらの語に関して、評価的意味と程度的意味との先後関係については今後の詳細な検討が必要であろうが、近代の程度副詞について、評価的意味を帯びる語例の多いことの指摘は、田和真紀子（二〇一一）にもある。評価性の強い程度副詞の成立と展開を論じた田和（二〇一一）では、「評価的な程度副詞」には、漢語や漢語を含む語が多いとし、「単語としては中古・中世前期からあるものの、評価的な程度副詞用法が確認できるのは中世後期以降である」とする。このことからも、評価的意味を含んだ程度副詞は、(近代の)漢語に特徴的な現象である可能性が指摘できる。

第八節　程度的意味発生の過程の類型

以上、本章では、程度的意味がどのようなところから発生するのかということを、程度的意味の周辺的な意味との関係から考察してきた。そして、先行研究をもとに、程度的意味が発生するパターンを提示し、具体例に即して程度的意味発生の過程を検討した。類型としては、以下の①〜③のものを示した。また、程度的意味とその周辺的な意味である評価的意味の関係については、④のものを示した。

① 量的意味から程度的意味へ

分量の大きさを表す意味と結びつくことが、程度的意味を獲得する契機となったもの。量・程度性を帯びた連用修飾用法として使用されることで、量的な大きさだけでなく、抽象的な程度の高さをも表すようになるもの。

② 「真実性」の意味をもとに、評価的意味が程度(度合強調)性を帯びる

眼前の事態をそのようなものとして主観的に確信を持って評価・断定する用法をもとに、そうした主観的評価に伴う度合い強調の含意を契機として、事態がそのようなものとして存在していることに対する程度的意味が発生するもの。

③　「比較性」の意味をもとに、評価的意味が程度性を帯びる

あるものの特質を他との比較によって表し、それ以外のものと際だった特徴を持つものとして評価する意味を介して、そのものの持つ性質について程度の高さをあらわすようになるもの。

④　程度的意味が評価性を帯びる

程度副詞が、単に程度の高さや量の大きさを表すだけでなく、事態に対する評価的意味を含んだ程度副詞として使用されるようになるもの。

このように、程度的意味発生の過程、程度的意味とその周辺的な意味の関係としては、現時点でとりあえず①・②・③・④の四つのものを示すことができる。以上に挙げた他に、ここに属す語例がさらにあると考えられる。また、程度的意味が発生する過程の類型としてさらに残されているものがあると思われる。特に程度的意味の周辺的な意味としての評価的意味については、本章で扱った「真実性」「比較性」の他にも、その中身をさらに詳細に検討する必要があると考えられる。以下にその見通しを簡単に述べる。

工藤(一九八三)の示す枠を考えてみると、まずB「目立ち性」とC「とりたて性　比較性のもの」は、内容的に類似しているといえる。Bに「動詞連用形＋て」の形のものが多く、Cに「～なく」の形の形容詞連用形が多いというように、形のうえでの違いはある。しかし、いずれも、他との比較によって、他のものとは異なる特徴・性質を持っているさまを評価するものであるという点が共通している。また、いずれも、程度の高さとしては高度・極度を表すものが多い点も共通している。このことから、B「目立ち性」に含まれる語も、本章で述べたC「とりたて性　比較性のもの」と似た程度的意味発生の過程を持っている可能性があると考えられる。

次に、先にも述べたように、「～なく」の形の形容詞連用形のものが、工藤の分類において多くの項目に含まれて

いる点が指摘できる。その点で、C「とりたて性　比較性のもの」、D「異常さ　評価的」、E「感情形容詞から」に含まれる「～なく(がたく)」の形のものは、程度的意味の発生について類似した過程を持っている可能性がある。また、「～なく(がたく)」の形以外のものも含めて、C・D・Eはいずれも形容詞・形容動詞を多く含んでいる点が共通している。このことから、形容詞・形容動詞の中でも、程度的意味へと転化しやすい意味として、「取り立て性・比較性」「異常さ」「感情」に関わる意味をまとめて考察する余地がありそうである。

また、Eで挙げられている感情形容詞は、「恐ろしい」「耐え難い」など、極端な感情を表すものである。さらに、G「予想や評判との異同」というのも、「案外」「思いのほか」などのように、予想と異なることを表すものが多い。これらが連用修飾用法で使用される場合の評価的意味というのは、本来そうあるべきである(と予想する)ことに反する事態に対して、それを異例・異常なものとして評価するというものである。そうであるとすれば、D「異常さ　評価的」に含まれる「ばかに」「法外に」「不自然に」なども意味的に類似する。事態を異常なものと捉えたり、事態に対して極端な感情を抱くといった点で、D「異常さ　評価的」、E「感情形容詞」、G「予想や評判との異同」は、類似した内容を持っており、程度的意味発生についても似た過程を持っている可能性があると考えられる。

このように考えていくと、程度的意味の発生について本章で示した過程の類型を基本にして、工藤の枠組みで挙げられた、周辺的意味から程度的意味が生まれる過程を、おおよそ考えることができることがわかる。詳細については今後検討の余地があるであろう。しかし、本章で示した四つの類型的過程は、程度的意味発生について、相当程度の範囲を覆うものであるといえる。

第五部　結論

第十五章　本書のまとめと今後の課題

第一節　本書のまとめ

日本語は、中国語からの多大な影響を受けながら歴史的に変化・展開してきた。それは特に語彙的な側面に顕著であり、中国語の語としての漢語を日本語の語彙として取り入れるということは、古代から近現代に至るまで絶えず行われてきた。そしてその際には、何らかの変容の過程を経たうえで受容したり、受容したものを変容させるといったことが起きた。そうした問題は、「漢語の国語化」と捉えられる。この「漢語の国語化」における漢語受容の各段階における変容のあり方には、ある程度の方向性や類型があるのではないか。漢語を日本語の中に体系的に受容し、変容させるためには、それなりのプロセスがあるのではないか。そして、それらを一定のパターンとしてまとめることはできないか。本書は、この点について、漢語が副詞化する事例を中心に検討した。また、副詞としての意味変化の方向性として、時間的意味・程度的意味の獲得について検討した。

具体的には、「次第」「一所・一緒」「一所懸命・一生懸命」（第二部）、「相当」「随分」「真実」「無下」（第三部）のそれぞれについて、個別の通時的展開を検討した。そして、以上の個別の語の通時的展開を中心に、類例も視野に入れながら、「漢語の国語化としての副詞化のプロセス」、「時間的意味発生の過程の類型」、「副詞における程度的意味発生の過程の類型」（第四部）を明らかにした。

従来は、漢語の語史としての個別の指摘は多くあり、研究の蓄積があるものの、漢語の個別の語史を踏まえて、それぞれの漢語がどのように「国語化」していくのかといった観点から論じたものは必ずしも多くはなかった。そうした状況を踏まえ、本書では、個別の語史を記述しながら、言語接触の一つとしての漢語受容と漢語の日本的変容の問題を、「国語化」という観点から改めて捉え直し、その過程の一端を明らかにしつつ、その過程がどのような類型を持つのかということを明らかにしようとした。本書で扱った個々の語史が明らかになったことにももちろん意義はあろうが、より重視したことは、それらの語史における副詞化の過程を、漢語の受容と変容の問題として捉え直すことにあり、この点に本書の特色があると考える。

第二節　今後の課題

本書で述べてきたことをもとに、今後の課題として以下のようなことが挙げられる。

1　「国語化」現象の範囲や体系性

本書では、第十二章で示したように、1～10の国語化と考えられる現象を挙げた。しかし、それぞれは必ずしも並列的に並べられるものではない。たとえば、時代的な差があることが考えられる。つまり、「国語化」現象としてあげたものは、どれも同時期に生じたものではなく、時間的な前後関係がある可能性がある。本書で扱った副詞化を、より国語化の進んだものと考えたが、そのようなことがわかれば、国語化の進展の度合いもそうした観点から捉え直すことが可能になる。

また、1～10の現象間の関係も、再検討の余地がある。特に本書では重要なものとして扱った「意味変化」は、それ以外の多くのものと関わるものである。また、音韻・音声に関するものも、他のものとは次元が異なる。こうしたことから、国語化の現象を、もっと重層的なものとして捉え直す余地があると考えられる。

2　時間的意味発生の内実

本書では、主に空間から時間へのメタファーの研究に対置して、時間副詞における時間的意味の発生を考えた。しかし、両者の時間的意味というものは質的に異なるということも考えられる。また、本書で主張した中でも、副詞における時間的意味と接続助詞における時間的意味というものに関して、その内実が異なる可能性も考えられる。今後は、副詞における時間的意味の内実、特徴を、他の時間的意味との関わりから考える必要があるだろう。

3　程度的意味発生と文法化の関係

本書では、工藤浩(一九八三)の枠組みをもとに、程度的意味の発生のパターンを考えた。程度的意味の発生に関しては、意味の抽象化の一つであるという指摘をしたが、広く文法化理論の中で程度副詞化というものを捉えることも可能であると考えられる。程度的意味が発生するということ、あるいは、ある他の意味(形容語的意味)が程度的意味を含み持つということや、程度的意味が他の意味(たとえば評価的意味)を含むようになるといったことを、文法化という視点からも検討する余地があるのではないだろうか。

4　類義語との関係

それぞれの語を扱った章では、基本的にその語のみを扱った。しかし、類義語や、同様の意味・用法変化が起きている類例が見られる場合もある。そうしたものとして考えられるものは、第四部において可能な限り挙げたが、それらの類義語や類例の間での共通点や相違点といったことをより詳しく見るためには、やはりそれらをまたあらためて個別に考察する必要がある。こうした点は今後の課題としたい。

またそれに関連して、類義語との影響関係といったことも考えられる。それぞれの持つ意味や、意味の変化が似ているというだけでなく、それらの間での影響関係といったことも、意味変化の観点としては考えられるものである。たとえば、類義語というより同一の語であるが、時間副詞「次第に」における時間的意味と、接続助詞「～次第」における時間的意味との間の影響関係といったことが挙げられる。副詞「次第に」の方が早く時間的意味を獲得しているため、その影響を接尾語用法が受けたということも考えられる。そうしたことも、一つの語だけを見ていてはわからないことであり、今後の課題となろう。

5　文献の範囲を広げた、用例のより広い収集

本書では、できる限り多くの資料から用例を集めたが、場合によっては、その語の歴史を扱う際に不十分な点もある。たとえば、「一緒」に関しては、式亭三馬の作品以外に江戸時代の「一緒」の用例をほとんど見つけられなかったため、式亭三馬以外に使用した形跡の無い「一緒」がどのような理由で採用され定着していったかについては深く触れられないままであった。このように、手近に見られる資料に十分な用例数が得られない場合には、より広い文献からの収集が必要になる。その点は、今後の課題であろう。

6　日本語以外の言語における言語接触・借用語の場合との異同

本書では、副詞用法の発生ということを、他の規則的な現象に比べて、国語化の進んだ段階のものと考えたが、他の言語の場合にもそれと似たような現象があるのか、といったことが問題になるだろう。中国語由来の語を取り入れた他の言語との異同や、ヨーロッパ語同士の場合との異同などが、今後検討する必要があるだろう。

今後も、漢語受容史や、語の意味変化といった観点で、言語変化の方向性を明らかにするための視点を持ちながら、個別の語の詳しい検討を進めていきたいと思う。

参考文献

秋元実治(二〇〇二)『文法化とイディオム化』(ひつじ書房)
浅野信(一九五七)『新撰日本文法辞典　文語篇(第八版)』(森北出版)
浅野敏彦(一九七九)「和製漢語「焼亡」について」(『春日丘論叢』23、大阪府立春日丘高等学校)
浅野敏彦(一九九八)『国語史のなかの漢語』(和泉書院)
浅野敏彦(二〇一一)『平安時代識字層の漢字・漢語の受容についての研究』(和泉書院)
浅野百合子(一九八四)「程度副詞の分析—ずいぶん・だいぶ・なかなか・相当・かなり—」(『日本語教育』52、日本語教育学会)
飯豊毅一(一九八三)「方言区画と語彙」(佐藤喜代治編『講座日本語の語彙8　方言の語彙』明治書院)
池上禎造(一九八四)『漢語研究の構想』(岩波書店)
石上堅(一九五三)『日本古典文学語辞典』(一歩社書店)
市村太郎(二〇〇九)「近世後期における副詞「まことに」の意味・用法」(『早稲田日本語研究』18、早稲田大学日本語

学会)
市村太郎(二〇一一)「副詞「だいぶ」について―近世語を中心に―」(『早稲田日本語研究』20、早稲田大学日本語学会)
井上博嗣(一九九四)『古代語における程度副詞』(清文堂出版)
梅田博之(一九九三)「朝鮮語(ちょうせんご)」(亀井孝・河野六郎・千野栄一編『言語学大辞典　第2巻　世界言語編(中)』三省堂)
江口正(二〇〇二)「「AはB次第だ」の解釈について―値の間の相関関係―」(『福岡大学日本語日本文学』12、福岡大学日本語日本文学会)
遠藤好英(一九九九)「漢語「徒然」の語史―和化漢語の成立まで―」(『文芸研究』147、日本文芸研究会)
大坪併治(二〇〇五)『石山寺本大智度論古点の国語学的研究　上』(大坪併治著作集10、風間書房)
大堀壽夫(二〇〇二)『認知言語学』(東京大学出版会)
沖森卓也(二〇一〇)『はじめて読む日本語の歴史』(ベレ出版)
小野正弘(一九八五)「中立的意味を持つ語の意味変化の方向について―「分限」を中心にして―」(『国語学』141、国語学会)
小野正弘(一九八六)「中立的意味の変化の一解釈―形容動詞化と「ウナギ文」化―」(『国文鶴見』21、鶴見大学日本文学会)
小野正弘(一九九七)「形容詞連用形における意味的中立化」(『日本語文法　体系と方法』ひつじ書房)
小野正弘(一九九九)「「居直る」の語史―動詞における中立的意味のマイナス化―」(『語彙・語法の新研究』明治書院)
柏谷嘉弘(一九八七)『日本漢語の系譜　その摂取と表現』(東宛社)

柏谷嘉弘（一九九七）『続　日本漢語の系譜』（東宛社）
春日政治（一九四二）『西大寺本金光明最勝王経古点の国語学的研究』（岩波書店）
片山きよみ・舛井雅子（二〇〇六）「初・中級レベルの日本語教育で教える程度副詞―とても・人変・非常に・すごく・ひどく・本当に―」（『熊本大学留学生センター紀要』9、熊本大学留学生センター）
加藤康司（一九七六）『辞書の話』（中央公論社）
川端元子（一九九九）「広義程度副詞の程度修飾機能―「本当に」「実に」を例に―」（『日本語教育』101、日本語教育学会）
川端元子（二〇〇〇）「聞き手への行為要求表現と程度副詞―共起制限理由の再検討―」（『名古屋大学国語国文学』86、名古屋大学国語国文学会）
川端善明（一九六四）「時の副詞（上）（下）」（『国語国文』33‐11・12、京都大学文学部国語学国文学研究室）
工藤浩（一九八三）「程度副詞をめぐって」（渡辺実編『副用語の研究』明治書院）
工藤浩（一九八五）「日本語の文の時間表現」（『言語生活』第403号、筑摩書房）
香坂順一（一九九五）『《水滸》語彙と現代語』（光生館）
国立国語研究所編（一九六四）『現代雑誌九十種の用語用字　第3分冊』（秀英出版）
後藤英次（一九九九）「『小右記』『御堂関白記』における接頭語「相（アヒ）」―記録体資料における接頭語「相（アヒ）」（一）―」（佐藤武義編『語彙・語法の新研究』明治書院）
小林好日（一九五〇）『方言語彙学的研究』（岩波書店）
佐伯哲夫（一九八〇）「副詞「随分」における用法の変遷」（『国文学』57、関西大学国文学会）
佐伯哲夫（一九八九）『現代語の展開』（和泉書院）
桜井光昭（一九八九）「『宇治拾遺物語』じ七話の「無下に」の新解釈」（『早稲田大学教育学部学術研究国語・国文学編』

第三八号、早稲田大学教育学部）
佐々木峻（一九七六ａ）「瀬戸内海域島嶼方言に見る漢語副詞―小豆島・神島・因島・大島・能美島・長島―」（『内海文化研究紀要』４、広島大学文学部内海文化研究室）
佐々木峻（一九七六ｂ）「大蔵流狂言虎明本の漢語―対話表現場面における、動詞的用法と形容詞的用法と―」（『国文学攷』72・73、広島大学国語国文学会）
佐々木峻（一九七七ａ）「大蔵流狂言虎明本の漢語―対話表現場面における、副詞的用法―付、助数詞的用法」（『文教国文学』６、広島文教女子大学国文学会）
佐々木峻（一九七七ｂ）「大蔵流狂言虎明本の漢語―対話表現場面における形容動詞的用法について―」（『広島大学教育学部紀要第二部』25、広島大学教育学部）
佐々木峻（一九七八ａ）「大蔵流虎明本における漢語形容動詞の一用法―終止法・連体法に関して―」（『広島大学教育学部紀要第二部』26、広島大学教育学部）
佐々木峻（一九七八ｂ）「大蔵流狂言虎明本の漢語に関する基礎的研究―形容動詞の副詞的用法の概観―」（『国語国文学論攷　岩佐教授古稀記念』渓水社）
佐藤喜代治（一九七一）『国語語彙の歴史的研究』（明治書院）
佐藤喜代治（一九七九）『日本の漢語　その源流と変遷』（角川書店）
佐藤喜代治（一九九八）『漢語漢字の研究』（明治書院）
佐藤進一編（一九六五）『中世法制史料集　３』（岩波書店）
佐藤武義（一九七〇）「和製漢語の成立過程と展開―「をこ」から「尾篭」へ―」（『文芸研究』65、日本文芸研究会）
佐藤武義（一九八三ａ）「いっしょーけんめい【一所懸命】語誌」（『古語大辞典』小学館）

佐藤武義（一九八三b）「さた（沙汰）」（佐藤喜代治編『講座日本語の語彙10　語誌Ⅱ』明治書院）
佐藤武義（一九九六）「漢語の国語化」（佐藤喜代治編『漢字百科大事典』明治書院）
佐野由紀子（一九九八）「程度限定における「主観性」について」（『現代日本語研究』5、大阪大学大学院文学研究科日本語学講座）
佐野由紀子（一九九九）「程度副詞との共起関係による状態性述語の分類」（『現代日本語研究』6、大阪大学大学院文学研究科日本語学講座）
鈴木泰（一九八二）「タリ活用形容動詞の通時的変化傾向とその要因」（『武蔵大学人文学会雑誌』13-4、武蔵大学人文学会）
鈴木泰（一九八三）「漢語ナリ活用形容動詞の史的性格について」（渡辺実編『副用語の研究』明治書院）
鈴木則郎（一九八三）「いっしょうけんめい（一生懸命）」（佐藤喜代治編『講座日本語の語彙9　語誌Ⅰ』明治書院）
鈴木則郎（一九九一）『平家物語』における「一所懸命」の表現」（片野達郎編『日本文芸思潮論』桜楓社）
砂川有里子（二〇〇〇）「空間から時間へのメタファー―日本語の動詞と名詞の文法化―」（青木三郎・竹沢幸一編『空間表現と文法』くろしお出版）
関一雄（一九七九）「接頭語「あひ」の一考察」（『中田祝夫博士功績記念　国語学論集』勉誠社）
田島優（一九九二）「意読的表記から字音的表記へ―和製漢語の一生成過程―」（『国語文字史の研究』一、和泉書院）
田中謙二（一九九三）『ことばと文学』（汲古書院）
玉村禎郎（一九九一）「「是非」の語史―副詞用法の発生まで―」（『語文』56、大阪大学国語国文学会）
玉村禎郎（二〇〇二）「「善悪」の語史―中世前期の変体漢文における名詞用法―」（『京都光華女子大学研究紀要』40、京都光華女子大学）

玉村禎郎（二〇〇五）「語義と文体・位相—「往生」「是非」などをめぐって—」（『真宗文化』14、京都光華女子大学真宗文化研究所）
玉村禎郎（二〇〇八）「「有無」の語史—副詞用法発生前史—」（『杏林大学外国語学部紀要』19、杏林大学外国語学部）
玉村禎郎（二〇〇九）「「善悪」の語史—中世後期における名詞用法—」（『杏林大学外国語学部紀要』21、杏林大学外国語学部）
田和真紀子（二〇〇五）「中古和文資料における「おほかた」の用法—副詞化以前の用法に関する意味論的考察を中心に—」（『都大論究』42、東京都立大学国語国文学会）
田和真紀子（二〇〇六）「副詞における意味変化と機能変化の相関—「だんだん」を例として—」（日本語学会二〇〇六年度秋季大会予稿集）
田和真紀子（二〇〇七）「「おほよそ」「およそ」の意味・機能の史的変遷」（『外国文学』56、宇都宮大学外国文学研究会）
田和真紀子（二〇〇八）「「ダンダン」の意味・機能の史的変遷—「累積」から「進展」へ—」（『都大論究』45、東京都立大学国語国文学会）
田和真紀子（二〇〇九ａ）「中古和文における「—ヅツ」の数量表現」（『宇都宮大学教育学部紀要』59、宇都宮大学教育学部）
田和真紀子（二〇〇九ｂ）「〈断絶〉の意味素性を持つ副詞の否定呼応用法—古代語のタエテとフットを例として—」（『宇大国語論究』20、宇都宮大学国語教育学会）
田和真紀子（二〇一二）「評価的な程度副詞の成立と展開」（『近代語研究』16、武蔵野書院）
趙英姫（二〇〇〇）「近代語形成期における漢語副詞の出現形態と使用場面との関連性」（『早稲田大学大学院文学研究科紀要』46、早稲田大学大学院文学研究科）

趙英姫（二〇〇二）「近代漢語副用語の出現形態と使用場面との関連性」（『早稲田日本語研究』10、早稲田大学日本語学会）
趙英姫（二〇〇三）「近代語形成期における漢語副用語の修飾機能―漢語形容語を視野に入れて―」（『国文学研究』140、早稲田大学国文学会）
趙英姫（二〇〇八）「近代語形成期の漢語副用語の概観」（『日本語学研究と資料』31、日本語学研究と資料の会）
陳力衛（二〇〇一）『和製漢語の形成とその展開』（汲古書院）
坪井美樹（二〇〇七）『日本語活用体系の変遷　増訂版』（笠間書院）
外山映次（一九七二）「近代の音韻」（『講座国語史2　音韻史・文字史』大修館書店）
中山緑朗（一九八六）「古記録の語彙に見る副詞―漢語副詞の登場―」（『学苑』561、昭和女子大学近代文化研究所）
中山緑朗（二〇〇六）「和製・和化漢語の源流―中世刑罰用語に見る―」（『作新学院大学紀要』16、作新学院大学）
中右実（一九八〇）「文副詞の比較」（『日英語比較講座第二巻　文法』大修館）
鳴海伸一（二〇〇六a）「「次第」の接尾語用法の成立と展開」（『国語学研究』45、東北大学文学部『国語学研究』刊行会）
鳴海伸一（二〇〇六b）「漢語「一所」の受容と意味変化」（『言語科学論集』10、東北大学大学院文学研究科言語科学専攻）
鳴海伸一（二〇〇七a）「「一所懸命」から「一生懸命」へ」（『国語学研究』46、東北大学文学部『国語学研究』刊行会）
鳴海伸一（二〇〇七b）「「次第」の国語化と時間副詞化」（『訓点語と訓点資料』第一一九輯、訓点語学会）
鳴海伸一（二〇〇八a）「「むげ」の意味変化」（『国語学研究』47、東北大学文学部『国語学研究』刊行会）
鳴海伸一（二〇〇八b）「「一所」から「一緒」へ」（『文芸研究』165、日本文芸研究会）

鳴海伸一（二〇〇九）「「相当」の意味変化と程度副詞化」（『国語学研究』48、東北大学文学部『国語学研究』刊行会）
鳴海伸一（二〇一二a）「程度的意味・評価的意味の発生―漢語「随分」の受容と変容を例として―」（『日本語の研究』8-1）
鳴海伸一（二〇一二b）「時間的意味発生の過程の類型―副詞を中心に―」（『国語学研究』51、東北大学文学部『国語学研究』刊行会）
鳴海伸一（二〇一三a）「真実性をもとにした程度的意味の発生―漢語「真実」とその類義語を例に―」（『訓点語と訓点資料』第一三一輯、訓点語学会）
鳴海伸一（二〇一三b）「副詞における程度的意味発生の過程の類型」（『国立国語研究所論集』6、国立国語研究所）
仁田義雄（二〇〇二）『副詞的表現の諸相』（くろしお出版）
林奈緒子（一九九七）「程度副詞と命令のモダリティ」（『日本語と日本文学』25、筑波大学日本語日本文学会）
早川勇（二〇〇五）「英語に入った日本語の同化度―1990年における―」（『言語と文化』13、愛知大学語学教育研究室）
原卓志（一九九二）「平安・鎌倉時代における「仮令」について」（『小林芳規博士退官記念　国語学論集』汲古書院）
原卓志（一九九三）「「堅固」の意味・用法について」（『鎌倉時代語研究』第16輯、武蔵野書院）
原卓志（一九九五）「「堅固」「至極」の出自と性格」（『鎌倉時代語研究』第18輯、武蔵野書院）
原卓志（一九九六）「「全分」の意味・用法について」（『鎌倉時代語研究』第19輯、武蔵野書院）
原卓志（一九九七）「漢語「悉皆」の系譜」（『鎌倉時代語研究』第20輯、武蔵野書院）
原卓志（一九九九）「「都合」の意味・用法について」（『鎌倉時代語研究』第22輯、武蔵野書院）
原卓志（二〇〇〇）「古記録における「漸」と「漸漸」の意味・用法について」（『鎌倉時代語研究』第23輯、武蔵野書院）

原卓志（二〇〇二）「「如法」の意味・用法について」（『訓点語と訓点資料』108、訓点語学会）
原田芳起（一九六二）『平安時代文学語彙の研究』（風間書房）
播磨桂子（二〇〇〇）「副詞「随分」などについて」（『日本文学研究』35、梅光女学院大学日本文学会）
飛田良文・浅田秀子（一九九四）『現代副詞用法辞典』（東京堂出版）
藤原浩史（二〇一一）「真の情報を導く副詞の形成」（中央大学人文科学研究所編『文法記述の諸相』中央大学出版部）
ホッパー・トラウゴット（日野資成訳）（二〇〇三）『文法化』（九州大学出版会）
前田富祺（一九八三a）「漢語副詞の種々相」（渡辺実編『副用語の研究』明治書院）
前田富祺（一九八三b）「漢語副詞の変遷」（国語語彙史研究会編『国語語彙史の研究』四、和泉書院）
前田富祺（一九八三c）「ずいぶん【随分】語誌」（『古語大辞典』小学館）
Makimi Kimura-Kano（二〇〇六）*Lexical Borrowing and its Impact on English*. Tokyo: Hituzi Syobo Publishing.
松下貞三（一九八七）『漢語受容史の研究』（和泉書院）
水野義明（一九七二）「朝鮮語における漢語の用法について」（『明治大学教養論集』69、明治大学教養論集刊行会）
Miyake Takeo（一九五八）「むげの話―形容動詞と新形容動詞―」（『実践国語』19、実践国語研究所）
宮島達夫（一九九四）『語彙論研究』（むぎ書房）
籾山洋介（一九九二）「多義語の分析―空間から時間へ―」（カッケンブッシュ寛子他編『日本語研究と日本語教育』名古屋大学出版会）
森岡健二（一九六九）『近代語の成立　明治期語彙篇』（明治書院）
森田良行（一九八〇）『基礎日本語2』（角川書店）
森山卓郎（一九八五）「程度副詞と動詞句」（『京都教育大学国文学会誌』20、京都教育大学国文学会）

山口明穂（二〇〇四）『日本語の論理』（大修館書店）
山田俊雄（一九五三）「漢語研究上の一問題―鮟鱇をめぐって―」（『国語と国文学』30－11、東京大学国語国文学会）
山田孝雄（一九三五）『漢文の訓読によりて伝へられたる語法』（宝文館出版）
山田孝雄（一九四〇）『国語の中に於ける漢語の研究』（宝文館出版）
山本真吾（一九八九）「「龍蹄」小考―漢語受容史研究の一問題として―」（『広島大学文学部紀要』48、広島大学文学部）
横山辰次（一九五二）「空間的意味より時間的意味への転移」（『言語研究』17・18、日本言語学会）
米谷隆史（一九九三）「本当」（『日本語学』12－6明治書院）
劉玲（二〇〇三）「漢語情態副詞『悠々（ト）』の受容のありかた―室町期抄物資料における「被注釈語」・「注釈語」としての使用を通して―」（『国語学』54－2、国語学会）
渡辺実（一九四九）「陳述副詞の機能」（『国語国文』18－1、京都大学文学部国語学国文学研究室）
渡辺実（一九九〇）「程度副詞の体系」（『上智大学国文学論集』23、上智大学国文学会）

調査資料

用例検索・調査には、下記のデータベース・テキストを使用し、また、その他公刊されている索引も使用している。本書における、表の作成と例文の引用は、同データベース・テキスト及び以下の文献による。なお、表記は私に改めた場合がある。

〔漢籍・仏典〕

戦国策…劉殿爵・陳方正主編『戦国策逐字索引』(商務印書館、一九九二)

【十三経】、【二十五史】、楚辞、韓非子、呂氏春秋、管子、墨子、荘子、文選…台湾中央研究院「漢籍電子文献」(http://hanji.sinica.edu.tw/)

三国詩…松浦崇編『全三国詩索引』(櫂歌書房、一九八五)

玉台新詠…小尾郊一・高志真夫編『玉台新詠索引』(山本書店、一九七六)

白氏文集…平岡武夫・今井清『白氏文集歌詩索引』(同朋舎、一九八九)

唐詩選、三体詩…禅文化研究所編『唐詩選三体詩総合索引』(一九九一)
全唐詩…台湾故宮博物院「寒泉」(http://210.69.170.100/S25/)
四分律、成実論、金光明最勝王経、大智度論、妙法蓮華経、地蔵十輪経、成唯識論、大毘盧遮那成佛経疏、南海寄帰内法伝、蘇悉地羯羅経、冥報記、大慈恩寺三蔵法師伝、大唐西域記、妙法蓮華経文句、広弘明集、妙法蓮華経玄賛…中華電子佛典協會 CBReader

［訓点資料］
日本書紀岩崎本平安中期点…築島裕・石塚晴通『東洋文庫蔵岩崎本日本書紀　本文と索引』(日本古典文学会、一九七八)
日本書紀図書寮本永治二年点…石塚晴通『図書寮本日本書紀院政期点本文篇』(美季出版社、一九八〇)
小川本願経四分律平安初期点…大坪併治(一九五八)「小川本願経四分律古点」(『訓点語と訓点資料』別刊一)
成実論天長五年点…鈴木一男(一九五七)「東大寺図書館蔵成実論巻二十一天長五年点」(『訓点語と訓点資料』八)
西大寺本金光明最勝王経平安初期点…春日政治『西大寺本金光明最勝王経古点の国語学的研究』(岩波書店、一九四二)
唐招提寺本金光明最勝王経平安初期点…稲垣瑞穂(一九五四)「唐招提寺本金光明最勝王經の白点」(『訓点語と訓点資料』一)
大慈恩寺三蔵法師伝承徳三年点、永久四年点…築島裕『興福寺本大慈恩寺三蔵法師伝古点の国語学的研究』訳文篇・索引篇・研究篇(東京大学出版会、一九六五〜一九六七)
高山寺蔵大毘盧遮那成仏経疏永保二年点…高山寺典籍文書綜合調査団編『高山寺資料叢書高山寺古訓点資料』第三

（東京大学出版会、一九八六）

［古辞書］

類聚名義抄…正宗敦夫編『類聚名義抄』（風間書房、一九五四〜一九五五）

色葉字類抄…中田祝夫・峰岸明『色葉字類抄研究並びに綜合索引　黒川本影印編・索引編』（風間書房、一九七七）、『尊経閣蔵三巻本色葉字類抄』（勉誠社、一九八四）

下学集…森田武『元和本下学集索引』（私家版、一九五三）、亀井孝校『元和本下学集』（岩波書店、一九四四）

明応五年本節用集、饅頭屋本節用集、黒本本節用集、易林本節用集…中田祝夫『改訂新版古本節用集六種研究並びに総合索引』（勉誠社、一九七九）

永禄二年本節用集、弘治二年本節用集、尭空本節用集、両足院本節用集…中田祝夫『印度本節用集古本四種研究並びに総合索引』（勉誠社、一九七四）

文明本節用集…中田祝夫『改訂新版文明本節用集研究並びに索引』（勉誠社、一九七九）

書言字考節用集…中田祝夫・小林祥次郎『書言字考節用集研究並びに索引』（風間書房、一九七三）

（その他の節用集）…『節用集大系』全百巻（大空社）

日葡辞書…土井忠生・森田武・長南実編訳『邦訳日葡辞書』（岩波書店、一九八〇）

雅言集覧…『増補雅言集覧』上中下巻（臨川書店、一九六五）

俚言集覧…『増補俚言集覧』上中下巻（名著刊行会、一九七〇）

倭訓栞…『増補語林倭訓栞』上中下巻（名著刊行会、一九六八）

和英語林集成…松村明・飛田良文解説『J. C. HEPBURN 和英語林集成―復刻版―』（北辰、一九六六）

英和対訳袖珍辞書…杉本つとむ編『江戸時代翻訳日本語辞典』(早稲田大学出版部、一九八一)
語彙、漢英対照いろは辞典、和漢雅俗いろは辞典、日本大辞林、ことばの泉…飛田良文・松井栄一・境田稔信編『明治期国語辞書大系』(大空社、一九九七-)
言海…『私版日本辞書言海』(大修館書店、一九七九)
言泉…落合直文著、芳賀矢一改修『日本大辞典　言泉』大倉書店、一九二一〜一九二九)

[古記録・古文書]
小右記、貞信公記、九暦、御堂関白記、中右記、後二条師通記、殿暦、岡屋関白記、深心院関白記、猪隈関白記、民経記、経俊卿記、建内記、薩戒記、上井覚兼日記…東京大学史料編纂所「古記録フルテキストデータベース」
(以下「古文書フルテキストデータベース」まで http://wwwap.hi.u-tokyo.ac.jp/ships/shipscontroller)
「平安遺文」…東京大学史料編纂所「平安遺文フルテキストデータベース」
「鎌倉遺文」…東京大学史料編纂所「鎌倉遺文フルテキストデータベース」
(その他の古文書)…東京大学史料編纂所「古文書フルテキストデータベース」
三長記、平戸記、順徳院御記、後鳥羽天皇宸記、吉続記、勘仲記、伏見天皇宸記、冬平公記、後伏見天皇宸記…『増補史料大成』(臨川書店)
家忠日記…『増補続史料大成』(臨川書店)
花園天皇宸記…『史料大成』(内外書籍)
晴富宿禰記…宮内庁書陵部編『図書寮叢刊』(明治書院)

［その他、日本古典文学作品など］

＊日本古典文学大系の検索には、国文学研究資料館の日本古典文学本文データベース（https://base3.nijl.ac.jp/）も利用した。

古事記…日本古典文学大系1、日本古典文学全集1、新編日本古典文学全集1

風土記…日本古典文学大系2

日本書紀…日本古典文学大系67-68

続日本紀、日本後紀、続日本後紀、三代実録…「日本古代史料本文データ」（http://ifs.nog.cc/kodaishi-db.hp.infoseek.co.jp/）

万葉集…日本古典文学大系4-7

日本霊異記…日本古典文学大系70

性霊集…日本古典文学大系71

菅家文草…日本古典文学大系72

本朝文粋…国史大系29下

古今和歌集…日本古典文学大系8

竹取物語、伊勢物語、大和物語…日本古典文学大系9

宇津保物語…『宇津保物語　本文と索引』（笠間書院、一九七三～一九八二）

落窪物語、堤中納言物語…日本古典文学大系13

源氏物語…日本古典文学大系14-18、池田亀鑑編著『源氏物語大成』（中央公論社、一九八四～一九八五）

枕草子、紫式部日記…日本古典文学大系19

かげろふ日記、更級日記…日本古典文学大系20
大鏡…日本古典文学大系21
和漢朗詠集、梁塵秘抄…日本古典文学大系73
天徳四年歌合、長元八年歌合、天喜四年歌合、元永元年歌合…日本古典文学大系74
栄花物語…日本古典文学大系75－76
浜松中納言物語…日本古典文学大系77
夜の寝覚…日本古典文学大系78
狭衣物語…日本古典文学大系79
大納言経信集…日本古典文学大系80
今昔物語集…日本古典文学大系22－26
法華百座聞書抄…小林芳規『法華百座聞書抄総索引』(武蔵野書院、一九七五)
水鏡…榊原邦彦編『水鏡本文及び総索引』(笠間書院、一九九〇)
宇治拾遺物語…日本古典文学大系27
山家集…日本古典文学大系29
徒然草…日本古典文学大系30
発心集…高尾稔・長嶋正久編『発心集　本文・自立語索引』(清文堂出版、一九八五)
海道記…鈴木一彦・猿田知之・中山緑朗編『海道記総索引』(明治書院、一九七六)、『日本古典全書　海道記・東関紀行・十六夜日記』(朝日新聞社)
とはずがたり…辻村敏樹『とはずがたり総索引』(笠間書院、一九九二)

保元物語、平治物語…日本古典文学大系31
平家物語（覚一本）…日本古典文学大系32－33
平家物語（延慶本）…北原保雄・小川栄一編『延慶本平家物語』（勉誠社、一九九〇～一九九六）
源平盛衰記…『源平盛衰記』（二五冊、寛政八年、東北大学附属図書館狩野文庫蔵）
古事談…新日本古典文学大系41
正法眼蔵、正法眼蔵随聞記…日本古典文学大系81
開目抄、【日蓮消息】…日本古典文学大系82
歎異抄…木村晟・山田巌『歎異抄本文と索引』（新典社、一九八六）
真言内証義、盲安杖、反故集、正見…日本古典文学大系83
古今著聞集…日本古典文学大系84
沙石集…日本古典文学大系85、新編日本古典文学全集52、深井一郎編『慶長十年古活字本沙石集総索引』（勉誠社、一九八〇）
愚管抄…日本古典文学大系86
神皇正統記、増鏡…日本古典文学大系87
太平記…日本古典文学大系34－36、西端幸雄・志甫由紀恵『土井本太平記　本文及び語彙索引』（勉誠社、一九九七）
義経記…日本古典文学大系37
曽我物語…日本古典文学大系88
御伽草子…日本古典文学大系38
【謡曲】…日本古典文学大系40－41

虎明本狂言…池田廣司・北原保雄『大蔵虎明本狂言集の研究』（表現社、一九七二～一九八三）、『大蔵虎明本狂言集総索引』（武蔵野書院、一九八二～一九八九）
論語抄…坂詰力治『論語抄の国語学的研究』（武蔵野書院、一九八四～一九八七）
湯山聯句抄…来田隆『湯山聯句抄本文と総索引』（清文堂、一九九七）
句双紙抄…来田隆『句双紙抄総索引』（清文堂、一九九一）
中華若木詩抄…深野浩史『中華若木詩抄文節索引』（笠間書院、一九八三～一九八九）、福島邦道『中華若木詩抄』（笠間書院、一九八三）
蒙求抄…岡見正雄・大塚光信『抄物資料集成　第六巻　毛詩抄・蒙求抄』（清文堂出版、一九七一）
天草版平家物語…江口正弘『天草版平家物語対照本文及び総索引』（明治書院、一九八六）
エソポのハブラス…大塚光信・来田隆『エソポのハブラス本文と総索引』（清文堂、一九九九）
ロザイロの観念…小島幸枝『キリシタン版『スピリツアル修行』の研究「ロザイロの観念」対訳の国語学的研究　資料篇』（笠間書院、一九八九）
こんてむつすむん地…近藤政美『こんてむつすむん地総索引』（笠間書院、一九七七）、『日本古典全書　吉利支丹文学集』（朝日新聞社）
ばうちずもの授けやう、おらしよの翻訳…林重雄『ばうちずもの授けやう　おらしよの翻訳　本文及び総索引』（笠間書院、一九八一）
コリャード懺悔録…大塚光信『コリャード懺悔録』（風間書房、一九五七）
どちりなきりしたん…小島幸枝『どちりなきりしたん総索引』（風間書房、一九七一）
ぎやどぺかどる…豊島正之『キリシタン版ぎやどぺかどる』（清文堂、一九八七）

甲陽軍鑑…酒井憲二『甲陽軍鑑大成』(汲古書院、一九九四～一九九八)
きのふはけふの物語…北原保雄『きのふはけふの物語研究及び総索引』(笠間書院、一九七三)、日本古典文学大系100
松の葉…日本古典文学大系44
恨の介、竹斎、浮世物語、伊曾保物語…日本古典文学大系90
奥の細道、【芭蕉書簡】…日本古典文学大系46
【西鶴浮世草子】…日本古典文学大系47-48
好色萬金丹、傾城禁短気、新色五巻書…日本古典文学大系91
【近松浄瑠璃】…日本古典文学大系49-50
津国女夫池…新日本古典文学大系92
舎利…近松全集(朝日新聞社)1
夏祭浪花鑑、仮名手本忠臣蔵、源平布引瀧、鎌倉三代記…日本古典文学大系51-52
幼稚子敵討、韓人漢文手管始、名歌徳三舛玉垣、小袖曾我薊色縫…日本古典文学大系53-54
根南志具佐、根無草後編、風流志道軒伝、風来六部集、神霊矢口渡…日本古典文学大系55
誹風柳多留、徳和歌後万載集…日本古典文学大系57
父の終焉日記、おらが春、【一茶文集】…日本古典文学大系58
風俗文選、鶉衣…日本古典文学大系92
源氏物語玉の小櫛、歌学提要、徂來先生答問書、作詩志彀…日本古典文学大系94
戴恩記、折たく柴の記、蘭東事始…日本古典文学大系95
ひとりね、孔雀楼筆記、槐記…日本古典文学大系96

童子問、玉くしげ、都鄙問答、統道真伝…日本古典文学大系97
【**歌舞伎十八番集**】、役者論語…日本古典文学大系98
菅原伝授手習鑑、義経千本桜、一谷嫩軍記、妹背山婦女庭訓…日本古典文学大系99
鹿の巻筆、軽口露がはなし、鹿の子餅、聞上手、鯛の味噌津、無事志有意…日本古典文学大系100
高慢斎行脚日記、見徳一炊夢、莫切自根金生木、江戸生艶気樺焼、文武二道万石通、敵討義女英、遊子方言、辰巳之園、道中粋語録、卯地臭意、総籬、傾城買四十八手、傾城買二筋道…日本古典文学大系59
椿説弓張月…日本古典文学大系60・61
東海道中膝栗毛…日本古典文学大系62、『滑稽五十三駅』（一名東海道中膝栗毛、二三巻二三冊、東北大学附属図書館狩野文庫蔵）
浮世風呂…日本古典文学大系63、『諢話　浮世風呂』（八冊、文政三年、東北大学附属図書館狩野文庫蔵）
浮世床…日本古典文学全集47、稲垣正幸・山口豊『柳髪新話浮世床総索引』（武蔵野書院、一九八三）
辰巳婦言…『石場妓言　辰巳婦言』（一冊、東北大学附属図書館狩野文庫蔵）
船頭深話…『辰巳婦言後編　船頭深話』（一冊、東北大学附属図書館狩野文庫蔵）
酩酊気質…『無而七癖　酩酊気質』（三巻三冊、文化二年、東北大学附属図書館狩野文庫蔵）
狂言田舎操…『狂言田舎操』（二巻二冊、東北大学附属図書館狩野文庫蔵）
四十八癖…『四十八癖』（四巻四冊、文化八・十・一四年、東北大学附属図書館狩野文庫蔵）
春色梅児誉美…日本古典文学大系64、『春色梅児與美』（一二巻四冊、天保三・四年序、東北大学附属図書館狩野文庫蔵）
春色辰巳園…日本古典文学大系64、『梅暦餘興　春色辰巳園』（一二巻四冊、天保四年序、東北大学附属図書館狩野文

庫蔵）

工風智恵輪…『仕形落語　工風智恵輪』（一冊、東北大学附属図書館狩野文庫蔵）

和歌九品、無名抄、毎月抄、後鳥羽院御口伝、為兼卿和歌抄、正徹物語、風姿花伝、花鏡、遊楽習道風見、九位、拾玉得花、申楽談儀…日本古典文学大系65

連理秘抄、筑波問答、さゝめごと、吾妻問答、去来抄、三冊子…日本古典文学大系66

噺本…『噺本大系』（東京堂出版）、国文学研究資料館の日本古典文学本文データベース（https://base3.nijl.ac.jp/）

太陽…国立国語研究所『太陽コーパス　雑誌『太陽』日本語データベース』（博文館新社、二〇〇五）

女学雑誌、女学世界、婦人倶楽部…国立国語研究所編『近代女性雑誌コーパス』（二〇〇六）

国定読本…国立国語研究所『国定読本用語総覧』全12巻（三省堂、一九八五〜一九九七）、国立国語研究所『国定読本用語総覧CD―ROM版』（三省堂、一九九七）

雪国…川端康成『決定版　雪国』（創元社、一九四八）

平凡…『日本近代文学大系　二葉亭四迷集』（角川書店、一九七一）

（その他の近代文学作品）…『明治文学全集』（筑摩書房）

朝日新聞…聞蔵Ⅱビジュアル朝日新聞記事データベース（http://database.asahi.com/library2/）

既発表論文との関係

本書のもととなった既発表論文は、以下のとおりである。本書にまとめるにあたり、いずれも改稿している。

第二部

第三章　鳴海伸一（二〇〇七ｂ）「「次第」の国語化と時間副詞化」（『訓点語と訓点資料』第一一九輯、訓点語学会）

第四章　鳴海伸一（二〇〇六ａ）「「次第」の接尾語用法の成立と展開」（『国語学研究』45、東北大学文学部『国語学研究』刊行会）

第五章　鳴海伸一（二〇〇六ｂ）「漢語「一所」の受容と意味変化」（『言語科学論集』10、東北大学大学院文学研究科言語科学専攻）

第六章　鳴海伸一（二〇〇八ｂ）「「一所」から「一緒」へ」（『文芸研究』165、日本文芸研究会）

第七章　鳴海伸一（二〇〇七ａ）「「一所懸命」から「一生懸命」へ」（『国語学研究』46、東北大学文学部『国語学研究』刊行会）

第三部
第八章　鳴海伸一（二〇〇九）「「相当」の意味変化と程度副詞化」（『国語学研究』48、東北大学文学部『国語学研究』刊行会）
第九章　鳴海伸一（二〇一二a）「程度的意味・評価的意味の発生―漢語「随分」の受容と変容を例として―」（『日本語の研究』8-1、日本語学会）
第十章　鳴海伸一（二〇一三a）「真実性をもとにした程度的意味の発生―漢語「真実」とその類義語を例に―」（『訓点語と訓点資料』第一三一輯、訓点語学会）
第十一章　鳴海伸一（二〇〇八a）「「むげ」の意味変化」（『国語学研究』47、東北大学文学部『国語学研究』刊行会）
第四部
第十三章　鳴海伸一（二〇一二b）「時間的意味発生の過程の類型―副詞を中心に―」（『国語学研究』51、東北大学文学部『国語学研究』刊行会）
第十四章　鳴海伸一（二〇一三b）「副詞における程度的意味発生の過程の類型」（『国立国語研究所論集』6、国立国語研究所）

あとがき

本書は、二〇一一年一月に東北大学大学院文学研究科に提出した博士論文をもとに、その後の研究成果をあわせてまとめたものである。雑誌論文として発表した時点から、また、博士論文としてまとめた時点から、場合によっては大幅に加筆・修正している。

本書のめざすところのためには、個別の語の検討をより多く積み重ねる必要があることはいうまでもない。これだけの例で、類型のようなものを考えていくことについては、拙速と見る向きもあろう。しかし、いずれはこうした方向性の検討が必要になろうし、また、個別の語は数限りなくあるわけであるから、どこかで検討を始めなければいけないと考えてこのようにまとめたものである。今後、個別の語の検討をさらに進めることで、本書で見たものを修正することや、本書で掲げた以外の類型を提示することが可能になろう。

東北大学文学部・大学院文学研究科の国語学研究室では、村上雅孝先生、斎藤倫明先生、小林隆先生、大木一夫先生、甲田直美先生に、貴重な御指導を賜った。先生方に深く感謝申し上げる。なかでも、指導教官であった大木先生には、研究に対する姿勢から論文の書き方まで、懇切丁寧な御指導をいただいた。また、大木先生は、ひつじ書房を御紹介くださった。

現在、京都府立大学の先生方や、学生の皆さんから学んでいることは、残念ながらあまり本書には反映されていない。今後、本書で論じていることをより確かにしていくことで、学恩に報いたい。

本書の刊行を引き受けて下さった松本功社長、編集担当の渡邉あゆみさんをはじめとする、ひつじ書房の方々に、厚く感謝申し上げる。

なお、本書は、日本学術振興会の平成二六年度科学研究費補助金(研究成果公開促進費「学術図書」、課題番号265076)の交付を得て刊行するものである。

平成二六年一二月　　鳴海　伸一

351(3)

わ

ち

つ

て

と

な

に

ひ

ふ

へ

ほ

む

め

や

よ

る

れ

索引

鳴海伸一（なるみ しんいち）

略歴

1978年青森県生まれ。2011年東北大学大学院文学研究科博士課程修了。博士（文学）。東北大学助教を経て、現在、京都府立大学講師。

主な論文など

「程度的意味・評価的意味の発生―漢語「随分」の受容と変容を例として―」『日本語の研究』第8巻1号（2012年）、「漢語の再解釈―「泥酔」と「ドロンコ」の関わりを例として―」『国語語彙史の研究』33（和泉書院、2014年）、『三省堂現代新国語辞典 第五版』（共編、三省堂、2015年）

ひつじ研究叢書〈言語編〉第125巻

日本語における漢語の変容の研究
副詞化を中心として

Studies on the Japanization of Chinese Loanwords:
Focusing on Adverbialization
NARUMI Shinichi

発行　2015年2月16日　初版1刷
定価　6500円＋税
著者　© 鳴海伸一
発行者　松本功
本文フォーマット　向井裕一（glyph）
装丁者　白井敬尚形成事務所
印刷所　三美印刷株式会社
製本所　小泉製本株式会社
発行所　株式会社 ひつじ書房
〒112-0011　東京都文京区千石2-1-2 大和ビル2階
Tel: 03-5319-4916　Fax: 03-5319-4917
郵便振替00120-8-142852
toiawase@hituzi.co.jp　http://www.hituzi.co.jp/

ISBN978-4-89476-749-2